21 世纪高职高专财经类能力本位型规划教材

企业会计基础

主　编　徐炳炎
副主编　刘贵莲　方飞虎
参　编　李　霄　胡其昌　陈　雪

北京大学出版社
PEKING UNIVERSITY PRESS

内容简介

本书专门为会计初学者和非会计专业学习者学习会计、运用会计、提升职业综合能力而编写，主要阐述了会计核算、财务报表阅读分析、会计信息系统的基本原理、基本方法和基本操作技术。全书内容包括企业活动与会计信息、会计对象与会计要素、会计核算技术、资产负债表项目、利润表项目、财务报表分析以及会计电算化入门等。本书在内容体系构建、内容选取、体例形式安排、案例编写等方面，以学习者为主体，强调学习者学习能力、实践能力的培养。

本书可作为高等职业院校财经类非会计专业的会计课程教材，也可作为企业在职人员的培训教材，同时可作为企业一线管理人员的自学用书。

图书在版编目(CIP)数据

企业会计基础/徐炳炎主编．—北京：北京大学出版社，2012.4

(21世纪高职高专财经类能力本位型规划教材)

ISBN 978-7-301-20460-3

Ⅰ.①企… Ⅱ.①徐… Ⅲ.①企业管理—会计—高等职业教育—教材 Ⅳ.①F275.2

中国版本图书馆CIP数据核字(2012)第061104号

书　　名：企业会计基础

著作责任者：徐炳炎　主编

策划编辑：蔡华兵　吴　迪

责任编辑：蔡华兵

标准书号：ISBN 978-7-301-20460-3/F·3138

出　版　者：北京大学出版社(地址：北京市海淀区成府路205号　100871)

网　　址：http://www.pup.cn　http://www.pup6.cn

电　　话：邮购部62752015　发行部62750672　编辑部62750667　出版部62754962

电子邮箱：pup_6@163.com

印　刷　者：北京鑫海金澳胶印有限公司

发　行　者：北京大学出版社

经　销　者：新华书店

787mm×1092mm　16开本　17.25印张　396千字

2012年4月第1版　2012年4月第1次印刷

定　　价：33.00元

前　言

基于人们对会计在经济管理中重要性的认识，高等职业院校财经类非会计专业开设会计课程毋庸置疑。但是非会计专业的培养目标不同于会计专业，因此，两者在课程体系及课程教学目标上有显著的差异。非会计专业开设的会计课程不仅数量少而且学时也不多。长期以来，适合非会计专业教学的教材严重匮乏，大家往往以会计专业教材取而代之，导致相关课程教学目标偏离，课程教学效果不尽如人意。

本书是编者十多年来在高等职业院校财经类非会计专业会计课程教学实践中不断探索，广泛吸收国内相关教材精华，并积极听取了企业管理工作者意见的基础上编写而成的。本书编写的指导思想是让学习者“懂会计、用信息”，而非“做会计、产信息”。本书整合、序化了会计学原理、财务会计、财务管理、会计电算化等课程内容，与高等职业院校财经类非会计专业课程体系高度融合，内容全面，深浅适宜。

本书充分考虑了会计初学者和非会计专业学习者已有的知识、经验以及学习立场，围绕会计信息的认知、阅读、分析和运用序化内容；以财务报表为主线整合会计知识与会计技能，强调理论知识与实际应用的结合。本书由八个学习情景构成，与同类教材不同，本书从认识企业组织、认识企业活动、认识会计信息开始(学习情景 1)，先介绍会计核算的基本理论和基本技能(学习情景 2、学习情景 3)，再介绍资产负债表及利润表项目的基本知识和基本技能(学习情景 4、学习情景 5、学习情景 6)，然后介绍财务报表信息加工、处理及分析运用的知识和技能(学习情景 7)，最后简要介绍会计信息系统及企业资源计划系统的基本知识及典型 ERP 软件的功能(学习情景 8)。

本书秉承了高等职业教育开放性、实践性、职业性的教育理念，在每个情景展开前明确职业知识、职业能力和职业素养目标；在每项情景任务前设计任务导入；在情景任务中，按需插入“想一想”、“阅读链接”等内容；在每项情景任务后设计实践活动和任务自测；在每个情景后设置拓展学习、知识归纳和技能训练。每个情景中的案例前后贯通，便于学习者由浅入深地学习。

读者可以登录浙江水利水电专科学校精品课程网页，浏览与本书相关的教学资料，网址 http：//kjx. zjwchc. com。

本书由徐炳炎教授任主编，负责本书编写提纲的拟定、编写团队的组建与任务分工，以及全书的总纂。刘贵莲、方飞虎任副主编，协助主编完成相关工作。本书各部分的编写分工如下：学习情景 1、学习情景 2、学习情景 3、学习情景 4 和学习情景 7 由徐炳炎撰写；学习情景 5、学习情景 6 由刘贵莲撰写；学习情景 8 由李霄撰写。注册会计师胡其昌副教授参与了本书案例、任务自测及技能训练的修改和补充；陈雪高级会计师参与了本书部分案例资料的编写以及图表、实践活动的修改和补充；方飞虎教授对本书有关内容提出了宝贵的修改意见。

本书的出版得到了北京大学出版社的大力支持，在此表示衷心感谢！本书从构思到定稿历经三年有余，借鉴的教材、论文、网络资源颇多，难以在参考资料中一一列示，在此向相关作者表示深深的谢意！

本书对会计知识学习、技能训练和素养培养作了大胆探索，但由于编者水平有限，在内容安排和表述上难免有不妥之处，欢迎广大读者批评指正。

编　者

2012 年 2 月

目　　录

学习情景 1　企业与会计 …… 1

任务 1　企业组织与企业活动 …… 1

1.1.1　任务导入 …… 1

1.1.2　知识要点 …… 1

1.1.3　实践活动 …… 7

1.1.4　任务自测 …… 8

任务 2　会计信息与会计规范 …… 9

1.2.1　任务导入 …… 9

1.2.2　知识要点 …… 9

1.2.3　实践活动 …… 16

1.2.4　任务自测 …… 17

学习情景 2　会计对象与会计要素 …… 20

任务 1　会计对象 …… 20

2.1.1　任务导入 …… 20

2.1.2　知识要点 …… 21

2.1.3　实践活动 …… 23

2.1.4　任务自测 …… 24

任务 2　会计要素 …… 24

2.2.1　任务导入 …… 24

2.2.2　知识要点 …… 26

2.2.3　实践活动 …… 35

2.2.4　任务自测 …… 35

学习情景 3　会计核算技术 …… 40

任务 1　取得与审核原始凭证 …… 40

3.1.1　任务导入 …… 40

3.1.2　知识要点 …… 41

3.1.3　实践活动 …… 49

3.1.4　任务自测 …… 49

任务 2　填制和审核记账凭证 …… 50

3.2.1　任务导入 …… 50

3.2.2　知识要点 …… 51

3.2.3　实践活动 …… 67

3.2.4　任务自测 …… 67

任务 3　登记账簿 …… 68

3.3.1　任务导入 …… 68

3.3.2　知识要点 …… 69

3.3.3　实践活动 …… 76

3.3.4　任务自测 …… 76

任务 4　编制财务报表 …… 77

3.4.1　任务导入 …… 77

3.4.2　知识要点 …… 77

3.4.3　实践活动 …… 86

3.4.4　任务自测 …… 87

学习情景 4　资产负债表项目——资产类 …… 94

任务 1　货币资金项目 …… 94

4.1.1　任务导入 …… 94

4.1.2　知识要点 …… 95

4.1.3　实践活动 …… 98

4.1.4　任务自测 …… 99

任务 2　应收款项目 …… 100

4.2.1　任务导入 …… 100

4.2.2　知识要点 …… 100

4.2.3　实践活动 …… 106

4.2.4　任务自测 …… 106

任务 3　存货项目 …… 107

4.3.1　任务导入 …… 107

4.3.2　知识要点 …… 107

4.3.3　实践活动 …… 117

4.3.4　任务自测 …… 118

任务 4　对外投资项目 …… 119

4.4.1　任务导入 …… 119

4.4.2　知识要点 …… 119

4.4.3　实践活动 …… 123

4.4.4　任务自测 …… 123

任务 5　固定资产项目 …… 124

4.5.1　任务导入 …… 124

4.5.2　知识要点 …… 125

4.5.3　实践活动 …… 131

4.5.4　任务自测 …… 132

任务 6　无形资产项目 …… 132

4.6.1　任务导入 …… 132

4.6.2　知识要点 …… 133

4.6.3　实践活动 …… 136

4.6.4　任务自测 …… 136

学习情景5 资产负债表项目——负债及所有者权益类 …… 142
任务1 流动负债项目 …… 142
5.1.1 任务导入 …… 142
5.1.2 知识要点 …… 143
5.1.3 实践活动 …… 151
5.1.4 任务自测 …… 151
任务2 非流动负债项目 …… 153
5.2.1 任务导入 …… 153
5.2.2 知识要点 …… 153
5.2.3 实践活动 …… 157
5.2.4 任务自测 …… 157
任务3 所有者权益项目 …… 158
5.3.1 任务导入 …… 158
5.3.2 知识要点 …… 159
5.3.3 实践活动 …… 162
5.3.4 任务自测 …… 162
学习情景6 利润表项目 …… 167
任务1 收入项目 …… 167
6.1.1 任务导入 …… 167
6.1.2 知识要点 …… 168
6.1.3 实践活动 …… 171
6.1.4 任务自测 …… 171
任务2 费用项目 …… 173
6.2.1 任务导入 …… 173
6.2.2 知识要点 …… 174
6.2.3 实践活动 …… 176
6.2.4 任务自测 …… 176
任务3 利得和损失项目 …… 177
6.3.1 任务导入 …… 177
6.3.2 知识要点 …… 177
6.3.3 实践活动 …… 179
6.3.4 任务自测 …… 179
任务4 利润项目 …… 180
6.4.1 任务导入 …… 180
6.4.2 知识要点 …… 180
6.4.3 实践活动 …… 182
6.4.4 任务自测 …… 183
学习情景7 财务报表分析 …… 189
任务1 财务报表会计分析 …… 189
7.1.1 任务导入 …… 189
7.1.2 知识要点 …… 195
7.1.3 实践活动 …… 203
7.1.4 任务自测 …… 203
任务2 财务比率分析 …… 204
7.2.1 任务导入 …… 204
7.2.2 知识要点 …… 204
7.2.3 实践活动 …… 214
7.2.4 任务自测 …… 214
任务3 财务综合分析 …… 215
7.3.1 任务导入 …… 215
7.3.2 知识要点 …… 215
7.3.3 实践活动 …… 220
7.3.4 任务自测 …… 220
学习情景8 会计电算化入门 …… 227
任务1 会计信息系统与企业资源计划系统 …… 227
8.1.1 任务导入 …… 227
8.1.2 知识要点 …… 228
8.1.3 实践活动 …… 233
8.1.4 任务自测 …… 234
任务2 ERP软件财务管理系统简介 …… 234
8.2.1 任务导入 …… 234
8.2.2 知识要点 …… 235
8.2.3 实践活动 …… 255
8.2.4 任务自测 …… 255
附录1 资产负债表项目含义 …… 263
附录2 利润表项目含义 …… 266
附录3 现金流量表项目含义 …… 267
参考文献 …… 269

学习情景1 企业与会计

职业知识

1. 了解企业的组织形式。
2. 理解企业的经济活动。
3. 了解会计信息的使用。
4. 理解会计规范体系。
5. 了解注册会计师审计。

职业能力

1. 会利用网络获取学习资料。
2. 能深入企业实地开展调查。

职业素养

1. 培养主动沟通意识。
2. 培养团队协作意识。
3. 树立会计法制观念。

任务1 企业组织与企业活动

1.1.1 任务导入

张衡是工商管理专业的一名大一学生。新学期开学不久，工商管理教研室安排张衡所在班级的学生到校企合作企业进行专业认识实习，时间为一周。实习计划中包含以下实习任务：

(1) 了解实习企业的组织形式。

(2) 了解实习企业的登记注册类型。

(3) 了解实习企业的经济活动。

(4) 了解实习企业经济活动的主要业务流程及参与协作的部门。

1.1.2 知识要点

1. 企业组织形式

投资办企业首先面临的问题是企业组织形式的选择。企业组织形式不同，其财产构成、内部分工协作与外部社会经济联系的方式不同，所承担的责任也存在着较大的差别。

按财产构成划分，企业组织形式主要有个人独资企业、合伙企业和公司企业。

1）个人独资企业

个人独资企业是由一个自然人投资，财产为投资人个人所有，同时投资人以其个人财产对企业债务承担无限责任的经营实体。

个人独资企业在法律上被称为自然人企业，不具有法人资格。这种企业的优势是内部机构设置简单，经营管理方式灵活，建立和停业程序简单。这种企业的不足是投资者个人对企业债务承担无限责任，因资金相对不足，难以进一步发展。这种企业的规模都较小。

2）合伙企业

合伙企业是由各合伙人订立合伙协议，共同出资、合伙经营、共享收益、共担风险，并对合伙企业债务承担无限连带责任的营利性组织。

合伙企业不具有法人资格，属于自然人企业。由于合伙企业是由多个自然人联合起来共同出资创办的，具有一定的企业规模优势。这种企业的不足是合伙人对合伙企业的债务承担无限连带清偿责任，经营决策通常由合伙人集体做出，决策权分散。

3）公司企业

公司企业是按所有权和经营权分离，出资者按出资额对公司承担有限责任，公司以其全部资产对公司债务承担责任的营利性组织。我们可以简单地描述一下公司的基本运作，如有四五个人，或者更多的人，共同出资开办一个公司，经营粮油食品，各人的出资加在一起共为 100 万元，每一个人都成了公司的投资者，也就是投资入股成了股东。股东们出资聘请了经营者来管理这个公司，自己不直接参与经营，不过问公司的具体事务，但是对公司的重大事项采用会议形式行使决定权。经营者受股东的委托，独立地管理和运用股东们集合起来的资金，取得的利益在股东之间按出资比例分享。如果出现了亏损，就由公司对债权人负责，股东不直接对债权人负责，股东所受到的损失仅限于作为投资的部分，最多是丧失了全部投资。这个公司在运行中，有其独立的利益、独立的责任，法律将这个公司拟人化，就是像一个有生命的人来对待它。公司如果不破产，也不解散，就永续存在，即使股东换了，但公司不受影响，仍然照常运行。这个描述虽然难以包涵公司非常丰富的内容，但是反映了公司的特点，表明公司有别于其他企业组织形式。

公司企业分为有限责任公司和股份有限公司。

(1) 有限责任公司由为数不多的股东(2 人以上，50 人以下)共同出资设立。在有限责任公司中，董事和高层经理人员往往具有股东身份，使所有权和经营权不能完全分离。有限责任公司的设立和解散程序比较简单，管理机构也比较简单，比较适合中小型企业。

(2) 股份有限公司是把全部资本划分为等额股份，通过发行股票筹集资本的公司，又分为在证券市场上市的公司和非上市的公司。股份有限公司的优势是经过批准可以向社会大规模地筹集资金，使某些需要大量资本的企业在短期内得以成立，有利于资本的市场化和公众化，将企业经营置于社会大众的监督之下。当股东认为企业经营不善时，会抛售股票，这成为对公司经理人员的强大外部约束力量。但股份有限公司的创办和歇业程序复杂，公司的所有权和经营权分离带来两者协调上的困难，同时由于公司要向外披露经营状况，商业秘密难以保守。这种组织形式比较适合大中型企业。

公司是企业法人，有独立的法人财产，享有法人财产权。公司以其全部财产对公司的债务承担责任。有限责任公司的股东以其认缴的出资额为限对公司承担责任；股份有限公司的股东以其认购的股份为限对公司承担责任。

2. 企业经济活动

一个新建企业，首先是通过筹资活动筹集资金，以满足企业资金需要；其次是使用资金进行投资活动，以形成企业经营能力；再次是开展各种经营活动，以获得利润。

1）筹资活动

资金是企业筹办和从事生产经营活动的物质基础。当企业的目标和战略确定之后，下一步需要解决的问题是如何取得企业所需要的资金，包括在什么时候、通过什么渠道、采用什么方式、筹集多少资金。

企业资本是企业设立的主要登记事项。在企业登记注册管理中，企业资本被称为注册资本。国家法律规定了注册资本的最低限额，具体规定见表1-1。企业设立时，筹集的资金不得低于法定的注册资本最低限额。

表1-1 注册资本最低限额的规定

公司类型	注册资本最低限额	备注
有限责任公司	人民币3万元	《中华人民共和国公司法》第二十六条
一人有限责任公司	人民币10万元	《中华人民共和国公司法》第五十九条
股份有限公司	人民币500万元	《中华人民共和国公司法》第八十一条
申请上市的股份有限公司	人民币3000万元	《中华人民共和国证券法》第五十条

企业成立后，在正常的生产经营中，无论是对内扩大生产经营规模，还是对外追加投资规模都需筹集资金。例如，开发新产品、进行技术改造、为将来控制某个企业而增加的股票投资等，都需要筹集一定数量的资金。

可供企业选择的筹资渠道主要有财政资金、银行资金、非银行金融机构资金、其他单位或者个人资金、外商资金和自身积累资金等。

企业资金筹集按所筹资金的性质分为权益筹资和债务筹资两大类：

（1）权益筹资是指权益资金的筹集。权益资金是企业投资者的投资及其增值中留存企业的部分，是企业的自有资金，可供企业长期占有和使用，且企业不需要向投资者支付固定利润。

（2）债务筹资是指债务资金的筹集。债务资金是企业债权人向企业提供的借款、商业信用等，企业只能在约定的时间内占有和使用，并且必须按照约定的时间归还本金和支付利息。

市场经济条件下，几乎无一家企业是只靠权益筹资，而不运用债务筹资就能满足其资金需要的。

2）投资活动

广义的投资是指企业将筹集的资金投入使用的过程，包括企业内部使用资金的过程和对外投放资金的过程；狭义的投资仅指对外投资。

筹集资金设立企业后，就需要运用筹集到的资金，形成公司生产经营能力，并为生产经营做好准备。企业通过投资，获得的资源主要有以下三类：

（1）土地、建筑物和设备。这类资源为企业提供制造和销售商品的场所和手段。

（2）专利权、许可证和其他合同约定的权利。这类资源为企业提供使用财产或知识产权的法律权利。

(3) 其他公司的股票或债券。这类资源能为企业利用暂时多余的资金获取更高收益或能满足企业长远发展的考虑。

为了能满足日常经营活动及意外事件发生等对现金支付的需要，企业还需要有现金、银行存款等货币资金资源；为了能保证正常生产经营活动的顺利进行，企业还需要有原料物资资源等。

3）经营活动

企业使用资金形成经营能力后，就要持续地开展各种经营活动，获得利润。企业的经营活动是指与企业销售商品、提供劳务等业务直接相关的活动。对产品生产企业而言，经营活动包括供应、生产和销售三个过程，其中，供应是指从供应商处获得各种原材料、低值易耗品等生产资源；生产是指将设备、原材料、劳动力等资源组合起来，制造产品；销售是指向客户提供产品和服务。对商品流通企业而言，经营活动包括商品采购和商品销售两个过程。

每一个企业在筹资、投资、生产经营活动过程中，必然要与其他企业、单位或个人发生经济关系。分别站在发生经济关系的双方的立场上来看同一项经济活动，会得出不同的结论。

想一想

A公司购买了B公司新发行的股票10万股，并长期持有。分别站在A公司立场和B公司立场分析该项经济活动，能得出相同的结论吗？

上述A公司和B公司之间的经济关系是A公司向B公司投入资金，B公司按照公司章程规定向A公司发放红利。当站在被投资者——B公司的立场看，这是一项筹资活动，但站在投资者——A公司的立场看，则是一项投资活动。因此，分析经济活动首先要明确立场问题。

3. 企业经济活动业务流程

企业为实现其经营目标，需要向投资者或债权人筹集生产经营所需的资金，并用这些资金购买生产资料等，然后加工生产出产成品，并通过销售将产品输送到企业的客户。企业各部门不断重复着一系列的业务活动，资金、物资、信息随着部门业务活动的开展也不停流转，形成资金流、物流和信息流。

1）筹资活动的业务流程

企业的筹资活动能改变企业权益筹资和债务筹资的规模和构成。筹资业务主要由与债权人的交易和与投资者的交易两部分内容组成，其主要内容包括审批授权、签订合同或协议、取得资金、计算利息或股利、偿还本息或发放股利，有关说明见表1-2。

表1-2 筹资活动业务流程

业务流程	简要说明	参与部门或机构
①审批授权	企业借款筹集资金需经管理当局的审批，其中发行债券要由董事会授权；企业发行股票必须依据国家有关法规和企业章程的规定，报经企业最高权力机构(股东大会)及国家有关管理部门批准	董事会等

续表

业务流程	简要说明	参与部门或机构
②签订合同或协议	企业向银行或其他金融机构借款须签订借款合同；发行债券须签订债券契约和债券承销或包销合同	财会部门等
③取得资金	企业实际取得银行或金融机构划入的款项或债券、股票的融入资金	财会部门
④计算利息或股利	企业应按有关合同或协议的规定等，及时计算利息或股利	财会部门等
⑤偿还本息或发放股利	银行借款或发行债券应按有关合同或协议的规定偿还本息，融入的股本根据股东大会的决定发放股利	财会部门

2）对外投资活动的业务流程

企业对外投资的主要目的是为了增加收益、分散投资风险。对外投资业务主要由与被投资者的交易和与债务人的交易两部分内容组成，其主要内容包括包括审批授权、取得证券或其他投资、取得投资收益、转让证券或收回其他投资，有关说明见表1－3。

表1－3　对外投资活动业务流程

业务流程	简要说明	参与部门或机构
①审批授权	投资业务应由企业的高层管理机构进行审批	管理当局等
②取得证券或其他投资	企业可以通过购买股票、债券等进行投资，也可以通过与其他单位联合形成投资	财会部门等
③取得投资收益	企业取得股权投资的股利收入、债券投资的利息收入和其他投资收益	财会部门
④转让证券或收回其他投资	与其他企业联营投出的资金，除由于合同期满或特殊原因联营企业解散外，一般不能抽回投资	财会部门

3）经营活动的业务流程

（1）采购与付款活动的业务流程。企业为了及时向客户提供优质的产品和服务，必须采购生产所需的资源。企业在获取生产资源的过程中，包括请购、审批、订购、验收、结算等一系列的业务活动，这些业务活动涉及企业外部的供应商、运输商等；又与企业内部的采购、仓储、财会等部门直接联系。有关说明见表1－4。

表1－4　采购与付款活动业务流程

业务流程	简要说明	参与部门或人员
①请购	各种物资和劳务的采购申请，分别由企业的仓储部门、使用部门和职能部门的有关人员提出	仓储部门等
②审批	根据请购物资进行授权审批	企业负责人或其授权人

续表

业务流程	简要说明	参与部门或人员
③订购	采购部门接到审批后的请购单，根据请购单对请购物资数量、质量的要求，向不同的供应商进行询价，询价后确定最佳供应商即有利于企业生产和成本最低的供应商。向确定的供应商发出订购单并签订购货合同	采购部门
④验收	货物运达，验收合格后编制收货单。经验收合格的货物交适当场所存储或直接交使用部门	质检员、保管员
⑤结算	财会部门按发票账单等结算凭证，记录采购和应付款，并按照合同规定的付款条件付款	财会部门

(2) 生产制造活动的业务流程。生产制造业务是企业的核心业务之一，其业务质量与耗费水平直接影响企业产品质量与成本。生产制造涉及的主要业务活动包括生产计划、生产领料、生产产品、成品检验、成本核算，有关说明见表1-5。

表1-5 生产制造活动业务流程

业务流程	简要说明	参与部门或机构
①生产计划	生产计划部门依据销售订单下达生产指令，生产管理部门依据生产指令安排生产	生产计划部门、生产管理部门
②生产领料	生产管理部门依据生产计划部门的生产指令编制领料单	生产管理部门
③生产产品	生产管理部门在生产过程中建立健全的原始记录，包括设备使用、物资消耗、费用开支、劳动考勤、生产成果等记录	生产管理部门
④成品检验	生产管理部门对完工产品进行质量检验，并对质量合格的产成品开出入库通知单	生产管理部门
⑤成本核算	财会部门依据仓储部门、生产管理部门、劳动人事部门提供的原始记录对生产过程中发生的各种费用进行归集、分配，计算产品成本	财会部门

(3) 销售与收款活动的主要业务流程。对于生产制造企业而言，产成品是企业生产活动的成果，销售是产成品价值实现的过程。产品销售和收款业务是企业经营活动的重要环节，涉及企业内部销售、仓储和财会等部门，还涉及企业外部的销售商、客户、运输商等。销售与收款的主要业务活动包括收受订单、核准信用、接受销货、开票结算、提供货物、装运商品等，活动有关说明见表1-6。

表1-6 销售与收款活动业务流程

业务流程	简要说明	参与部门或机构
①收受订单	销售人员在接到客户订单后，初审其条款是否符合本企业的规定	销售部门
②核准信用	销售人员审查后，对符合本企业规定的订单，如系现销的，直接开出销售通知单；如系赊销的，还需办理批准手续	销售部门

续表

业务流程	简要说明	参与部门或机构
③接受销货	如赊销批准，则开出销售通知单，并通知客户；如赊销未批准，则将不批准的情况告知客户。对于重要销售业务必须签订书面销售合同，以明确购销双方的权利和义务。销售部门根据已批准的销售通知单开具发货凭证	销售部门
④开票结算	财会部门根据销售通知单等开出销售发票，记录销售，并办理收款结算；坏账准备与坏账处理	财会部门
⑤提供货物	仓储部门按发货通知单出货，并登记入账	仓储部门
⑥装运商品	装运部门按发货通知、装运单，包装商品，选择货运人	装运部门

(4) 库存业务的主要流程。企业为了保证生产与经营活动的连续进行，必须为销售或者生产而存储各种商品、产成品、在产品以及各种原材料等。库存业务不断发生采购入库、生产入库、耗用出库、销售出库，与采购、生产和销售紧密相连。库存业务包括采购入库、耗用出库、生产入库、销售出库、库存清查与库存核算等一系列业务活动，有关说明见表1-7。

表1-7 库存业务流程

业务流程	简要说明	参与部门或机构
①采购入库	采购部门对货物品种、规格、数量等进行验收，质检员对货物进行质量检验。商品验收后编制一式多联，预先编号的验收单。经验收合格的货物交仓库存储，按验证入库数量，登记入账	采购部门、质检员、仓储部门
②耗用出库	仓储部门以经审核的领料单为依据发出原材料，并登记入账	仓储部门等
③生产入库	生产完工产成品入库前需进行数量和质量两方面的检验，验收通过在入库通知单上加盖“收讫”章，入库储存，并登记入账	仓储部门等
④销售出库	客户提货时将发货单交仓储部门，仓储部门保管员根据加盖现金收讫章、银行收讫章或转讫章的发货凭证发出产成品，并登记入账	仓储部门等
⑤库存清查	定期对库存存货进行盘点清查	财会部门、仓储部门
⑥库存核算	财会部门核算材料采购成本；核算领用材料成本及发出材料费用分配；核算出库产成品发出成本；进行盘盈、盘亏的账务处理	财会部门

1.1.3 实践活动

1. 企业设立登记

访问本地行政服务中心网站，了解以下内容：

(1) 有限责任公司设立登记的受理机关是谁?
(2) 有限责任公司设立登记的条件有哪些?
(3) 有限责任公司设立登记申请书中需填写哪些信息?

2. 企业活动调查

访问本地一家产品生产企业，调查了解以下内容:
(1) 该企业的一项采购与付款活动与外部哪些单位发生经济关系或联系? 内部有哪些部门参与，怎样分工?
(2) 该企业的一项销售与收款活动与外部哪些单位发生经济关系或联系? 内部有哪些部门参与，怎样分工?
(3) 该企业的产品生产工艺流程是怎样的? 落实生产计划有哪些主要活动?
(4) 该企业的采购入库有哪几个环节? 销售出库有哪几个环节?

1.1.4 任务自测

1. 单项选择题

(1) 企业营业执照的颁发部门是(　　)。
A. 人民法院　　B. 工商行政管理部门
C. 街道办事处　　D. 税务部门
(2) 以下组织形式中，出资人对企业债务承担有限责任的是(　　)。
A. 合伙企业　　B. 公司制企业
C. 集体企业　　D. 个人独资企业
(3) (　　)是现代市场经济中最适合于大中型企业的组织形式。
A. 股份有限公司　　B. 有限责任公司
C. 无限责任公司　　D. 股份两合公司
(4) 企业筹集资金来源的方向与通道，体现着资金的源泉和流量，属于(　　)。
A. 筹资方式　　B. 筹资活动　　C. 筹资渠道　　D. 筹资管理
(5) 下列各项中，属于企业狭义投资的是(　　)。
A. 购买设备　　B. 购买零部件
C. 购买专利权　　D. 购买国库券

2. 多项选择题

(1) 企业登记注册是行使国家管理经济职能的一项行政监督管理制度，主要包括(　　)。
A. 企业法人登记　　B. 营业登记
C. 注册资金登记　　D. 经营项目登记
(2) 在我国，公司制企业的类型有(　　)。
A. 集团公司　　B. 有限责任公司
C. 股份有限公司　　D. 联营公司
(3) 企业筹集的资金，从性质上看分为(　　)。
A. 权益资金　　B. 长期资金　　C. 短期资金　　D. 债务资金

(4) 下列各项中，属于企业经营活动的有(　　)。
A. 采购原材料　B. 销售商品　C. 购买国库券　D. 发行债券

(5) 下列各项中，属于企业筹资活动的有(　　)。
A. 偿还借款　B. 购买国库券
C. 支付利息　D. 发行股票

3. 问答题

(1) 企业筹资的目的是什么?
(2) 企业对外投资的目的是什么?

任务2　会计信息与会计规范

1.2.1　任务导入

会计课老师安排张衡所在班级的学生以小组为单位深入企业开展与会计学习有关的调查。张衡所在的小组选择了校企合作企业——农华机械股份有限公司(以下简称农华公司)的财务部，调查有关会计信息加工、使用中的几个关系处理问题：

(1) 农华公司的利益相关者主要有哪些? 分别需要哪些会计信息? 公司是如何满足他们的需要的?

(2) 农华公司加工会计信息必须遵守哪些会计规范?

(3) 注册会计师的主要职能是什么?

1.2.2　知识要点

对企业来说存在这样一些利益相关者，如果没有他们的支持，企业就无法生存。企业的利益相关者为企业提供各自的资源，同时，期望企业经营活动能给他们带来价值的实现及最满意的回报。企业的利益相关者包括股东、债权人、管理者、员工、客户、供应商、政府部门等。这些利益相关者在作出有关投资、信贷等经济决策时，均需要获取充分、有效的信息，如国家产业政策信息、市场信息、企业产品信息等，其中以货币作为计量单位描述企业经济活动情况的会计信息是决策不可或缺的信息，即企业的利益相关者都是企业会计信息的使用者。

1. 企业会计信息使用者

股东，公司资本的所有者，为公司投入了权益资本。按照现行法律的规定，股东投入公司的资本不能抽回，因此股东与公司经营成败有着最直接的利益关系。股东投资决策须掌握公司财务状况、经营成果等方面的会计信息。例如，在公司股东会上对分红方案提出意见和建议，就需要了解公司的盈利情况以及公司的现金流情况；又如，决定继续持有公司股权还是转让公司股权，将所得资金投向其他公司或项目，就需要了解公司的经营管理、财务状况、盈利能力、利润分配等情况。

债权人，包括银行等金融机构、持有公司债券的社会公众以及原材料供应商等，为企业提供债务资本。银行需要利用企业财务状况、经营成果等方面的会计信息进行与贷款相关的一系列决策，如决定是否向企业提供贷款，贷款数额、期限、利率如何确定，是否要求企业提供贷款担保等。银行贷款的收益是取得按合同约定的固定利息，因而银行关心企业还款的来源和保障，看重企业的现金流量及其稳定性。

管理者，包括公司董事会成员和公司经理以及计划、财务、供应、生产、营销、人事等部门的管理人员。企业管理者为了履行经营管理的责任，需要全面、细致地掌握企业的财务状况、经营成果等方面的会计信息，并依据这些信息在企业投资、筹资、经营等活动中作出一系列决策。例如，决定是否购买其他企业股票、购买哪家企业股票、什么时候买入股票的投资决策；又如，决定是否需要从企业外部筹集资金、何时筹集资金及选择何种筹资渠道等的筹资决策；再如，决定是否向客户提供商业信用、信用额度的多少、信用期限的长短等的商业信用决策等。比起其他的企业利益相关者，企业管理者对企业业务情况了解最多，有更多的会计信息来源渠道。

员工，指企业中各种用工形式的人员。企业员工的经济利益与企业的经营状况是紧密相连的。企业员工需要利用会计信息，如企业薪酬支付情况、福利情况、劳动保护资金的投入等，对自己工作的企业前景作出判断，以便对自己的未来发展进行规划。

供应商，即供应商品的个人或法人。供应商需要利用会计信息判断：企业现有业务的经营状况是否调整，企业是否有能力按时支付到期的货款。

客户，对企业产品和服务有特定需求的群体。客户需要根据会计信息判断：企业是否能持续经营下去，并提供质量有保证的产品；企业产品定价是否合理；等等。

政府部门，社会的管理者，为所有企业提供“公共环境”，需要掌握企业的资金运用、投资行为、产品销售和经济效益等方面的情况和资料。如税务部门征税是以会计信息为依据，决定企业应缴纳多少税款，是否依法纳税，等等。

除上述企业利益相关者需要使用会计信息以外，企业会计信息的使用者还有会计师事务所、社会公众等。

如上所述，企业利益相关者的决策重点和所需信息并不完全相同。这就给企业提出了一个如何全面、恰当地报告各种经济活动及其结果的问题。

2. 通用会计信息

企业各利益相关者所追求的目标不同、承担的风险不同、对会计信息的要求也不同，如股东注重资产状况和盈利能力方面的信息，供应商则更关注现金流量状况。企业会计部门不可能按照每个使用者的需求而提供特别信息，只能提供通用的会计信息，其载体就是企业财务报告。

企业财务报告中主要是通过三大报表，即资产负债表、利润表和现金流量表，综合反映通用的会计信息，其中财务状况是由资产负债表反映，经营成果由利润表反映，现金流量由现金流量表反映。

案例企业资料(1)

农华公司始建于2008年，2009年3月正式投产，专门从事农业机械配件——油泵和油嘴的生产和销售。

农华公司2010年12月31日简化的资产负债表见表1－8。该表反映了农华公司2009年年末和2010年年末的资产、负债及所有者权益状况及其相互关系。

表 1-8　农华公司资产负债表

单位：元

资　　产	2010-12-31	2009-12-31	负债及所有者权益	2010-12-31	2009-12-31
流动资产：			流动负债：		
库存现金	15 001.00	13 761.40	短期借款	1 475 000.00	3 719 929.84
银行存款	1 437 051.58	490 726.62	应付账款	2 132 130.58	2 149 001.52
应收票据	374 867.92	117 844.82	应付职工薪酬	256 929.52	207 261.72
应收账款	4 010 161.22	2 258 822.70	应交税费	208 704.50	−117 271.86
其他应收款	541 422.08	662 894.20	应付股利	0.00	359 776.78
原材料	323 210.26	974 516.78	其他应付款	18 516.10	127 442.22
库存商品	242 407.70	730 887.58	流动负债合计	4 091 280.70	6 446 140.22
			非流动负债：		
在产品	404 012.82	1 218 145.98	长期借款	0.00	0.00
流动资产合计	7 348 134.58	6 467 600.08	非流动负债合计	0.00	0.00
非流动资产：			负债合计	4 091 280.70	6 446 140.22
建筑物	2 234 477.28	2 532 986.62	所有者权益：		
机器设备	3 351 715.92	3 799 479.92	实收资本	5 350 000.00	5 000 000.00
无形资产	632 525.72	0.00	留存利润	4 125 572.80	1 353 926.40
非流动资产合计	6 218 718.92	6 332 466.54	所有者权益合计	9 475 572.80	6 353 926.40
资产总额	13 566 853.50	12 800 066.62	负债及所有者权益总额	13 566 853.50	12 800 066.62

截至 2009 年 12 月 31 日，农华公司的所有者提供了 6 353 926.40 元资金，其中公司创立以来按规定从税后利润中提取的各种积累资金和未分配利润，统称留存利润为 1 353 926.40 元。债权人提供了 6 446 140.22 元资金，其中占用了供应商 2 149 001.52 元资金。公司将这些资金用于原材料、在产品、库存商品 1 461 775.18 元；投资于建筑物和设备 6 332 466.54 元；存入银行 490 726.62 元；留下库存现金 13 761.40 元；被其他单位或个人占用 3 039 561.72 元。经过一年的经营，截至 2010 年 12 月 31 日，表中大多数项目的数额发生了变化，即财务状况有所改变。

农华公司 2010 年度简化的利润表见表 1-9。该表列示了农华公司 2010 年度的经营成果。

表 1-9　农华公司利润表

2010 年度　　　　单位：元

项　　目	本年累计金额
营业收入	
产品销售收入	11 982 637.21
劳务收入	0.00

续表

项　　目	本年累计金额
营业收入合计	11 982 637.21
减：费用	
销售成本	8 190 521.36
销售税金	78 399.54
销售费用	282 021.93
管理费用	564 043.85
利息费用	154 575.63
费用合计	9 269 562.32
二、营业利润	2 713 074.90
减：罚款支出	83 821.55
三、利润总额	2 629 253.35
减：所得税费用	386 306.68
四、净利润	2 242 946.67

2010 年度农华公司营业收入全部来自产品的销售收入，为 119 826 37.21 元；2010 年度农华公司发生的费用主要有：已出售产品的制造成本(产品销售成本)、付给管理人员的薪酬、管理用房及设备的折旧费等(管理费用)、产品促销费等(销售费用)、支付银行利息(财务费用)等，合计 9 269 562.32 元。费用是企业日常活动中为取得营业收入所发生的耗费。

2010 年度农华公司实现营业利润 2 713 074.89 元，利润总额 2 629 253.34 元，净利润 2 242 946.66元。若利润为负数，称为亏损。企业盈利时，应依法缴纳所得税，企业利润总额扣除所得税费用后的税后利润称为净利润。

对于税后利润，企业应按国家有关规定和企业经营方针进行分配，即首先提取盈余公积金，然后分配股利，剩余额形成未分配利润。盈余公积金和未分配利润构成留存利润。

农华公司 2010 年度简化的现金流量见表 1－10。该表列示了农华公司 2010 年度的现金流入、流出数量情况。

表 1－10　农华公司现金流量表

2010 年度　　　　单位：元

项　　目	金　　额
一、经营活动的现金流量	
销售商品、提供劳务收到的现金	12 922 101.56
收到其他与经营活动有关的现金	－121 472.12
购买商品、接受劳务支付的现金	7 205 794.77
支付给职工以及为职工支付的现金	1 520 341.01
支付的各项税费	872 222.48

续表

项　　目	金　　额
经营活动产生的现金流量净额	3 202 271.18
二、投资活动的现金流量	
处置固定资产、无形资产和其他长期资产收回的现金净额	0.00
购建设备等支付的现金	0.00
投资活动产生的现金流量净额	0.00
三、筹资活动的现金流量	
吸收投资收到的现金	350 000.00
取得借款收到的现金	3 475 000.00
偿还债务支付的现金	5 719 929.84
分配股利等支付的现金	359 776.78
筹资活动产生的现金流量净额	−2 254 706.62
四、现金净增加额	947 564.56

2010年度农华公司销售商品、提供劳务收到的现金12 922 101.56元，收到其他与经营活动有关的现金−121 472.12元，购买商品、接受劳务支付的现金7 205 794.77元，支付给职工以及为职工支付的现金1 520 341.01元，支付的各项税费872 222.48元，经营活动产生的现金流量净额3 202 271.18元。

2010年度农华公司购建设备等支付的现金为0.00元，投资活动产生的现金流量净额0.00元。

2010年度农华公司吸收投资收到的现金350 000.00元，取得借款收到的现金3 475 000.00元，偿还债务支付的现金5 719 929.84元，分配股利等支付的现金359 776.78元，筹资活动产生的现金流量净额−2 254 706.62元。

3. 会计规范体系

企业利益相关者的利益直接受企业财务报告的影响。例如，在股份公司中，公司利润是公司股东进行分配的基础，是公司管理层获得报酬的标准，同时也是国家征税的重要参考依据。如果会计反映的利润数字小于真实的盈利水平，就会减少投资者本应获得的收益分配，同时国家税收也会受到影响。反之，如果会计反映的利润数字大于真实的盈利水平，企业管理层就可能因此获得过高的报酬，国家过度征税，投资人可能对利润进行了超额分配，实际上是抽回了出资。

企业财务报告会对利益相关各方产生重大影响，因此，国家通过制定一系列会计规范，以约束生成企业财务报告过程中的一系列会计行为，协调各种会计关系。会计规范的形式包括会计法规、准则和制度等。我国的会计规范体系主要包括四个层次：会计法律，会计行政法规，会计部门规章和地方性会计法规、规章。

1）会计法律

《中华人民共和国会计法》（以下简称《会计法》）是我国会计法律规范的最高层次，必须由国家最高权力机关——全国人民代表大会及其常务委员会制定和修订。

《会计法》是一切会计工作的根本大法，国家机关、社会团体、企事业单位、军队、个体工商户以及其他组织必须依照该法办理会计事务；会计行政法规、会计部门规章和地方性会计法规、规章的制定，均以《会计法》为依据。

我国首部《会计法》于1985年颁布实施，后于1993年和1999年经过两次修订。新修订的《会计法》于2000年7月1日起施行，共七章五十二条，各章目录和主要内容见表1-11。

表1-11 《会计法》内容

章　　目	主要内容
第一章　总则 （第一条～第八条）	1. 立法的目的及适用范围； 2. 单位负责人的会计责任； 3. 会计机构、会计人员的基本职责； 4. 会计工作的主管部门； 5. 会计制度的制定权限等
第二章　会计核算 （第九条～第二十三条）	1. 会计核算的依据； 2. 会计核算的内容； 3. 会计核算的要求等
第三章　公司、企业会计核算的特别规定 （第二十四条～第二十六条）	公司、企业会计核算的特别规定
第四章　会计监督 （第二十七条～第三十五条）	1. 单位内部会计监督的主体、对象、制度要求等； 2. 会计工作政府监督的主体、对象、范围等
第五章　会计机构和会计人员 （第三十六条～第四十一条）	1. 会计机构设置及内部稽核制度； 2. 会计从业人员管理
第六章　法律责任 （第四十二条～第四十九条）	违反本法规定应负法律责任的内容
第七章　附则 （第五十条～第五十二条）	1. 本法用语含义； 2. 本法施行起始日期等

2）会计行政法规

会计行政法规是由国家最高行政管理机关——国务院制定发布，或者是由有关部门拟定经国务院批准发布的规范性文件。我国的会计规范体系中，属于这个层次的有2006年2月15日发布的修订后的《企业会计准则》等。

会计准则是处理会计业务的标准，也为会计的社会监督提供依据或尺度。我国企业会计准则体系由基本准则、具体准则和应用指南三个部分组成。《企业会计准则——基本准则》全文分十一章五十条，各章目录和主要内容见表1-12。

表 1-12 《企业会计准则——基本准则》内容

章　目	主要内容
第一章　总则 （第一条～第十一条）	1. 基本准则的目的与适用对象； 2. 财务会计报告的目标和使用者； 3. 会计基本假设，包括会计主体、持续经营、会计分期、货币计量、权责发生制五个； 4. 会计要素，包括资产、负债、所有者权益、收入、费用、利润六个； 5. 记账方法
第二章　会计信息质量要求 （第十二条～第十九条）	会计信息质量要求，包括客观性、相关性、明晰性、可比性、实质重于形式、重要性、谨慎性、及时性八项
第三章　资产 （第二十条～第二十二条）	1. 资产的定义； 2. 资产的确认条件
第四章　负债 （第二十三条～第二十五条）	1. 负债的定义； 2. 负债的确认条件
第五章　所有者权益 （第二十六条～第二十九条）	1. 所有者权益定义； 2. 所有者权益范围； 3. 所有者权益的计量
第六章　收入 （第三十条～第三十二条）	1. 收入的定义； 2. 收入的确认条件
第七章　费用 （第三十三条～第二十六条）	1. 费用的定义； 2. 费用的确认条件
第八章　利润 （第三十七条～第四十条）	1. 利润的定义； 2. 利润的计算
第九章　会计计量 （第四十一条～第四十三条）	会计计量属性，包括历史成本、重置成本、可变现净值、现值、公允价值
第十章　财务会计报告 （第四十四条～第四十八条）	1. 财务会计报告内容，包括会计报表及附注、其他应当披露的相关信息和资料； 2. 会计三大报表资产负债表、利润表、现金流量表的定义
第十一章　附则 （第四十九条～第五十条）	1. 准则解释权； 2. 准则施行起始日期

3）会计部门规章

会计部门规章是指国家主管会计工作的行政部门——财政部以及其他相关部委制定的会计方面的法律规范。属于这个层次的有《会计电算化管理办法》、《会计从业资格管理办法》《企业会计制度》、《会计基础工作规范》等。

我国一直是由财政部颁布统一会计制度的办法来规范会计处理。国家统一的会计制度是由财政部依据《会计法》统一制定，包括会计核算制度、会计监督制度、会计机构和会计人员管理制度以及会计工作管理制度。

4）地方性会计法规、规章

地方性会计法规、规章主要是指各省、自治区、直辖市根据会计法律、会计行政法规和国家统一的会计制度的规定，结合本地实际情况制定，在各自的行政区域内实施的地方性会计法律规范。

《会计法》、会计准则和会计制度都是我国会计规范体系的重要组成部分，是会计工作和会计行为的规范。

4. 注册会计师审计

由于企业会计信息影响利益相关各方的利益和决策，所以企业利益相关者都十分重视企业会计信息的质量。特别是在证券市场日益发达的市场经济社会里，公开发行证券的公司的会计信息质量更为重要，会对社会公众的利益产生重大的影响。为了维护股东、债权人等利益相关者的合法权益，我国有关法律、行政法规、部门规章和其他规范性文件规定外商投资企业、公开发行证券公司、国有企业、金融企业等必须聘请注册会计师对其年度财务报告进行审计。

注册会计师审计是指注册会计师依法接受委托、独立执业、有偿为社会提供专业服务的活动。注册会计师审计的产生源于财产所有权和管理权的分离。所有者出于对其财产安全以及能否得到合法、有效使用的关切，管理者出于对其履行受托经济责任的证明，都需要第三者也就是注册会计师，独立、客观和公正地进行审计，发表专家意见，出具审计报告。潜在的投资者、政府有关部门以及其他利害关系人，也希望通过审计报告了解有关情况。

注册会计师是指具有一定会计专业水平，通过国家或特定组织考试合格，有政府指定的机构发给的证书，可以接受当事人委托，办理审计、咨询和资产评估等业务的会计工作者。

注册会计师办理审计业务时，必须遵循独立审计准则和职业道德规范，保持独立和公正的立场，谨慎查核企业所提供的财务报告及相关证据，并以会计准则和有关法规为依据，发表审计意见，说明企业财务报告的编制是否符合会计准则，是否真实、公允地反映了企业的财务状况、经营成果和现金流量等。

想一想

注册会计师被喻为“守门人”，是股东的守门人，管理层的守门人，还是公众的守门人？为什么？

1.2.3 实践活动

1. 文献检索

访问学术期刊网站，了解近年来我国上市公司会计信息披露存在的主要问题。

2. 信息查询

访问中国注册会计师协会网站，了解上市公司年报审计意见种类；并选择本地一家上市公司，了解近三年执行该上市公司年报审计业务的会计师事务所及审计意见类型。

1.2.4 任务自测

1. 单项选择题

(1) 我国主管全国会计工作的机构是(　　)。

A. 国务院　　B. 全国人大常委会

C. 财政部　　D. 审计署

(2) 根据《会计法》的规定，单位内部的会计工作管理，应由(　　)负责。

A. 总会计师　　B. 单位会计机构负责人

C. 单位分管会计工作领导　　D. 单位负责人

(3) 在我国，编报的财务会计报告必须以(　　)反映。

A. 人民币　　B. 记账本位币　　C. 外币　　D. 美元

(4) 某外商投资企业，业务收支以美元为主，也有少量的人民币，根据《会计法》的规定，为方便会计核算，该单位可以采用(　　)作为记账本位币。

A. 人民币　　B. 人民币和美元

C. 欧元　　D. 美元

(5) 在我国，从事会计工作的人员，必须具有(　　)。

A. 会计专业技术资格　　B. 会计专业职务

C. 会计从业资格证书　　D. 中专以上专业学历

2. 多项选择题

(1) 企业会计信息的主要使用者是(　　)。

A. 银行　　B. 投资者　　C. 证券监管部门　　D. 税务部门

(2) 企业财务报告中的三大财务报表是指(　　)。

A. 资产负债表　　B. 收支日报表

C. 现金流量表　　D. 利润表

(3) 下列账目中，出纳人员不可以登记的是(　　)。

A. 收入明细账　　B. 费用明细账

C 固定资产明细账　　D 债权债务明细账

(4) 下列项目中属于会计行政法规的是(　　)。

A. 《会计基础工作规范》　　B. 《企业会计准则》

C. 《企业会计制度》　　D. 《总会计师条例》

(5) 我国会计法律制度的基本构成包括(　　)。

A. 会计法律　　B. 会计行政法规

C. 会计部门规章　　D. 地方性会计法规

3. 问答题

(1) 会计领域为什么要受到高度规制？

(2) 简述我国会计法规体系层次。

拓展学习

企业如何才能做好包括编制财务报告在内的全部会计工作，发挥会计的应有作用呢？这是会计工作的组织和管理问题。企业应当建立与企业管理类型和内部管理需要相吻合的会计组织结构，配备适当的会计人员，建立和执行内部会计管理制度。

1. 企业内部会计机构

会计机构是组织处理会计事务的职能机构。根据《会计法》的规定，各单位应当根据会计业务的需要，设置会计机构，或者在有关机构中设置会计人员并指定会计主管人员；不具备设置条件的，即单位既没有设置会计机构，也没有配备专职人员，应当委托经批准设立从事会计代理记账业务的中介机构代理记账。

会计工作岗位的设置由各单位根据会计业务的需要来确定。根据《会计从业资格管理办法》的规定，会计机构内部会计岗位一般包括：①会计机构负责人（会计主管人员）岗位；②出纳岗位；③稽核岗位；④资本、基金核算岗位；⑤收入、支出、债权债务核算岗位；⑥工资核算、成本费用核算、财务成果核算岗位；⑦财产物资的收发、增减核算岗位；⑧总账岗位；⑨财务会计报告编制岗位；⑩会计档案管理岗位。

会计工作岗位可以一人一岗、一人多岗或者一岗多人，但必须严格执行岗位责任制，做到各司其职，各负其责。出纳人员不得兼任稽核、会计档案保管和收入、支出、费用、债权债务账目的登记工作。

2. 企业内部会计管理制度

为了规范和加强会计工作，中央和地方立法机关及各级政府和行政部门制定颁布了一系列会计法律、法规、制度、办法和规定。这些会计法律、法规、制度、办法和规定是企业进行会计工作的基本依据，但不能解决各个企业千差万别的具体问题。因此，企业应根据立法机关、政府和行政部门制定的会计法律、法规、制度、办法和规定，结合单位内部经营管理的需要制定内部会计管理制度，使会计法律、法规、制度、办法和规定具体化、落到实处，这也是贯彻实施会计法律、法规的重要基础和保证。一般而言，健全的内部会计管理制度体系包括会计组织管理体系、会计人员岗位责任制度、账务处理程序制度、内部牵制制度、原始记录管理制度、定额管理制度、计量验收制度、财产清查制度、财务收支审批制度、成本核算制度与财务会计分析制度等。

知识归纳

(1) 企业是专门从事生产经营活动或服务性业务的营利性社会组织。企业组织形式主要有个人独资企业、合伙企业和公司企业。新设企业的经济活动从筹资活动开始，通过投资活动形成生产能力后可开始供销产经营活动。

(2) 企业的利益相关者包括股东、债权人、管理者、员工、客户、供应商、政府部门等。企业会计部门不可能按利益相关者各自所需提供特别信息，只能提供通用的会计信息，即企业财务报告。企业利益相关者的利益和决策直接受到会计所提供的财务报告的影响，因此，国家通过制定会计规范，以约束会计行为，协调各种会计关系。我国的会计规范体系主要包括四个层次：会计法律、会计行政法规、会计部门规章、地方性会计法规和规章。注册会计师的基本业务是对企业年度财务会计报告提出审计意见，说明企业财务报告的编制是否符合会计准则，是否真实、公允地反映了企业的财务状况、经营成果和现金流量等。

(3) 企业应当建立与企业管理类型和内部管理需要相吻合的会计组织结构、配备适当的会计人员，建立和执行内部会计管理制度，保证会计工作的正常进行和会计信息质量。

技能训练

训练 1

(一) 目的：树立会计法制观念。

(二) 资料：大成公司是一家生产电子产品的大型国有控股公司。2007 年 12 月，由于产品销售不畅，公司面临亏损。公司董事长张海责成财会部经理胡亮对会计报表做技术处理，实现当年盈利目标，并承诺如果做得好，将推荐他作为公司总会计师人选。胡亮知道本年度公司亏损已成定局，如要落实董事长的盈利目标，只能在会计报表上做假。于是，胡亮通过虚拟交易、向子公司转移广告费支出等方法，将公司会计报表从亏损做成盈利。

(三) 要求：分析案例中的违法者及违法行为，并说明应承担的法律责任。

训练 2

(一) 目的：理解企业会计信息质量的重要性。

(二) 资料：红光实业是成都红光实业股份有限公司的简称，1997 年 6 月在上海证券交易所上市，股票代码为 600083。公司于 1997 年 5 月 23 日以每股 6.05 元的价格向社会公众发行7 000万股社会公众股，占发行后总股本的 30.43%，实际筹得 4.1 亿元资金。

公司能否取得上市资格、公司新股发行价格的确定等，主要取决于由上市公司提供、经相关中介机构认定的财务资料等信息。红光实业在股票发行上市申报材料中披露的经成都市蜀都会计师事务所审计的上市前三年销售收入和利润总额情况见表 1-13。

表 1-13 红光实业上市前三年销售收入和利润总额情况

项目 \ 年份	1996 年	1995 年	1994 年
主营业务收入/万元	42 492	95 676	83 771
利润总额/万元	6 331	11 685	9 042
净利润/万元	5 428	7 860	6 076

红光实业 1997 年年报披露亏损 1.98 亿元、每股收益为−0.86 元。当年上市、当年亏损，开中国股票市场之先河。经中国证监会查实，红光实业通过虚构产品销售、虚增产品库存和违规账务处理等手段，1996 年虚报利润 15 700 万元，1996 年实际亏损 10 300 万元。

红光实业因报告巨额亏损，导致股价大跌，资本市场投资者损失惨重。

(三) 要求：分析红光实业提供虚假会计信息的主要目的；红光实业提供虚假会计信息对投资者有什么影响？成都市蜀都会计师事务所是否应该承担法律责任？

学习情景 2　会计对象与会计要素

职业知识

1. 理解会计基本职能。
2. 理解会计对象。
3. 理解会计要素。
4. 理解会计等式。
5. 了解会计核算方法。
6. 了解会计核算环节。
7. 了解会计核算的基本前提。
8. 了解会计计量属性。

职业能力

1. 会区分资产、负债、所有者权益。
2. 会区分收入、费用和利润。
3. 会分析经济业务对会计等式的影响。
4. 能对资产、负债进行分类。
5. 能对收入、费用进行分类。

职业素养

1. 培养应用分析能力。
2. 培养科学思维能力。

任务 1　会计对象

2.1.1　任务导入

农华公司财务部人员的日常工作主要包括以下两方面：

(1) 会计信息记录加工工作。记录公司购买计算机、办公座椅、机器设备支出；记录公司采购钢材、包装箱支出；记录公司支付给员工的工资、奖金、福利；记录公司支付水、电、房租费；记录车间从仓库领用钢材；记录公司产品入库；记录公司产品销售收入……只要公司的资金发生变化，会计就要按专门的技术方法和一定的程序环节进行记录和加工。

(2) 会计信息监督工作。监督公司的支出，堵住不该花费的支出；监督公司的收入，收回应该收回的收入；监督公司的库存，保持合理库存……只要涉及公司的资金，会计就要进行监督。

下面将对以下问题开展讨论：

(1) 会计能发挥哪些功能？

(2) 会计的对象是什么？

(3) 会计信息记录、加工有哪些专门方法？

(4) 会计信息记录、加工要经过哪些环节？

2.1.2　知识要点

1. 会计职能

在社会生产中，人们很早就意识到加强生产活动的记录、分析等工作，对于提高经济效益很重要。当社会生产力发展到一定阶段时，客观上需要有一种由专职人员从事的、以经济活动数据的记录、计算、分析、控制等为中心的经济活动管理工作。会计连续、系统、全面、综合地反映企业经济活动及其结果，为各有关方面提供会计信息，是会计的核算(也称反映)功能。会计利用会计核算提供的会计信息对企业经济活动事前、事中和事后全过程进行合法性、合理性审查，是会计的监督功能。核算和监督是会计的两个基本职能。

随着经济的不断发展，会计职能不断得以开拓，除核算和监督以外，还有预测、决策、控制、分析等职能。

2. 会计对象

会计核算和监督的内容就是会计对象或称会计客体。以下以产品生产企业为例，说明会计对象内容。

产品生产企业的经营活动，从物质形态来看是围绕采购原材料、生产制造产品和销售产品进行的；从以货币表现的价值形态来看是资金运动，企业用银行存款购入原材料，资金形态从货币资金转化为储备资金，随着采购、生产、销售的进行，资金形态不断发生变化，即从货币资金形态出发，依次变为储备资金、生产资金、成品资金形态，最后又回到货币资金形态。资金由一种形态向另一种形态转化，称为资金运动。资金从货币资金形态出发又回到货币资金形态，称为资金循环。资金周而复始不断循环，称为资金周转。

产品生产企业资金循环如图2.1所示。图2.1中，企业投入经营活动的资金通过筹资活动取得。在采购过程中，企业用货币资金购入各种生产所需的原材料，由此货币资金转化为储备资金；在生产过程中，投入劳动三要素，引起原材料、厂房设备、人工的耗费，使储备资金、固定资金和货币资金转化为生产资金；产品完工后，生产资金转化为成品资金；在销售过程中，产品销售取得销售收入，成品资金又转化为货币资金。企业偿付债务资金的利息、向国家缴纳税金、对利润进行分配等，使一部分资金退出企业。

想一想

商品流通企业的经营活动，从物质形态来看是商品购进和销售。请问，从价值形态来看，这类企业的资金运动是怎样进行的？

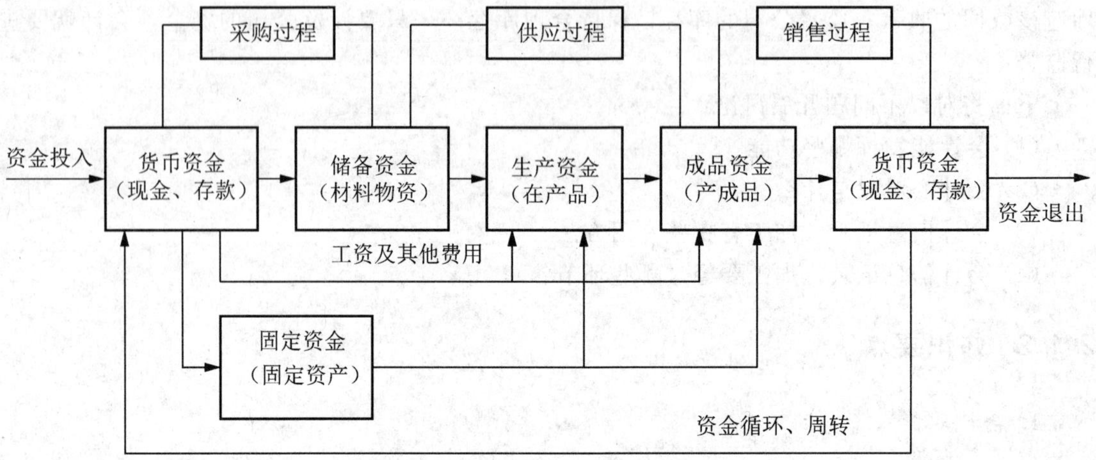

图 2.1 产品生产企业资金循环图

企业会计核算和监督的是企业经济活动中的资金运动，也就是说，企业筹资活动、投资活动和经营活动中发生的一切能够以货币表现的经济活动都是会计对象的具体内容。由于企业筹资活动、投资活动和经营活动往往表现为各种经济业务(又称经济交易或事项)，所以企业会计对象内容又具体表现为各种经济业务(经济交易或事项)。

3. 会计核算方法

企业会计核算的最终结果是编制企业财务会计报告。财务报告的目标是向财务会计报告使用者提供与企业财务状况、经营成果和现金流量等有关的会计信息，反映企业管理层受托责任的履行情况，有助于财务报告使用者作出经济决策。

对会计对象进行连续、系统、全面、综合地记录、计算、反映和监督所采用的方法称为会计核算方法，从对经济业务的确认开始，通过会计数据的加工，到编制财务会计报告为止的一系列最基本、最主要的方法，一般包括设置会计科目和账户、复式记账、填制和审核会计凭证、登记账簿、成本计算、财产清查及编制财务会计报告等几个方面。会计核算方法说明见表 2－1。会计核算方法的具体内容和运用将在本书学习情景 3 中介绍。

表 2－1 会计核算方法说明

会计核算方法	说　明
设置会计科目和账户	设置会计科目和账户是对会计对象的具体内容进行归类、核算、监督的一种专门方法
复式记账	复式记账是对每一项经济业务通过两个或两个以上有关账户相互联系起来进行登记的一种专门方法
填制和审核会计凭证	填制和审核会计凭证可以保证会计记录完整、真实和可靠，审查经济活动是否合理、合法的一种专门方法
登记账簿	登记账簿是依据会计凭证，在账簿上连续地、系统地、完整地记录交易或事项的一种专门方法

续表

会计核算方法	说　　明
成本计算	成本计算是按一定的成本对象，对生产、经营过程中发生的成本、费用进行归集，以确定各对象的总成本和单位成本的一种专门方法
财产清查	财产清查是对各项财产物资进行实物盘点、账面核对以及对各项往来款项进行查询、核对，以保证账账、账实相符的一种专门方法
编制财务会计报告	编制财务会计报告是定期向财务会计报告使用者提供与企业财务状况、经营成果和现金流量等有关会计信息，反映企业管理层受托责任履行情况的一种专门方法

4. 会计核算环节

从信息论和系统论视角分析，企业会计是收集企业经济活动数据，进行加工处理，产生以货币度量的会计信息，供有关各方决策使用的一个信息系统。

从收集经济活动数据到输出会计信息，会计通过确认、计量、记录、报告等环节进行。

(1) 会计确认，即确定每一项经济业务活动的性质，判断其是否应该在会计资料中反映、应何时反映、应如何反映等。

(2) 会计计量，即确定经济业务和事项用什么计量属性来计量(即采用哪一种价值尺度来记录有关的交易)。例如，农华公司收到某股东用于出资的一台设备，该公司在记录这台设备的价值时，有下述几种价值尺度：一是按照投资合同或协议约定价值确定；二是该设备的现行市价；三是出资人购买该设备的发票价格(用新购入设备投资时)或出资人账面记录的设备净值(用旧设备投资时)。

(3) 会计记录，是会计确认和会计计量的具体体现，即按照特定的记账方法，将有关交易具体记录在凭证和账簿等会计资料中。

(4) 会计报告，即对账簿等会计资料进行归纳和整理，通过财务会计报告将会计信息提供给会计信息使用者。

综上所述，会计是以货币为主要计量单位，以会计凭证为依据，运用专门的方法，对组织的经济活动进行全面、综合、连续、系统的核算与监督，为有关各方提供会计信息，旨在提高经济效益的一种经济管理活动。

2.1.3 实践活动

访问校内任一独立核算单位(如学校后勤服务公司、校园内各经营门点等)，调查了解以下内容：

(1) 调查对象的经营过程是什么样的？

(2) 调查对象的资金有哪些形态？

(3) 调查对象的资金是如何变化的？

2.1.4 任务自测

1. 判断题

(1) 企业能够用货币表现的经济活动，都是会计核算与监督的内容。 ( )
(2) 会计核算只能用货币作为计量单位。 ( )
(3) 会计核算侧重于反映企业未来的信息。 ( )

2. 单项选择题

(1) 会计的基本职能是( )。
A. 核算和反映　B. 预测和决策
C. 反映和监督　D. 管理和分析
(2) 下列项目中，不属于会计核算方法的是( )。
A. 成本计算　B. 复式记账　C. 登记账簿　D. 财务预算
(3) 会计对象是企事业单位的( )。
A. 投资活动　B. 经济活动　C. 经营活动　D. 资金运动
(4) 下列各项中，不属于产品生产企业资金循环和周转阶段的是( )。
A. 销售过程　B. 生产过程　C. 筹资过程　D. 供应过程

3. 多项选择题

(1) 会计监督包括( )。
A. 决策监督　B. 事前监督　C. 事后监督　D. 事中监督
(2) 下列各项中，属于会计信息生成环节的有( )。
A. 会计确认　B. 会计计量　C. 会计记录　D. 会计报告
(3) 下列业务中，属于资金退出的有( )。
A. 购买原材料　B. 支付利息　C. 缴纳税金　D. 分配利润
(4) 产品生产企业的资金运动包括( )。
A. 资金退出　B. 资金投入
C. 资金循环和周转　D. 资金耗用

4. 问答题

(1) 会计对象是什么?
(2) 什么是资金? 资金就是钱吗?
(3) 什么是资金循环和周转?

任务2 会计要素

2.2.1 任务导入

表2-2和表2-3是两张简化的财务报表。以下问题是阅读财务报表前必须理解的内容：

(1) 财务报表表头信息有什么含义？

(2) 资产负债表的基本构成元素有哪些？它们之间存在怎样的关系？

(3) 利润表的基本构成元素有哪些？它们之间存在怎样的关系？

表 2-2 资产负债表

编制单位：农华公司　　2010 年 12 月 31 日　　单位：元

资产	期末余额	年初余额	负债及所有者权益	期末余额	年初余额
流动资产：			流动负债：		
库存现金	15 001.00	13 761.40	短期借款	1 475 000.00	3 719 929.84
银行存款	1 437 051.58	490 726.62	应付账款	2 132 130.58	2 149 001.52
应收票据	374 867.92	117 844.82	应付职工薪酬	256 929.52	207 261.72
应收账款	4 010 161.22	2 258 822.70	应交税费	208 704.50	−117 271.86
其他应收款	541 422.08	662 894.20	应付股利	0.00	359 776.78
原材料	323 210.26	974 516.78	其他应付款	18 516.10	127 442.22
库存商品	242 407.70	730 887.58	流动负债合计	4 091 280.70	6 446 140.22
在产品	404 012.82	1 218 145.98	非流动负债：		
流动资产合计	7 348 134.58	6 467 600.08	长期借款	0.00	0.00
非流动资产：			非流动负债合计	0.00	0.00
固定资产	5 586 193.20	6 332 466.54	负债合计	4 091 280.70	6 446 140.22
无形资产	632 525.72	0.00	所有者权益：		
非流动资产合计	6 218 718.92	6 332 466.54	实收资本	5 350 000.00	5 000 000.00
			留存利润	4 125 572.80	1 353 926.40
			所有者权益合计	9 475 572.80	6 353 926.40
资产总额	13 566 853.50	12 800 066.62	负债及所有者权益总计总额	13 566 853.50	12 800 066.62

表 2-3 利润表

编制单位：农华公司　　2010 年 1～12 月　　单位：元

项　目	本期金额
一、营业收入	11 982 637.21
减：营业成本	8 190 521.36
营业税金	78 399.54
销售费用	282 021.93
管理费用	564 043.85
利息费用	154 575.63
二、营业利润	2 713 074.90
加：营业外收入	0.00

续表

项　　目	本期金额
减：营业外支出	83 821.55
三、利润总额	2 629 253.35
减：所得税费用	386 306.68
四、净利润	2 242 946.67

2.2.2 知识要点

企业会计对象是企业能够以货币表现的那部分经济活动，其内容又具体表现为各种经济业务(经济交易或事项)。会计要素是对会计对象的基本分类，是会计反映会计主体财务状况、经营成果最基本的构成元素。按照《企业会计准则——基本准则》的规定，企业会计要素包括资产、负债、所有者权益、收入、费用和利润。资产、负债和所有者权益是资产负债表的构成元素；收入、费用和利润是利润表的构成元素。

1. 资产

1）资产的定义与确认条件

资产是指企业过去的交易或者事项形成的、由企业拥有或者控制的、预期会给企业带来经济利益的资源。该定义包含三层含义：

第一，资产是企业过去的交易或者事项所形成的资源。也就是说，预期在未来发生的交易或者事项不形成企业的资产。

想一想

2010 年 12 月 31 日，农华公司与供应商——之江金属公司订立材料采购合同，向该公司采购合计金额 5 万元的钢材。请问，农华公司 2010 年 12 月 31 日的资产中包括该 5 万元吗？为什么？

第二，资产是企业拥有或者控制的资源。也就是说，资产是企业对其享有所有权的资源或者虽然不享有所有权，但能被企业所控制的资源。

想一想

2010 年 12 月 10 日，农华公司从得助租赁公司租入一辆价值 25 万元的运输卡车。根据租赁合同，农华公司对该卡车可以使用到报废。请问，农华公司 2010 年 12 月 31 日的资产中包括该运输卡车吗？为什么？

第三，资产是预期会给企业带来经济利益的资源。也就是说，预期不能给企业带来经济利益的资源，被排除在企业资产之外。

想一想

2010 年 11 月 25 日，农华公司一台原始价值 15 万元的设备，因毁损严重无法使用，预计修理该设备的成本高于回收价值。请问，农华公司 2010 年 12 月 31 日的资产中包括这台设备吗？为什么？

符合上述资产定义的资源，同时还需满足两个条件才能确认为资产：一是与该资源有关的经济利益很可能①流入企业；二是该资源的成本或者价值能够可靠地计量。

需要说明的是，列入资产负债表的资产是既符合资产定义又满足资产确认条件的资源。也就是说，符合资产定义、但不符合资产确认条件的项目，不应当列入资产负债表。

想一想

农华公司自行创建的“耐久”产品品牌，2010年12月1日经权威机构估价值10万元。请问，农华公司2010年12月31日的资产中包括该产品品牌吗？为什么？

2）资产的分类

按照流动性大小不同，资产分为流动资产和非流动资产。流动资产如库存现金、银行存款、应收账款、原材料、库存商品等；非流动资产包括长期股权投资、固定资产、在建工程、无形资产等。

根据资产存在状态的形式不同，资产分为实物资产和权利资产。实物资产如现金、商品、厂房、设备等；权利资产包括债权、股权、受益权，如应收账款、长期股权投资等。

不同形态的资产被耗用的时间与方式是不同的。流动资产一次性消耗、转移到当期的生产经营费用中，然后从企业的销售收入或劳务收入中回收；长期投资不参与企业经营过程的资金循环，本身不存在被企业自身的经营行为所使用或者消耗的问题；固定资产的价值转移和补偿不是在购买固定资产的当期一次完成，而是在固定资产的使用期内逐步转移到企业的经营成本中去，即以折旧费的方式逐步转化为制造费用或管理费用，从企业的销售收入或劳务收入中回收。

2. 负债

1）负债的定义与确认条件

负债是指企业过去交易或者事项形成的、预期会导致经济利益流出企业的现时义务。该定义包含三层含义：

第一，负债是现时义务。意即负债是企业已承担的义务。

想一想

2010年12月5日，农华公司从中国农业银行杭江分理处取得20万元的6个月短期贷款。请问，农华公司2010年12月31日的负债中包括该项贷款吗？为什么？

第二，负债是由企业过去的交易或者事项所形成。也就是说，预期在未来发生的交易或者事项形成的义务，不属于现时义务，不符合负债定义。

想一想

2010年12月31日，农华公司与供应商——之江金属公司订立材料采购合同，向该公司采购合计金额5万元的钢材，货物验收合格后支付合同货款。请问，农华公司2010年12月31日的负债中包括该项合同款吗？为什么？

---

① “很可能”指发生的可能性高于50%，以下同。

第三，负债预期会导致经济利益流出企业。也就是说，负债将由企业在未来某个时日加以清偿。

想一想

2010 年 12 月 10 日，农华公司欠杭江钢铁公司的 4 万元采购款到期，用银行存款偿还。请问，农华公司 2010 年 12 月 31 日的负债中包括该项采购款吗？为什么？

符合上述负债定义的义务，同时还需满足两个条件才能确认为负债。一是与该义务有关的经济利益很可能流出企业。二是未来流出的经济利益的金额能够可靠地计量。

需要说明的是，列入资产负债表的负债是既符合负债定义又满足负债确认条件的义务。也就是说，符合负债定义、但不符合负债确认条件的项目，不应当列入资产负债表。

想一想

2010 年 12 月 20 日，农华公司与客户闽田农机公司打官司，官司输了，需要赔偿客户约 2 万元，但是，金额还有待于裁定。请问，农华公司 2010 年 12 月 31 日的负债中包括该项赔款吗？为什么？

2）负债的分类

负债按照偿还期长短分为流动负债和非流动负债。流动负债如短期借款、应付账款等；非流动负债如长期借款。

3. 所有者权益

1）所有者权益的定义

所有者权益是指企业资产扣除负债后由所有者享有的剩余权益。因此，所有者权益又称净资产。对于不同的企业组织形式，所有者权益又有不同的名称，公司制企业称为股东权益。

企业资产形成的资金来源包括向债权人借入和获得所有者投资两个方面。债权人和所有者都有权益，债权人权益也就是负债。

2）所有者权益来源

列入资产负债表的所有者权益项目包括实收资本(股本)、资本公积、盈余公积和未分配利润。

实收资本(股本)是所有者投入的资本，它构成了企业所有者权益的基本部分。所有者可以以现金、存款或机器设备等向企业投资。

企业实现的税后利润，不能全部分配给投资者，而是要按规定先提取一定比例的准备金，即盈余公积金，用于企业日后弥补亏损、职工福利等；税后利润提取盈余公积金后剩余部分是可供投资者分配的利润，但是在一般情况下，企业并不将全部可供分配的利润分配完，而是保留一定数额，留待以后年度分配，这就形成了未分配利润。盈余公积和未分配利润是依靠企业经营所得的盈利累积而形成，属于企业的留存收益。

因此，所有者权益来源主要是所有者投入的资本、留存收益。除此之外，如股份有限公司发行股票，超出股票面值的溢价(股本溢价)部分；有限责任公司新加入投资者出资额高于其投入资本的溢价(资本溢价)部分等直接计入所有者权益的利得[①]或损失[②]也构成所有者权益来源，列入“资本公积”项目。

想一想

假如农华公司管理层于2010年12月30日决定公司停止营业，那么，农华公司还会按预定的用途去使用现有的资产，按现时承诺的条件去清偿其各项债务吗？农华公司2010年12月31日编制的资产负债表是否有必要区分流动资产和非流动资产、流动负债和非流动负债？

4. 收入

1）收入的定义与确认条件

收入是指企业在日常活动中形成的、会导致所有者权益增加的、与所有者投入资本无关的经济利益的总流入。该定义包含三层含义：

第一，收入是企业在日常活动中形成的经济利益的总流入。也就是说，不是企业日常活动形成的经济利益流入，不能记为收入。

想一想

2010年12月，农华公司因产品升级换代处理了一批旧设备，获得了20万元的设备处理款。请问，农华公司2010年12月的收入中包括该设备处理款吗？为什么？

第二，收入会导致所有者权益增加。也就是说，流入企业，但不增加所有者权益的款项，不属于企业的收入。

收入表现为企业资产增加或者负债减少，如企业采取赊销形式确认收入，形成应收账款，使资产增加；企业采取了预收形式确认收入，直接抵消预收款项，使负债减少。

想一想

2010年12月，农华公司代收职工个人所得税款5万元。请问，农华公司2010年12月的收入中包括该税款吗？为什么？

第三，收入与所有者投入资本无关。也就是说，与所有者投入资本有关的经济利益流入不能归为收入。

想一想

2010年12月17日，得助租赁公司向农华公司投资30万元设备。请问，农华公司2010年12月的收入中包括该投资款吗？为什么？

---

① 利得是由企业非日常活动中形成的、会导致所有者权益增加的、与所有者投入资本无关的经济利益的流入。

② 损失是由企业非日常活动中发生的、会导致所有者权益减少的、与向所有者分配利润无关的经济利益的流出。

符合上述收入定义的经济利益，只有在经济利益很可能流入，从而导致企业资产增加或者负债减少、且经济利益的流入额能够可靠计量时才能予以确认为收入。

需要说明的是，列入利润表的收入是既符合收入定义又满足收入确认条件的经济利益的总流入。

想一想

2010 年 12 月 23 日，农华公司以赊销方式向钱封农机公司销售总价 4.5 万元的产品。请问，农华公司 2010 年 12 月的收入中包括该销售款吗？为什么？

2）收入的分类

收入一般称为营业收入，按照其在经营业务中所占的比重分为主营业务收入和其他业务收入。

主营业务收入是企业主要经营业务产生的收入。不同行业企业具有不同主要经营业务，如生产制造企业的主要经营业务就是生产销售产品，商业企业就是销售商品等。主营业务收入经常发生，并在收入中占有较大比重。

其他业务收入是非主要生产经营业务中取得的收入，如生产制造企业销售原材料的收入、设备或房屋出租收入、专利权转让收入等。其他业务收入不经常发生，每笔业务金额一般较小，在收入中所占比重较小。

5. 费用

1）费用的定义与确认条件

费用是指企业在日常活动中发生的、会导致所有者权益减少的、与向所有者分配利润无关的经济利益的总流出。该定义包含三层含义：

第一，费用是企业在日常活动中形成的经济利益的总流出。也就是说，不是企业日常活动形成的经济利益流出，不能记为费用。

想一想

2010 年 12 月 9 日，农华公司因合同违约被罚款 5 000 元。请问，农华公司 2010 年 12 月的费用中包括该罚款吗？为什么？

第二，费用会导致所有者权益减少。也就是说，流出企业、但不减少所有者权益的款项，不属于企业的费用。

费用表现为企业资产减少或者企业负债增加，如交纳水电费使企业存款减少；本月使用借款应该负担的利息确认为本月的费用，但是下月支付，就形成一项负债。

想一想

2010 年 12 月 16 日，农华公司向客户退还包装物押金 1 000 元。请问，农华公司 2010 年 12 月的费用中包括该押金吗？为什么？

第三，费用与向所有者分配利润无关。也就是说，与向所有者分配利润有关的经济利益流出不能归为费用。

想一想

2010年12月28日，农华公司向投资者分配利润50 000元。请问，农华公司2010年12月的费用中包括该分配款吗？为什么？

符合上述费用定义的经济利益，只有在经济利益很可能流出从而导致企业资产减少或者负债增加、且经济利益的流出额能够可靠计量时才能予以确认为费用。

需要说明的是，列入利润表的费用是既符合费用定义又满足费用确认条件的经济利益的总流出，如A公司交纳水电费能确认为费用。

2）费用的分类

企业在日常活动中发生的费用，可分为生产费用和期间费用。生产费用是企业为生产产品、提供劳务等发生的费用，应计入产品成本、劳务成本，包括直接材料费用、直接人工费用和制造费用；期间费用不应计入成本而直接计入当期损益，包括管理费用、财务费用和销售费用。

6. 利润

利润是企业在一定会计期间的经营成果。利润包括收入减去费用后的净额、直接计入当期利润的利得和损失等。显然，有了收入、费用、利得和损失的确认条件，就无须单独设立确认利润的条件。利润项目应当列入利润表。

从构成层次看，利润包括营业利润、利润总额和净利润。

想一想

如果你是农华公司的一名股东，你是否关心公司管理层的管理能力？为什么？类似这样的信息，公司财务报表能反映吗？

7. 会计等式

会计要素之间的基本关系可以用会计等式反映。

资产负债表构成元素，资产、负债及所有者权益之间存在着以下平衡关系：

$$资产=负债+所有者权益 \tag{2-1}$$

等式(2-1)是反映企业财务状况的会计等式，意即在一定日期，企业资产总额与负债及所有者权益总额相等。因为企业生产经营必须拥有一定数量的资产，这些资产所占用的资金来源于债权人和所有者，有一定数额的资产，就有一定数额的负债及所有者权益，反之亦然。资产总额与负债及所有者权益总额两者必然相等。

等式(2-1)是复式记账的理论基础，也是企业编制资产负债表的依据。

利润表的构成元素，收入、费用、利得、损失和利润之间存在着以下平衡关系：

$$利润=(收入-费用)+(直接计入当期利润的利得-直接计入当期利润的损失) \tag{2-2}$$

等式(2-2)是反映企业经营成果的会计等式，意即在一定期间，企业利润取决于收入和费用、直接计入当期利润的利得和损失。等式(2-2)是企业编制利润表的基础。

在生产经营过程中，企业实现的利润归属所有者。企业盈利意味着所有者权益增加；企业亏损，意味着所有者权益减少，用等式表示：

$$资产=负债+(所有者权益+利润) \tag{2-3}$$

资产＝负债＋所有者权益＋(收入－费用)＋
(直接计入当期利润的利得－直接计入当期利润的损失)　　(2－4)

等式(2－4)动态地反映了企业财务状况和经营成果之间的关系，即企业的经营成果最终会影响到企业的财务状况。企业盈利使企业资产增加或负债减少，企业亏损使企业资产减少或负债增加。

8. 会计要素的变动规律

企业生产经营过程中发生的经济业务可以分为两大类：外部经济业务和内部经济业务。外部经济业务是会计主体的对外经济交易，如从外单位购入原材料、对外销售产品等；内部经济业务是会计主体内部的经济事项，如原材料的领用、产成品入库等。经济业务发生在企业的各个部门，但最终都应汇集到财会部门，由会计人员确认、计量、记录，以财务报告的形式输出会计信息。

经济业务发生必定引起会计要素增减变化，但不管如何变化，都不会破坏会计等式的平衡关系。经济业务所引起的资产与负债及所有者权益的增减变动有以下四种类型(如图 2.2 所示)以及九种情况(见表 2－4)。

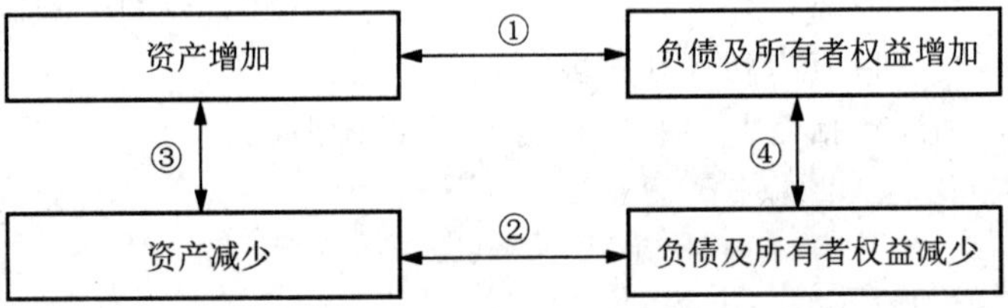

图 2.2　资产、负债及所有者权益增减变动图

图 2.2 中：

① 经济业务事项发生，引起资产增加，负债及所有者权益增加，增加金额相等。

② 经济业务事项发生，引起资产减少，负债及所有者权益减少，减少金额相等。

③ 经济业务事项发生，资产项目一增一减，增减金额相等。

④ 经济业务事项发生，负债及所有者权益项目一增一减，增减金额相等。

表 2－4　资产、负债及所有者权益增减变动情况

会计要素变动情况	资　产	负　债	所有者权益
1	增加	增加	
2	增加		增加
3	减少	减少	
4	减少		减少
5	增加、减少		
6		增加、减少	
7			增加、减少
8		增加	减少
9		减少	增加

下面举例说明经济业务对会计等式的影响。

【案例】

【资料】　农华公司 2010 年 1 月 1 日的财务状况见表 2－2，即资产总额 12 800 066.62 元，负债总额 6 446 140.22 元，所有者权益总额 6 353 926.40 元。假设该公司 2010 年 1 月份发生以下经济业务。

业务 1：1 月 3 日，向银行借入短期借款 6 000.00 元，存入银行。

业务 2：1 月 6 日，投资者丁一投入 40 000.00 元，存入银行。

业务 3：1 月 10 日，以银行存款偿还前欠之江金属公司的应付账款 5 000.00 元。

业务 4：1 月 13 日，经董事会批准，以银行存款退还投资者王立股金 50 000.00 元。

业务 5：1 月 17 日，从银行提取现金 1 500.00 元。

业务 6：1 月 19 日，以应付票据偿还之江金属公司的应付款 6 000.00 元。

业务 7：1 月 22 日，将盈余公积 5 000.00 元转作实收资本。

业务 8：1 月 25 日，投资者丁一代公司偿还之江金属公司的货款 5 000.00 元，作为对公司投资的增加。

业务 9：1 月 30 日，公司宣布向投资者分配红利 10 000.00 元。

【要求】　分析上述发生的经济业务对会计等式的影响。

业务 1 发生，使资产增加 6 000.00 元，负债增加 6 000.00 元。业务 1 对会计等式的影响如下：

	资产	负债	所有者权益
业务 1 发生前	12 800 066.62	6 446 140.22	6 353 926.40
业务 1 发生	＋　6 000.00	＋　6 000.00	
业务 1 发生后	12 806 066.62	6 452 140.22	6 353 926.40

结论：会计等式两边增加金额相等，等式依旧成立；资金总额增加。

业务 2 发生，使资产增加 40 000.00 元，所有者权益增加 40 000.00 元。业务 2 对会计等式的影响如下：

	资产	负债	所有者权益
业务 2 发生前	12 806 066.62	6 452 140.22	6 353 926.40
业务 2 发生	＋　40 000.00		＋　40 000.00
业务 2 发生后	12 846 066.62	6 452 140.22	6 393 926.40

结论：会计等式两边增加金额相等，等式依旧成立；资金总额增加。

业务 3 发生，使资产减少 5 000.00 元，负债减少 5 000.00 元。业务 3 对会计等式的影响如下：

	资产	负债	所有者权益
业务 3 发生前	12 846 066.62	6 452 140.22	6 393 926.40
业务 3 发生	－　5 000.00	－　5 000.00	
业务 3 发生后	12 841 066.62	6 447 140.22	6 393 926.40

结论：会计等式两边减少金额相等，等式依旧成立；资金总额减少。

业务 4 发生，使资产减少 50 000.00 元，所有者权益减少 50 000.00 元。业务 4 对会计等式的影响如下：

	资产	负债	所有者权益
业务 4 发生前	12 841 066.62	6 447 140.22	6 393 926.40
业务 4 发生	− 50 000.00		− 50 000.00
业务 4 发生后	12 791 066.62	6 447 140.22	6 343 926.40

结论：会计等式两边减少金额相等，等式依旧成立；资金总额减少。

业务 5 发生，使一项资产增加 1 500.00 元，另一项资产减少 1 500.00 元。业务 5 对会计等式的影响如下：

	资产	负债	所有者权益
业务 5 发生前	12 791 066.62	6 447 140.22	6 343 926.40
业务 5 发生	+ 1500.00		
	− 1500.00		
业务 5 发生后	12 791 066.62	6 447 140.22	6 343 926.40

结论：会计等式左边资产增减金额相等，等式依旧成立；资金总额不变。

业务 6 发生，使一项负债增加 6 000.00 元，另一项负债减少 6 000.00 元。业务 6 对会计等式的影响如下：

	资产	负债	所有者权益
业务 6 发生前	12 791 066.62	6 447 140.22	6 343 926.40
业务 6 发生		+ 6 000.00	
		− 6 000.00	
业务 6 发生后	12 791 066.62	6 447 140.22	6 343 926.40

结论：会计等式右边负债增减金额相等，等式依旧成立；资金总额不变。

业务 7 发生，使一项所有者权益增加 5 000.00 元，另一项所有者权益减少 5 000.00 元。业务 7 对会计等式的影响如下：

	资产	负债	所有者权益
业务 7 发生前	12 791 066.62	6 447 140.22	6 343 926.40
业务 7 发生			+ 5 000.00
			− 5 000.00
业务 7 发生后	12 791 066.62	6 447 140.22	6 343 926.40

结论：会计等式右边所有者权益增减金额相等，等式依旧成立；资金总额不变。

业务 8 发生，使负债减少 5 000.00 元，所有者权益增加 5 000.00 元。业务 8 对会计等式的影响如下：

	资产	负债	所有者权益
业务 8 发生前	12 791 066.62	6 447 140.22	6 343 926.40
业务 8 发生		− 5 000.00	+ 5 000.00
业务 8 发生后	12 791 066.62	6 442 140.22	6 338 926.40

结论：会计等式右边负债、所有者权益增减金额相等，等式依旧成立；资金总额不变。

业务 9 发生，使负债增加 10 000.00 元，所有者权益减少 10 000.00 元。业务 9 对会计等式的影响如下：

	资产	负债	所有者权益
业务 9 发生前	12 791 066.62	6 442 140.22	6 338 926.40
业务 9 发生		+ 10 000.00	− 10 000.00
业务 9 发生后	12 791 066.62	6 452 140.22	6 328 926.40

结论：会计等式右边负债、所有者权益增减金额相等，等式依旧成立；资金总额不变。

通过上述案例分析可知：经济业务事项发生会引起会计要素变动，但资产总额与负债及所有者权益总额始终保持平衡；经济业务事项发生，涉及会计等式左右两边的会计要素变动时，则资金总额可能增加也可能减少，但资产总额与负债及所有者权益总额依然保持相等关系；经济业务事项发生，只涉及会计等式或左或右一边的会计要素变动时，则不但两边总额保持相等关系，且原总额维持不变。

2.2.3 实践活动

访问本地一家产品生产企业，调查了解以下内容：

(1) 该企业供应过程经常发生的经济业务主要有哪些？

(2) 该企业生产过程经常发生的经济业务主要有哪些？

(3) 该企业销售过程经常发生的经济业务主要有哪些？

2.2.4 任务自测

1. 判断题

(1) 某一财产物资要成为企业的资产，其所有权必须属于企业。 (　　)

(2) 企业预期经济业务所发生的债务，应当作为负债处理。 (　　)

(3) 所有者权益是投资人对企业全部资产的所有权。 (　　)

(4) 企业接受捐赠设备一台，该项经济业务的发生会引起收入增加，权益增加。 (　　)

2. 单项选择题

(1) 下列各项中，属于流动资产的有(　　)。

A. 银行存款　　B. 商标权　　C. 打印设备　　D. 长期持有的股票

(2) 下列各项中，不属于收入范围的是(　　)。

A. 销售收款　　B. 押金收款　　C. 劳务收款　　D. 出租收款

(3) 企业以银行存款 50 万元偿还前欠外单位货款，该项经济业务将引起企业(　　)。

A. 资产增加 50 万元　　B. 负债增加 50 万元

C. 资产与负债同时减少 50 万元　　D. 负债总额保持不变

(4) 下列经济活动中，引起资产和负债同时增加的是(　　)。

A. 以银行存款偿还前欠货款　　B. 以现金支付办公费

C. 从银行取得贷款　　D. 收回货款

3. 多项选择题

(1) 下列各项中，反映企业财务状况的会计要素有(　　)。

A. 收入　　B. 资产　　C. 负债　　D. 所有者权益

（2）下列各项中，属于所有者权益项目的有（　　）。

A. 股本　　B. 应付股利　　C. 未分配利润　　D. 盈余公积

（3）企业的负债可以用（　　）来偿付。

A. 银行存款　　B. 提供劳务　　C. 产成品　　D. 举借新债

（4）企业发生费用，会（　　）。

A. 增加企业负债　　B. 减少企业资产

C. 增加所有者权益　　D. 减少所有者权益

4. 问答题

（1）企业会计要素有哪些？它们之间有怎样的关系？

（2）如何理解基本会计等式的含义？

拓展学习

1. 会计核算基本前提

会计核算最终通过财务报表向我们展示信息。在财务报表的表头中有编制单位、日期、金额单位等信息，这些信息用以说明编制财务报表是在一定前提条件下进行的，包括编制财务报表的空间范围、时间范围、计量单位等，也就是会计术语中所说的会计假设或会计核算的基本前提。会计核算的基本前提包括会计主体、持续经营、会计分期和货币计量。

对于贷款等经济交易活动，从银行角度和从企业角度描述，其结果是完全不一样的。因此，会计工作只有明确了为其服务的特定单位或组织，即会计主体，才能决定会计人员记账立场，划清会计记账范围。一套特定的财务报表是以报表表头中填写的编制单位为会计主体，反映的是该会计主体的会计信息。一般而言，经济上独立或相对独立的企业、事业单位等组织都是会计主体。

想一想

以下哪些单位或组织可以是会计主体？法律主体？

公司制企业、个人独资企业、合伙企业、分公司、子公司、一车间、若干企业组织起来的集团公司。

企业和生物一样，是有生命的，任何一个企业都有从诞生到成长、壮大、衰退直至死亡的生命周期。从企业经营存续时间来看，存在两种可能：一种是企业在近期可能面临破产清算；另一种是在可预见的将来，企业会持续经营下去。会计核算是以企业持续经营为前提。

持续经营假设是会计确认、会计计量以及一系列会计核算方法所赖以建立的基础。例如，资产计量尺度的选择。在持续经营的前提下，企业取得的资产将按照预定用途加以使用，不会在近期出售，因此按历史成本计量，而不能用变现价值来记录。但在破产清算的前提下，所有资产都要立即变卖，用于偿还债务，它就必须按照清算时能够变卖的价值来进行估价、记录。

持续经营的假设，意味着企业的经营活动持续不断。为了分期结算账目和编制财务报告，定期为会计信息使用者提供会计信息，就必须将企业持续不断的经营过程划分为一个个首尾相接、等间距的会计期间。根据《企业会计准则——基本准则》的规定，会计期间分为年度和中期（如半年度、季度和月度）。财务报表反映的是特定会计主体在特定日期或特定会计期间的会计信息。

会计分期界定了会计信息的时间段落，产生了“本期”与“他期”的概念，产生了收入和费用时间确认问题，为权责发生制奠定了基础。

会计核算过程中采用货币作为计量单位，记录、反映企业经济活动。会计核算一般以人民币作为记账本位币，业务收支以人民币以外的货币为主的企业，可以选定其中一种货币作为记账本位币，但是编报的财务会计报告应当折算为人民币。

2. 会计要素的计量

对于经过会计确认，需要在会计资料中反映的会计要素内容，如果采用不同的计量单位和计量标准（也称计量属性、计量尺度），就会产生不同的计量结果，可能对企业利益相关者带来完全不同的影响。因此，实施会计要素计量必须明确会计计量单位和会计计量标准。会计核算是以货币作为统一计量单位的。需要说明的是，货币计量不排除以实物量度、劳动量度作为辅助量度，如原材料可按货币量和重量两种量度计量。

会计计量属性主要包括历史成本、重置成本、可变现净值、现值、公允价值等。

历史成本又称原始成本或实际成本。按照历史成本计量，资产以取得时所付出代价的价值计量。负债以负债形成时实际收到的款项金额，或者为偿还负债将要付出金额计量。历史成本通常是会计主体实际交易的结果，有相关的交易凭证为佐证，其金额是唯一的，因此比较客观可靠，也具有可验证性。

企业会计的计量，通常以历史成本为基础。由于历史成本也存在一定的缺陷，所以，企业会计有时也需结合使用其他计量属性。重置成本、可变现净值、现值、公允价值这些会计计量属性，将在本书相关内容中给予介绍。

知识归纳

（1）会计是对某一主体以货币表现的经济活动、运用专门方法进行核算与监督，为有关各方提供会计信息，旨在提高经济效益的一种经济管理活动。

（2）会计要素是对会计对象的基本分类，是会计反映会计主体财务状况、经营成果最基本的构成元素，包括资产、负债、所有者权益、收入、费用和利润。

（3）经济业务事项发生会引起会计要素增减变动，但不管如何变化，都不会破坏会计等式的平衡关系，即资产总额与负债及所有者权益总额始终保持平衡。

（4）财务报表提供的会计信息基于以下四个基本前提：会计主体、持续经营、会计分期、货币计量。

（5）会计要素计量必须明确会计计量单位和会计计量标准。会计核算是以货币作为统一计量单位的。会计计量属性主要包括历史成本、重置成本、可变现净值、现值、公允价值等。

技能训练

训练 1

（一）目的：掌握会计要素的内容。

（二）资料：2010年1月31日，通达公司有下列项目存在，见表2-5。

表2-5 通达公司项目内容与会计要素

项目内容	资产	负债	所有者权益
1. 持有债券45 000元			
2. 预收客户货款3 100元			
3. 库存原材料23 000元			
4. 厂房1 030 000元			
5. 机器设备350 000元			
6. 存放在银行的款项117 000元			
7. 保险柜存放现金3 000元			
8. 库存商品10 000元			
9. 欠供应商货款3 500元			
10. 股东投入资本1 000 000元			
11. 欠银行款项500 000元			
12. 应交未交税费5 800元			
13. 应付未付职工薪酬25 600元			
14. 未分配利润40 000元			
合计			

（三）要求：判断上述项目内容归属要素，并将金额填入表2-5相应栏内。

训练2

（一）目的：掌握会计等式以及会计要素的变动规律。

（二）资料：

1. 2010年2月1日，通达公司的资产总计1 578 000元，负债合计538 000元，所有者权益合计1 040 000元。

2. 2月份1日～10日，该公司发生下列经济业务：

（1）以银行存款支付税费5 800元。

（2）向供应商购进原材料一批，已入库，货款10 000元未付。

（3）收到股东投入资本100 000元。

（4）从银行提取现金3 000元。

（5）前欠职工薪酬25 600元转为投入资本。

（6）签发并承兑商业承兑汇票一张，面额3 500元，抵付前欠供应商货款。

（三）要求：根据资料计算并分析每一项经济业务对会计要素及会计等式的影响，并填入表2-6相应栏内。

表 2-6　通达公司项目内容变化

单位：元

项 目 内 容	资　　产	负　　债	所有者权益
2月初	1 578 000	538 000	1 040 000
业务(1)发生			
业务(1)发生后			
业务(2)发生			
业务(2)发生后			
业务(3)发生			
业务(3)发生后			
业务(4)发生			
业务(4)发生后			
业务(5)发生			
业务(5)发生后			
业务(6)发生			
业务(6)发生后			

训练 3

（一）目的：理解会计假设。

（二）资料：达尔公司是一家刚开业不久的小型煤矿企业，公司的资金全部都是自有资金，资产包括银行存款、原煤、矿井、开采设备等。2009 年 12 月 31 日公司的资产负债见表 2-7。

表 2-7　资产负债表

编制单位：达尔公司　　2009 年 12 月 31 日　　单位：元

资　　产	金　　额	负债及所有者权益	金　　额
银行存款	20 000	所有者权益：	
原煤	60 000	实收资本	1 000 000
房屋和设备	300 000	累积盈余	100 000
矿井	600 000		
土地使用权	30 000		
资产总额	1 100 000	负债及所有者权益总额	1 100 000

2010 年 1 月 1 日，矿井突然坍塌。经有关部门鉴定，该公司矿井所处地段的地理结构不适宜继续开采，公司决定终止营业。

（三）要求：对投资人可以收回的投资进行分析。

学习情景3　会计核算技术

职业知识

1. 熟悉企业主要经济业务原始凭证。
2. 理解会计科目和账户。
3. 理解借贷记账法。
4. 理解权责发生制。
5. 了解对账、结账、试算平衡、期末账项调整。
6. 了解记账凭证知识。
7. 了解账簿知识。
8. 了解财务报表知识。

职业能力

1. 能对原始凭证作出合规与否的判断。
2. 会用借贷记账法分析简单的经济业务。
3. 能看懂记账凭证记录的内容。
4. 能看懂账簿记录的内容。
5. 会进行三大财务报表内部的稽核计算。

职业素养

1. 养成认真做事习惯。
2. 树立内部控制意识。
3. 培养信息处理能力。
4. 培养科学思维能力。

任务1　取得与审核原始凭证

3.1.1　任务导入

农华公司内部各部门办理经济业务事项，必须填制或者获取原始凭证并送交公司财务部进行会计处理。原始凭证的格式、内容千差万别，图3.1和图3.2是其中的两张。请思考下列问题：

(1) 上述原始凭证什么时候、从哪里取得？

(2) 上述收款收据(如图3.1所示)和增值税专用发票(如图3.2所示)对农华公司而言意味着什么？

（3）上述原始凭证主要内容有哪些？

收款收据

2010 年 9 月 10 日　　　　No. 0034

付　款　单　位	闽田农机公司	收款方式	现金
人民币（大写）	壹仟贰佰元整	¥	1 200. 00
收　款　事　由	包装物押金		

第三联：记账联

收款单位（盖章）　　审核　　经手　　出纳 钱多

图 3.1　收据

浙江省增值税专用发票

发票联　　　　No. 00012001

开票日期：2010 年 9 月 3 日

<table>
<tr><td>购货单位</td><td colspan="5">名　　称：农华机械股份有限公司
纳税人识别号：5566
地 址 、电 话：杭江市江滨路 168 号　081 - 5189488
开户行及账号：农行杭江支行　313131</td><td>密码区</td><td></td></tr>
<tr><td>货物或应税劳务名称</td><td>规格型号</td><td>单位</td><td>数量</td><td>单价</td><td>金额</td><td>税率</td><td>税额</td></tr>
<tr><td>轴承钢</td><td></td><td>吨</td><td>80</td><td>2 300.00</td><td>184 000.00</td><td>17%</td><td>31 280.00</td></tr>
<tr><td>合计</td><td></td><td></td><td></td><td></td><td>184 000.00</td><td></td><td>31 280.00</td></tr>
<tr><td>价税合计（大写）</td><td colspan="7">贰拾壹万伍仟贰佰捌拾零元零角零分　　（小写）</td></tr>
<tr><td>销货单位</td><td colspan="5">名　　称：杭江钢铁公司
纳税人识别号：385264
地 址 、电 话：杭江市宏业路 249 号　081 - 5167249
开户行及账号：建行杭江支行　454545</td><td>备注</td><td></td></tr>
</table>

第二联：发票联　购货方记账凭证

收款人：李娜　　复核：张良　　开票人：孙英　　销货单位（盖章）：

图 3.2　增值税专用发票

3.1.2　知识要点

案例企业资料(2)

农华公司的税务登记证号为 121212，其开户银行是中国农业银行杭江支行，银行账号为 313131；农华公司的供应商主要有杭江钢铁公司、杭江塑材包装公司和之江金属公司，客户主要有宁绍农机公司、闽田农机公司、钱封农机公司和新安农机公司。

1. 经济业务原始凭证

1）借款筹资业务原始凭证

企业财会部门负责筹集生产经营所需的资金。当企业向银行或非银行金融机构申请借款并获准、银行将贷款金额如数划入企业户头时，将从银行方面取得贷款凭证，如图3.3所示。当企业偿还到期贷款和贷款利息时，将从银行方面取得偿还借款本息的凭证。

中国农业银行贷款凭证(代回单)

贷款日期　2010年9月1日

编号：第188号

<table>
<tr><td>借款单位名称</td><td colspan="2">农华机械股份有限公司</td><td>纳税人识别号</td><td colspan="9">5566</td></tr>
<tr><td>放款账号</td><td colspan="2">6767</td><td>往来账号</td><td colspan="9">313131</td></tr>
<tr><td rowspan="2">借款金额</td><td colspan="3" rowspan="2">人民币（大写）壹拾贰万元整</td><td>百</td><td>十</td><td>万</td><td>千</td><td>百</td><td>十</td><td>元</td><td>角</td><td>分</td></tr>
<tr><td>¥</td><td>1</td><td>2</td><td>0</td><td>0</td><td>0</td><td>0</td><td>0</td><td>0</td></tr>
<tr><td>用途</td><td colspan="2">生产周转</td><td>利率</td><td colspan="9">4.50%</td></tr>
<tr><td>单位提出期限</td><td colspan="12">自2010年9月1日起至2010年12月1日止</td></tr>
<tr><td>银行提出期限</td><td colspan="12">自2010年9月1日起至2010年12月1日止</td></tr>
<tr><td colspan="3">上列款项已入你方单位往来户
此致
单位(银行盖章)</td><td colspan="10">单位会计人员：</td></tr>
</table>

分次偿还记录	日期		偿还金额									未还金额									分次偿还计划	日期		金额							
	月	日	百	十	万	千	百	十	元	角	分	百	十	万	千	百	十	元	角	分		月	日	十	万	千	百	十	元	角	分

图3.3　贷款凭证

2）采购与付款业务原始凭证

外购材料、物资的工作，由企业供应部门负责。企业根据供应商提供的发票、运输机构的提货单、银行的结算凭证和运费账单等，办理货款结算和材料验收入库两方面的手续。因结算工具和方式较多，银行结算凭证也有较多种类，如支票、商业汇票、托收承付凭证、汇兑凭证等。

(1) 增值税专用发票。增值税专用发票(如图3.2所示)只限于增值税的一般纳税人领购使用，一式四联，分别为存根联、发票联、税款抵扣联和记账联。一般纳税人于销售货物时开具增值税专用发票，销货单位和购货单位各两联，其中，交购货单位的两联分别是：发票联作购货单位的结算凭证，税款抵扣联为税款抵扣凭证；留销货单位的两联分别是：存根联存于有关业务部门，记账联作为会计机构的记账凭证。购货单位向一般纳税人购货，应取得增值税专用发票，因为只有专用增值税发货票税款抵扣联支付的进项税才能在购货单位作为“进项税额”列账，销货单位也不漏税；否则销货单位就会漏税，给国家带来损失。

增值税的小规模纳税人和非增值税纳税人不得领购使用增值税专用发票。

(2) 支票。支票是企业委托开户银行在见票时无条件支付确定金额给收款人的票据。当企业购买商品、接受劳务时，可以签发支票支付。支票由企业的出纳人员负责填写，并加盖预留在银行的印鉴。支票的基本联次为两联，即支票存根联和支票正联。支票正联作为支付凭证交给收款人，支票存根联连同发票一起作为原始凭证。支票存根的格式如图 3.4 所示。

中国农业银行支票存根(浙)

Ⅳ Ⅱ Ⅰ 20164578

附加信息________________

出票日期 2010 年 9 月 3 日

收款人：杭江钢铁公司
金 额：¥31 280.00 元
用 途：购轴承钢

单位主管 张贵清 会计 钱多

图 3.4 转账支票

(3) 收料单。收料单(如图 3.5 所示)是在外购的材料物资验收入库时填制的凭证，一般一式三联，一联为供应部门验收人员留底，一联交仓库保管人员据以登记材料明细账，一联交财会部门据以材料入库的核算。

收 料 单

供应单位：杭江钢铁公司　　　　　　　　　　凭证编号：09—01

发票号码：00012001　　　　2010 年 9 月 4 日　　　　收料仓库：原料库

材料编号	材料名称	材料规格	计量单位	数量		实际成本		
				应收	实收	单价	金额	第二联
001	轴承钢		吨	80	80	2 325.00	186 000.00	
备 注						合 计	186 000.00	

供应部负责人：周山　　记账：吴天　　检验：李海　　保管：孙阳

图 3.5 收料单

3) 生产制造业务原始凭证

在生产过程中，工人借助于劳动资料对劳动对象进行加工，制成劳动产品。生产过程中会发生各种消耗，主要包括原材料、辅助材料、燃料和动力的消耗；劳动力耗用；厂房和机器设备等固定资产的损耗；以及管理和组织生产、为生产服务而发生的各种耗费等。核算产品成本的原始凭证主要有领料单、薪酬分配表、固定资产折旧计算表等。产品完工验收入库，还需编制产成品入库单、产品生产成本计算表等。

(1) 领料单。领料单(如图 3.6 所示)要“一料一单”地填制，即一种原材料填写一张单据，以便分类汇总。领料单位负责人、领料人、仓库管理员和发料人均需在领料单中签章，无签章或签章不全的均属无效，不能作为记账的依据。

领　料　单

领料部门：生产车间　　　　凭证编号：9001

用　　途：生产油泵　　　　2010 年 9 月 5 日　　　　发料仓库：原料库

材料编号	材料规格及名称	计量单位	数量		价格	
			请领	实领	单价	金额
001	轴承钢	吨	5	5	2 500.00	12 500.00
备　注					合　计	12 500.00

第二联

发料人：孙阳　　　　记账：吴天　　　　领料部门负责人：徐鹏　　　　领料人：王明

图 3.6　领料单

在生产定额完善的企业，为了简化领料核算手续，可采用限额领料单领料。限额领料单(如图 3.7 所示)是一种一次开设、多次使用、领用限额已定的累计凭证。在有效期(最长 1 个月)内，只要领用数量累计不超过限额就可以连续使用。

限额领料单

领料部门：生产车间　　　　凭证编号：80301

用　　途：生产油嘴　　　　2010 年 8 月　　　　发料仓库：原料库

材料编号	材料名称及规格	计量单位	领用限额	实际领用	单价	金额	备注
001	轴承钢	吨	10	8	2 450.00	19 600.00	

供应部门负责人：周山　　　　生产部门负责人：徐鹏

日期	数量		领料人签章	发料人签章	扣除代用数量	退料			限额结余
	请领	实发				数量	收料人	发料人	
2	1	1	王明	孙阳					9
5	2	2	王明	孙阳		1	×	×	8
20	4	6	王明	孙阳					2
合计	9	9				1			2

图 3.7　限额领料单

每月开始以前，应由供应部门根据生产计划、材料消耗定额等有关资料，按照产品和材料分别填制限额领料单。在限额领料单中，要填明领料单位、材料用途、发料仓库、材料名称以及根据本月产品计划产量和材料消耗定额计算确定的全月领料限额等项目。限额领料单一般一式两联，经生产计划部门和供应部门负责人审核签章后，一联送交仓库据以发料，登记材料明细账；一联送交领料单位据以领料。

(2) 薪酬分配表。企业应付职工的薪酬，不论是否已经支付，都应按不同人员类别和薪酬的用途将薪酬费用分配记入有关核算项目中。财会部门根据当月“薪酬结算汇总表”编制“薪酬分配表”（如图 3.8 所示），进行当月薪酬分配。

薪酬分配表

编报单位：农华公司　　　　2010 年 9 月　　　　单位：元

车间或部门 \ 应借科目		生产成本	制造费用	管理费用	销售费用	合计
加工车间人员	油泵	68 425.11	20 021.55			159 598.55
	油嘴	71 151.89				
企业管理人员				41 532.88		41 532.88
销售人员					22 580.47	22 580.47
合计		139 577.00	20 021.55	41 532.88	22 580.47	223 711.90

图 3.8　薪酬分配表

（3）固定资产折旧计算表。企业的固定资产由于使用和自然力的侵蚀等因素，会发生有形损耗；同时，由于技术进步等原因，还会发生无形损耗。但准确地确定某一时期固定资产损耗(包括有形损耗和无形损耗)的价值几乎是不可能的，因此，人们采用一定的方法对固定资产的取得成本在其使用年限内进行合理分配，按月计算转入成本或费用中，这就是固定资产折旧计算。

（4）产成品入库单。产成品入库单(如图 3.9 所示)一般指产成品验收入库时所填制的入库单据。只有产品制造企业才有产成品入库单。车间产成品生产完毕，要会同仓库、质检部门填制检验合格单，仓库据以填制产成品入库单，产成品入库单一式三联(注明生产令号)；一联为仓库记账，一联送交财务，一联送车间统计据以核算工资等各项考核指标。产成品一般在入库时无法确定产品的总成本和单位成本，所以在填制产成品入库单时，一般只有数量，没有单价和金额。

产成品入库单

交库单位：生产车间　　　　2010 年 8 月 30 日　　　　仓库：成品库

产品编号	产品名称与规格	计量单位	交付数量	检验结果		实收数量	总成本	单位成本
				合格	不合格			
02	油嘴	个	2 000	√		2 000		
备　注								

第二联

记账：吴天　　　　检验：赵林　　　　保管：王强

图 3.9　产成品入库单

4）销售与收款业务原始凭证

产品销售工作，由企业销售部门负责。销售业务的原始凭证主要有销售企业开出的增值税专用发票、发货凭证以及购货企业支付货款及运费等的转账支票、银行汇票、商业汇票等银行结算凭证。销售企业根据销售发票、发货凭证、银行结算凭证等，办理进账和发货两方面的手续。

当企业因向开户银行送交支票、银行本票、银行汇票、到期的商业汇票等票据办理银行存款收入业务时，应当填写进账单。进账单和相关票据提交开户银行用以办理进账。进账单一式三联，第三联为回单或收账通知联(如图 3.10 所示)，作为进账的原始凭证。

<table>
<tr><td colspan="19" align="center">中国农业银行进账单（回单或收款通知）3
2010 年 9 月 8 日</td><td rowspan="9">此联是收款人开户行交给收款人的回单或收账通知</td></tr>
<tr><td rowspan="3">收款人</td><td>全　称</td><td colspan="3">农华机械股份有限公司</td><td rowspan="3">付款人</td><td colspan="3">全　称</td><td colspan="10">钱封农机公司</td></tr>
<tr><td>账　号</td><td colspan="3">313346</td><td colspan="3">账　号</td><td colspan="10">×××</td></tr>
<tr><td>开户银行</td><td colspan="3">农行杭江支行</td><td colspan="3">开户银行</td><td colspan="10">×××</td></tr>
<tr><td rowspan="2">人民币</td><td colspan="7" rowspan="2">贰拾万肆仟叁佰玖拾玖元零角零分（大写）</td><td>千</td><td>百</td><td>十</td><td>万</td><td>千</td><td>百</td><td>十</td><td>元</td><td>角</td><td>分</td></tr>
<tr><td></td><td>¥</td><td>2</td><td>0</td><td>4</td><td>3</td><td>9</td><td>9</td><td>0</td><td>0</td></tr>
<tr><td colspan="2">票据种类</td><td colspan="2">支票</td><td colspan="15" rowspan="4" align="right">收款人开户银行盖章</td></tr>
<tr><td colspan="2">票据张数</td><td colspan="2">壹张</td></tr>
<tr><td colspan="2">票据号码</td><td colspan="2">2451</td></tr>
<tr><td colspan="4">单位主管　会计　复核　记账</td></tr>
</table>

图 3.10　进账单

5）其他常见业务原始凭证

(1) 差旅费报销单。职工出差归来报销差旅费时，根据往返车船机票、住宿费等单据，以及企业规定的差旅补助标准，填制差旅费报销单(如图 3.11 所示)。

(2) 收据。当企业因相关业务而收取租金、押金、罚金、赔款以及收到投资方的投资款时需要开具收据。收据一式三联，第一联存根联保留在收据上，以备查询，第二联收据联交付交款单位或个人收执，第三联记账联。收据记账联如图 3.1 所示。

差旅费报销单

部门：采购部　　2010 年 9 月 9 日　　出差事由：采购设备

姓名：薛非　　预借款 3 000.00

<table>
<tr><td colspan="4">起止日期</td><td rowspan="2">起止地点</td><td rowspan="2">车船机票费</td><td rowspan="2">住宿费</td><td colspan="3">补助</td><td rowspan="2">其他费用</td></tr>
<tr><td>月</td><td>日</td><td>月</td><td>日</td><td>标准</td><td>天数</td><td>金额</td></tr>
<tr><td>10</td><td>30</td><td>11</td><td>1</td><td>杭江一长沙</td><td>135.00
(火车)</td><td></td><td>50</td><td>1</td><td>50.00</td><td>30.00
(的士费)</td></tr>
<tr><td>11</td><td>1</td><td>11</td><td>3</td><td>长沙住勤</td><td></td><td>600.00</td><td>20</td><td>3</td><td>60.00</td><td></td></tr>
<tr><td>11</td><td>4</td><td>11</td><td>4</td><td>长沙一杭江</td><td>185.00
(汽车)</td><td></td><td>50</td><td>1</td><td>50.00</td><td>30.00
(的士费)</td></tr>
<tr><td colspan="4">合计</td><td></td><td>320.00</td><td>600.00</td><td></td><td>5</td><td>160.00</td><td>60.00</td></tr>
<tr><td colspan="11">人民币(大写)　壹仟壹佰肆拾元零角零分　　总计¥1 140.00　　应退(补)¥1 860.00</td></tr>
</table>

部门领导：周山　　财务主管：钱贯清　　出纳：钱多　　报销人：薛非

图 3.11　差旅费报销单

企业在经营过程中，还会发生办公用品费、养路费、通讯费、电费、水费、招待费等开支，收到各种各样的费用单据。企业经济活动主要业务可能涉及的原始凭证见表 3 - 1。

表 3 - 1　主要业务原始凭证

主要业务	证明经济业务发生的原始凭证
采购与付款业务	增值税专用发票、货运发票、转账支票、银行承兑汇票、收料单等
生产制造业务	材料发出汇总表(或领料单)、工资结算汇总表、薪酬分配表、固定资产分类折旧计算表、制造费用分配表、完工产品成本计算表、产品入库单等
销售与收款业务	增值税专用发票、银行进账单(收账通知)、托收承付结算凭证(回单)、委托收款凭证(回单)、转账支票(存根)、产品出库单、产品销售成本计算表等
筹资与投资业务	贷款凭证、贷款利息凭证、贷款结清凭证、收据、银行进账单(收账通知)、固定资产验收单等
货币资金收支业务	现金缴款单、汇兑凭证(如信汇凭证)、收据(或发票)、借款单、差旅费报销单、各类税费缴款书等

综上所述，原始凭证是在经济业务发生或完成时取得或填制的，载明经济业务具体内容，明确经济责任，能证明经济业务发生或者完成情况的具有法律效力的书面证明。原始凭证是组织会计核算的原始资料和重要依据。

为了保证会计信息的客观、真实，强化有关部门和人员在办理经济业务中的责任，所有单位对所发生的每一项经济业务都必须由经办人员取得或填制原始凭证，以书面形式记录经济业务发生或完成的日期、经济业务的内容、数量、金额，并在凭证上签名或盖章，以明确对该项经济业务真实性、准确性负有责任。

2. 原始凭证的分类、内容

1) 原始凭证的分类

上述原始凭证可以按不同标志进行分类，见表 3 - 2。

表 3 - 2　原始凭证的分类

分类标志	分类	含义	举例
按来源不同分	外来原始凭证	经济业务发生或者完成时，从其他单位或个人处取得的原始凭证	如增值税专用发票、车票、银行收账通知单(回单)
	自制原始凭证	由本单位内部经办业务的部门或人员，在某项经济业务发生或完成时自行填制的原始凭证	如收料单、产品入库单、发出材料汇总表、领料单、工资结算汇总表、制造费用分配表
按填制手续和内容不同分	一次凭证	一次填制完成、登记一笔经济业务的原始凭证	如发票、收据、收料单等
	累计凭证	在一定时期内，经多次填制完成，累计连续发生的多笔相同经济业务的原始凭证	如限额领料单

续表

分类标志	分　类	含　义	举　例
按填制手续和内容不同分	汇总凭证又称原始凭证汇总表	对一定时期内经济业务内容相同、发生笔数较多的原始凭证按照一定要求综合填制的原始凭证	如发出材料汇总表、差旅费报销单、工资结算汇总表
按格式不同分	统一凭证	在一定范围内具有统一格式和使用方法的凭证	如银行承兑汇票、收款收据
	专用凭证	一些单位具有特定内容和专门用途的原始凭证	如产品入库单、差旅费报销单

2）原始凭证的基本内容

如上所述，由于经济业务的内容是千差万别的，所以记录经济业务的原始凭证所包括的具体内容也各不相同，各有其不同的要求和特点。但是，每一种原始凭证都必须客观地、真实地记录和反映经济业务的发生和完成情况，都必须明确有关单位、部门及人员的经济责任。这些共同的要求，决定了每种原始凭证都必须具备以下基本内容：

（1）原始凭证的名称。如收据、增值税专用发票、收料单等。

（2）原始凭证填制日期和经济业务发生日期。如图 3.2 所示，开票日期 2010 年 9 月 3 日。

（3）填制凭证单位的名称及公章或专用章。如图 3.2 所示，“杭江钢铁公司”及其发票专用章。

（4）经办人或责任人的签名或盖章。如图 3.2 所示，收款人李娜、复核人张良、开票人孙英。这些经办人或责任人都要签名或盖章，他们对购销轴承钢的真实性、合法性负责。

（5）接受凭证单位的名称。如图 3.2 所示，“农华机械股份有限公司”。

（6）经济业务的内容。如图 3.2 所示，购买轴承钢。

（7）经济业务的数量、计量单位、单价和金额。如图 3.2 所示，轴承钢 80 吨、单价 2 300.00元、金额 184 000.00 元。

（8）原始凭证的附件。如与业务有关的经济合同、费用预算等。

上述基本内容，一般不得缺少，否则不能成为具有法律效力的原始凭证。有些原始凭证还应具备一些特殊内容和要求，如使用统一发票时，发票上应印有税务专用章；自制发票，应盖有税务监制章；使用增值税专用发票要按规定填写购销双方的税号、地址、开户银行账号、支票号码等。

阅读链接

《会计法》第十四条规定：“原始凭证记载的各项内容均不得涂改；原始凭证有错误的，应当由出具单位重开或者更正，更正处应当加盖出具单位印章。原始凭证金额有错误的，应当由出具单位重开，不得在原始凭证上更正。”

3. 原始凭证的审核

会计机构、会计人员必须对原始凭证进行审核，这是法定职责。原始凭证的审核一般应包括两个方面。

（1）合法、合理性审核。依据有关的政策、法规、制度审核原始凭证反映的经济业务活动是否合法；依据企业的规章制度、计划以及协议或合同审核原始凭证反映的经济业务活动是否合理，是否符合规定的审批权限和履行相应的手续，是否符合规定的开支标准等。

会计机构、会计人员对不真实、不合法的原始凭证有权不予接受，并向单位负责人报告。

（2）合规性审核。审核原始凭证的填制是否符合规定的要求，即审核原始凭证的填制是否及时，内容是否真实完整，书写是否清楚规范，项目是否填写齐全，经济内容填制是否正确、完整、清晰，数字填写是否规范，计算是否准确，大小写金额是否一致等，有无涂改、刮擦、挖补等伪造凭证的情况，还要审核有关部门人员是否签章等。

会计机构、会计人员对记载不准确、不完整的原始凭证应予退回，并要求按照国家统一的会计制度的规定更正、补充。

通过审核原始凭证，可以检查和监督经济业务活动是否合理、合规和合法，充分发挥会计的监督作用。

3.1.3 实践活动

1. 辨别原始凭证

（1）收集日常生活、学习方面的各类消费凭据，对其是否合规、是否具备法律效力作出分析和判断。

（2）进入计算机会计模拟系统(如福思特多媒体会计模拟实验室)，熟悉采购、生产、销售相关业务的原始凭证。

2. 填写原始凭证

张老师去外地参加一个教学研讨会，发生了如下费用：

（1）往返交通费：12月1日，杭江至长山火车票，金额120元，发车12:00，到站18:00；12月4日，长山至杭江火车票，金额120元，发车8:00，到站14:00。

（2）长山住宿费：3×150＝450(元)

（3）会务费：600元

（4）其他：的士费50元

请你帮助张老师填写差旅费报销单。

3.1.4 任务自测

1. 单项选择题

（1）增值税专用发票是一种(　　)。

A. 原始凭证　　B. 累计凭证　　C. 汇总凭证　　D. 单式凭证

（2）“限额领料单”属于(　　)。

A. 一次凭证　　B. 累计凭证　　C. 汇总凭证　　D. 外来凭证

（3）差旅费报销单属于(　　)。

A. 记账凭证　　B. 汇总原始凭证　　C. 外来原始凭证　　D. 累计凭证

2. 多项选择题

(1) 原始凭证的审核内容主要有(　　)。

A. 合法性　　B. 综合性　　C. 合理性　　D. 合规性

(2) "发料汇总表" 属于(　　)。

A. 汇总原始凭证　　B. 汇总记账凭证

C. 外来原始凭证　　D. 自制原始凭证

(3) 领料单、借款单是(　　)。

A. 原始凭证　　B. 一次凭证

C. 自制凭证　　D. 累计凭证

3. 问答题

(1) 什么是原始凭证？分为哪几类？

(2) 具有法律效力的原始凭证应具备哪些基本内容？

任务2　填制和审核记账凭证

3.2.1 任务导入

农华公司财务部的会计人员依据审核无误的原始凭证填写记账凭证，格式分别如图3.12、图3.13和图3.14所示。请思考下列问题：

(1) 会计人员填写记账凭证的目的是什么？

(2) 什么情况下选择填制收款凭证？什么情况下选择填制付款凭证？又在什么情况下选择填制转账凭证？

(3) 记账凭证上"附件"是指什么？

(4) 记账凭证上"总账科目"、"明细科目"、"借方金额"、"贷方金额"栏目如何填写？

收款凭证

银收字第 1 号

借方科目：银行存款　　2010年9月3日　　附　件 2 张

摘要	贷方科目		金额										记账符号
	总账科目	明细科目	千	百	十	万	千	百	十	元	角	分	
取得短期借款	短期借款				1	2	0	0	0	0	0	0	
	合计				1	2	0	0	0	0	0	0	

会计主管张贯请　　记账李立　　稽核李立　　出纳钱多　　制证张三

图3.12　收款凭证

付款凭证

银收字第 1 号

贷方科目：银行存款　　　　2010 年 9 月 3 日　　　　附　件 2 张

摘要	借方科目		金额										记账符号
	总账科目	明细科目	千	百	十	万	千	百	十	元	角	分	
提现备用	库存现金						5	0	0	0	0	0	
合计							5	0	0	0	0	0	

会计主管张贯清　　记账李立　　稽核李立　　出纳钱多　　制证张三

图 3.13　付款凭证

转账凭证

转字第 1 号

2010 年 9 月 4 日　　　　附　件 2 张

摘要	总账科目	明细科目	借方金额								记账符号	贷方金额								记账符号
			十	万	千	百	十	元	角	分		十	万	千	百	十	元	角	分	
原材料验收入库	原材料		2	1	7	2	8	0	0	0										
	材料采购											2	1	7	2	8	0	0	0	
合计			2	1	7	2	8	0	0	0		2	1	7	2	8	0	0	0	

会计主管张贯清　　记账李立　　稽核李立　　制证张三

图 3.14　转账凭证

3.2.2　知识要点

案例企业资料(3)

农华公司财务部配备专职人员 4 人，科长张贯清全面负责财务会计工作；会计李立担任凭证审核和总账登记工作；会计张三负责日常经济业务的凭证填制、各种明细账的登记工作；出纳钱多负责有关款项收、付业务的处理以及库存现金日记账和银行存款日记账的登记工作。

1. 记账凭证的分类、内容

记账凭证是会计人员根据审核无误的原始凭证填制的，它是登记会计账簿的直接依据。记账凭证将原始凭证中的经济数据转化为用会计语言表达的会计信息，是连接原始凭证和账簿的桥梁。记账凭证按不同标志进行分类，见表 3－3。

表 3-3 记账凭证的分类

分类标志	分类	含义	举例
按反映的经济内容不同分	收款凭证	根据有关现金和银行存款收款业务的原始凭证填制的会计凭证	
	付款凭证	根据有关现金和银行存款付款业务的原始凭证填制的会计凭证	
	转账凭证	根据不涉及现金和银行存款的转账业务的原始凭证填制的会计凭证	
按用途不同分	分录凭证	直接根据原始凭证编制，载明会计分录的凭证	如收款凭证、付款凭证、转账凭证
	汇总凭证	对分录凭证加以汇总，据以登记分类账的记账凭证	如记账凭证汇总表(科目汇总表)、汇总收款凭证、汇总付款凭证、汇总转账凭证
	联合凭证	既有原始凭证或原始凭证汇总表的内容，又有记账凭证内容的凭证	
按编制方式不同分	单式记账凭证	在每张凭证上只填列一个账户名称的凭证	如借项记账凭证、贷项记账凭证
	复式记账凭证	在每张凭证上填列一笔会计分录的全部账户名称的凭证	如收款凭证、付款凭证、转账凭证

收款凭证、付款凭证、转账凭证的划分，有利于区别不同经济业务进行分类管理，有利于经济业务的检查，但工作量较大，适用于规模较大、收付款业务较多的单位。对于经济业务简单、规模较小、收付款业务较少的单位，还可以采用通用记账凭证(如图 3.15 所示)来记录所有经济业务。

通用记账凭证

字第 号

年 月 日 附件 张

<table>
<tr><th rowspan="2">摘要</th><th rowspan="2">总账科目</th><th rowspan="2">明细科目</th><th colspan="8">借方金额</th><th rowspan="2">记账符号</th><th colspan="8">贷方金额</th><th rowspan="2">记账符号</th></tr>
<tr><th>十</th><th>万</th><th>千</th><th>百</th><th>十</th><th>元</th><th>角</th><th>分</th><th>十</th><th>万</th><th>千</th><th>百</th><th>十</th><th>元</th><th>角</th><th>分</th></tr>
<tr><td></td><td></td><td></td><td></td><td></td><td></td><td></td><td></td><td></td><td></td><td></td><td></td><td></td><td></td><td></td><td></td><td></td><td></td><td></td><td></td><td></td></tr>
<tr><td></td><td></td><td></td><td></td><td></td><td></td><td></td><td></td><td></td><td></td><td></td><td></td><td></td><td></td><td></td><td></td><td></td><td></td><td></td><td></td><td></td></tr>
<tr><td></td><td></td><td></td><td></td><td></td><td></td><td></td><td></td><td></td><td></td><td></td><td></td><td></td><td></td><td></td><td></td><td></td><td></td><td></td><td></td><td></td></tr>
<tr><td></td><td></td><td></td><td></td><td></td><td></td><td></td><td></td><td></td><td></td><td></td><td></td><td></td><td></td><td></td><td></td><td></td><td></td><td></td><td></td><td></td></tr>
<tr><td colspan="3">合计</td><td></td><td></td><td></td><td></td><td></td><td></td><td></td><td></td><td></td><td></td><td></td><td></td><td></td><td></td><td></td><td></td><td></td><td></td></tr>
</table>

会计主管 记账 稽核 制证

图 3.15 通用记账凭证

记账凭证种类较多，格式也不一样，但填制记账凭证的目的都在于对原始凭证反映的经济业务内容进行归类整理，按会计科目和复式记账方法，编成会计分录，据以登记账簿。因此，记账凭证必须具备以下基本内容：

(1) 记账凭证的名称。如收款凭证、付款凭证、转账凭证。

(2) 记账凭证的编号。如银收第 3 号、转字第 10 号等。

(3) 记账凭证的日期，即填制记账凭证的日期。

(4) 经济业务的内容摘要。如提取现金、支付广告费等。

(5) 会计科目(包括总账科目和明细科目)、借贷方向和金额，即会计分录。

(6) 所附原始凭证的张数。

(7) 制证、审核、记账、会计主管等有关人员的签章，收款凭证和付款凭证还应由出纳人员签名或盖章。

2. 记账凭证的填制

记账凭证记载的是用会计语言表达的会计信息，从原始凭证到记账凭证是经济数据转换成会计信息的过程，是一种质的飞跃。显然，填制记账凭证的关键是准确编制会计分录。一笔会计分录主要包括三个要素：会计科目、记账方向和金额。

1) 会计科目与账户

(1) 会计科目的概念。对会计要素的具体内容进一步分类核算的项目称为会计科目。例如，将资产要素分为的库存现金、银行存款、应收账款、固定资产、长期股权投资等，将负债要素分为短期借款、应付账款、应付票据、应交税费等，将所有者权益要素分为的实收资本、盈余公积、本年利润等都是会计科目。

通过设置会计科目，对会计要素的具体内容加以科学归类，使编制、整理会计凭证和设置账簿有依据，编制财务报表有基础，便于提供通用会计信息，让使用者掌握和分析企业财务状况、经营成果和现金流量。

(2) 会计科目的分类。会计科目按其所提供信息的详细程度及其统驭关系不同，分为总分类科目和明细分类科目。总分类科目也称一级会计科目，是对会计要素具体内容进行总括分类，反映各种经济业务概括情况；明细分类科目是对总分类科目作进一步分类，反映各种经济业务更详细、更具体的情况，如农华公司“库存商品”科目(属于总分类科目)下设“WUFO 油缸”、“SIAI 油嘴”明细科目。对于明细科目较多的总分类科目，可在总分类科目与明细分类科目之间设置二级或多级明细分类科目。

会计科目按其反映的经济内容及其归属的会计要素不同，分为资产类、负债类、共同类、所有者权益类、成本类、损益类共六大类。

目前，我国会计界正处于新旧会计制度并存时期。国家要求上市公司执行最新发布的《企业会计准则》(含基本准则和 38 项具体准则)和《企业会计准则——应用指南》(含 32 项具体准则应用指南和一个附录——会计科目和主要账务处理)。其他企业仍然可以执行现行准则、《企业会计制度》、《金融企业会计制度》以及各项专业核算办法。新旧会计制度所设的会计科目名称不尽相同，本书举例中涉及的会计科目名称依照《企业会计准则——应用指南》。

《企业会计准则——应用指南》共设置一级会计科目 156 个，涵盖了各类企业的交易或事项。对于具体企业而言，可以根据本单位的实际情况自行增设、分拆、合并会计科目；对于不存在的交易或者事项，可以不设置会计科目；对于明细科目可以自行设置。表 3-4 列示了本书述及的一级会计科目。

也就是说，具体企业设置会计科目数量和粗细程度应根据企业业务简繁和管理的需要而定，且须符合《企业会计准则——应用指南》的统一规定。

表 3-4　《企业会计准则——应用指南》会计科目名称表

编号	会计科目名称	编号	会计科目名称	编号	会计科目名称
	一、资产类	1601	固定资产		三、共同类
1001	库存现金	1602	累计折旧		四、所有者权益类
1002	银行存款	1603	固定资产减值准备	4001	实收资本
1012	其他货币资金	1604	在建工程	4002	资本公积
1101	交易性金融资产	1605	工程物资	4101	盈余公积
1121	应收票据	1606	固定资产清理	4103	本年利润
1122	应收账款	1701	无形资产	4104	利润分配
1123	预付账款	1702	累计摊销		
1131	应收股利	1703	无形资产减值准备		五、成本类
1132	应收利息	1901	待处理财产损益	5001	生产成本
1221	其他应收款			5101	制造费用
1231	坏账准备		二、负债类		六、损益类
1401	材料采购	2001	短期借款	6001	主营业务收入
1402	在途物质	2201	应付票据	6051	其他业务收入
1403	原材料	2202	应付账款	6301	营业外收入
1404	材料成本差异	2203	预收账款	6401	主营业务成本
1405	库存商品	2211	应付职工薪酬	6402	其他业务成本
1471	存货跌价准备	2221	应交税费	6403	营业税金及附加
1501	持有至到期投资	2231	应付利息	6601	销售费用
1502	持有至到期投资减值准备	2232	应付股利	6602	管理费用
1503	可供出售金融资产	2241	其他应付款	6603	财务费用
1511	长期股权投资	2501	长期借款	6711	营业外支出
1512	长期股权投资减值准备	2502	应付债券	6801	所得税费用

(3) 账户的概念。任何一项经济业务的发生，都会引起会计要素有关项目的增减变动。如何全面、系统、连续地记录和反映会计要素的增减变动呢？会计是通过设置账户解决这个问题的。账户是根据会计科目开设在账簿中，具有一定格式和结构，用于分类反映会计要素具体内容增减变动情况及其结果的记账载体，如根据“银行存款”会计科目，在账簿中开设“银行存款”账户，通过“银行存款”账户，可以反映企业银行存款的增加、减少以及银行存款的结存情况。

设置账户的实质是在账簿中预设了一个个独立区域。企业究竟应在账簿中预设多少个独立区域，取决于设置的会计科目数。

同会计科目的分类相对应，账户也分为总分类账户和明细分类账户。总分类账户简称总账账户，是根据总分类科目设置的，用于对会计要素具体内容进行总括分类核算。明细分类账户简称明细账账户，是根据明细分类科目设置的，用于对会计要素具体内容进行明细分类核算。

同会计科目的分类相对应，账户也可分为资产类账户、负债类账户、所有者权益类账户、成本类账户、损益类账户五大类。

(4) 账户的基本结构。设置账户的目的是记录并反映各项经济业务引起的会计要素具体内容的变动情况。从数量上看，会计要素的变动，不外乎是增加和减少两种情况。因此，账户也相应地分成左方和右方两个基本部分，分别登记增加额和减少额，至于哪一方记增加，哪一方记减少，取决于账户的性质和所记录的经济业务内容。其中，账户中登记的本期增加额称本期增加发生额，本期减少额称本期减少发生额，增加发生额和减少发生额相抵后的差额即为余额。余额又有期初余额和期末余额之分，本期期末余额转入下期就称为下期的期初余额。本期增加发生额、本期减少发生额、期初余额和期末余额这四个金额要素的基本关系如下：

$$期末余额=期初余额+本期增加发生额-本期减少发生额 \qquad (3-1)$$

教学中，用“T”型账户表示的账户基本结构如图3.16所示。实务中，账户的结构应包括以下内容：

① 账户的名称，即会计科目。

② 日期和和凭证号数，即账户记录的日期和依据。

③ 摘要，即经济业务简要内容。

④ 增加额和减少额。

⑤ 余额。

借方　　　　账户名称　　　　贷方

图3.16 账户的基本结构

【案例3-1】

【资料】 假设农华公司2010年4月30日有关账户记录情况如下：

(1)“银行存款”账户的期初余额为255 053.98元，本期增加发生额为46 000.00元，本期减少发生额为56 500.00元；

(2)“应付账款”账户的期初余额为36 800.00元，本期增加发生额为0.00元，期末余额为20 800.00元。

【要求】 计算“银行存款”账户的期末余额及“应付账款”账户的本期减少发生额。

根据账户四项金额关系式可得：

“银行存款”账户的期末余额=期初余额+本期增加发生额-本期减少发生额

=255 053.98+46 000.00-56 500.00

=244 553.98(元)

“应付账款”账户的本期减少额=期初余额+本期增加发生额-期末余额

=36 800.00+0-20 800.00

=16 800.00(元)

会计科目与账户之间既有联系，又有区别。账户是依据会计科目设置的，会计科目就是账户名称，是账户的构成元素之一。会计科目是对会计要素具体内容的分类类目，为分类核算提供依据，而账户是分类核算的工具，具有一定的格式和结构，可以反映会计要素的增减变动及其结果。

2）复式记账法原理

自古以来，经济业务记录有两种方法：其一是对每一项经济业务，只在一个账户中登记，反映经济业务的一个方面，如对于以现金付费的业务，只记录现金因支出减少而不记录费用发生而增加；其二是对每一项经济业务，在涉及的全部账户中登记，反映经济业务的来龙去脉，如对于以现金付费的业务，既记录现金因支出减少又记录费用发生而增加。前者称为单式记账法，后者称为复式记账法。显然，复式记账法能全面记录经济业务发生所引起的各会计要素有关项目的增减变动，是一种完善的科学的记账方法。

如前所述，每一项经济业务的发生都会引起会计等式一边或两边会计要素的有关项目发生增减变动，但会计等式的平衡关系始终不会被破坏。依据会计等式的平衡原理，复式记账对每一项经济业务都要用相等的金额，在两个或两个以上相互联系的账户中进行全面登记，这样既能全面反映经济业务的来龙去脉，又便于检查账户记录的正确性。

复式记账可分为借贷记账法、增减记账法和收付记账法等三种。借贷记账法是世界各国通用的记账方法，也是目前我国法定的记账方法。借贷记账法是以“借”、“贷”作为记账符号的一种复式记账方法。据史料记载，借贷记账法产生于12世纪意大利地中海沿海城市一带。起初，记账对象仅为债权和债务，用“借”、“贷”分别表示债权和债务，以后，随着记账对象的扩大，“借”、“贷”也失去了原有意义，而成为一种纯粹的记账符号。

3）借贷记账法的账户结构

如前所述，每个账户分成左方和右方两个基本部分。在借贷记账法下，每个账户都分为“借方”和“贷方”，一般是账户左方为借方，账户右方为贷方。账户的借、贷两方必须做相反方向的记录，但哪一方登记增加的金额，哪一方登记减少的金额，期初或期末余额又在哪一方，取决于账户所反映的经济内容。

(1) 资产账户的结构。根据资产类会计科目开设的、反映资产内容的账户称为资产账户。资产位于基本会计等式(资产＝负债＋所有者权益)的左边，习惯上资产账户的借方登记本期增加额，贷方登记本期减少额，余额的方向一般在本期增加额的一方，即借方。资产账户的结构如图 3.17 所示。

借方　　　　　　　　资产账户　　　　　　　　贷方

期初余额 本期增加额	本期减少额
本期借方发生额 期末余额	本期贷方发生额

图 3.17　资产账户的结构

资产账户的四项金额关系可以用下式表示：

期末余额＝期初余额＋本期借方发生额－本期贷方发生额　　(3－2)

(2) 负债账户和所有者权益账户的结构。根据负债类和所有者权益类会计科目开设的、反映负债和所有者权益内容的账户分别称为负债账户和所有者权益账户。负债和所有者权益位于基本会计等式(资产＝负债＋所有者权益)的右边，习惯上负债账户和所有者权益账户的贷方登记本期增加额，借方登记本期减少额，余额的方向一般在本期增加额的一方，即贷方。负债账户和所有者权益账户的结构如图 3.18 所示。

借方 负债(所有者权益)账户	贷方
本期减少额	期初余额 本期增加额
本期借方发生额	本期贷方发生额 期末余额

图 3.18 负债(所有者权益)账户的结构

负债账户和所有者权益账户的四项金额关系可以用下式表示：

期末余额＝期初余额＋本期贷方发生额－本期借方发生额 (3-3)

(3) 收入账户和费用账户的结构。收入账户和费用账户是根据损益类会计科目开设的、分别反映收入和费用内容的账户。通过分析会计等式可知，取得收入可以理解为所有者权益的增加，因此，收入账户的结构与所有者权益账户的结构类似(如图 3.19 所示)，贷方登记本期增加额，借方登记本期减少额，但期末要将贷方发生额与借方发生额的差额转入利润账户，一般没有期末余额。

借方 收入账户	贷方
本期减少额 或转销额	本期增加额
本期借方发生额	本期贷方发生额

图 3.19 收入账户的结构

同理，发生费用导致所有者权益的减少，费用可以理解为资产耗用的转化形态，因此，费用账户的结构与资产账户的结构类似(如图 3.20 所示)，借方登记本期增加额，贷方登记本期减少额，但期末要将借方发生额与贷方发生额的差额转入利润账户，一般没有期末余额。

借方 费用账户	贷方
本期增加额	本期减少额 或转销额
本期借方发生额	本期贷方发生额

图 3.20 费用账户的结构

(4) 利润账户的结构。如上所述，期末收入和费用均转入利润账户。因此，利润账户的贷方登记收入转入额，借方登记费用转入额，对比收入和费用，若本期收入大于费用，表示企业本期实现了利润；反之，若本期收入小于费用，表示企业本期发生了亏损。也即通过利润账户可求得当期的经营成果。利润账户的结构如图 3.21 所示。

因利润归属于所有者，因此，在会计年度结束后，将利润账户的年末余额转入所有者权益，利润账户年末一般无余额。

借方	利润账户 贷方
（期初余额） 费用转入额	期初余额 收入转入额
本期借方发生额 （期末余额）	本期贷方发生额 期末余额

图 3.21 利润账户的结构

4）借贷记账法的记账规则

运用借贷记账法将经济业务记录在账户中，应该遵循“有借必有贷，借贷必相等”的基本规则，即对于任何一笔经济业务，都应按照其内容，一方面记入一个或几个有关账户的借方，另一方面记入一个或几个有关账户的贷方，记入借方的金额与记入贷方的金额必须相等。

以下举例说明借贷记账法的记账规则。

【案例 3－2】

【资料】 农华公司 2010 年 9 月有关账户的期初余额见表 3－5，假设公司 9 月发生如下经济业务：

1 日，向开户银行——中国农业银行杭江支行分理处申请银行短期借款 120 000.00 元，并获准，银行已将贷款金额如数划入本公司户头。（业务 1 原始凭证：贷款凭证 1 张）

8 日，向杭江钢铁公司购入轴承钢 80 吨，单价 2 300.00 元/吨，货款 184 000.00 元，增值税 31 280.00 元，以转账支票支付款项。另外，签发现金支票给杭江运输公司，支付运杂费 2 000.00 元。（业务 2 原始凭证：增值税专用发票 1 张、转账支票存根 1 张、运费结算单 1 张、现金支票存根 1 张）

10 日，上述轴承钢运达公司，验收入库。（业务 3 原始凭证：收料单 1 张）

15 日，生产车间为生产油泵领用轴承钢 5 吨，单价 2 500.00 元/吨。（业务 4 原始凭证：领料单 1 张）

18 日销售给钱封农机公司 WUFO 油泵 200 套，单价 38.00 元；SIAI 油嘴 210 套，单价 47.00 元，共计货款 174 700.00 元，增值税 29 699.00 元，购货单位交转账支票一张，面额 204 399.00 元，货物已自提。（业务 5 原始凭证：增值税专用发票 1 张、银行进账单 1 张、产品出库单 1 张）

22 日，采购员薛非报销差旅费 1 140.00 元，并退回现金 1 860.00 元。（业务 6 原始凭证：差旅费报销单 1 张）

24 日，收取闽田农机公司包装押金 1 200.00 元。（业务 7 原始凭证：收据 1 张）

27 日，签发现金支票，从银行提取现金 5 000.00 元备用。（业务 8 原始凭证：现金支票存根 1 张）

【要求】

（1）运用借贷记账法分析经济业务，并在“T”型账户中进行登记。

（2）计算“库存现金”和“银行存款”账户本月的借、贷发生额和期末余额。

表 3-5 账户期初余额

单位：元

账　户	借方余额	账　户	贷方余额
库存现金	12 151.70	短期借款	2 894 675.32
银行存款	587 163.88	应付账款	1 984 652.38
应收票据	154 231.55	应付职工薪酬	216 743.56
应收账款	2 405 679.34	应交税费	97 865.48
其他应收款	601 234.21	应付股利	0.00
原材料	576 489.67	其他应付款	74 389.67
库存商品	426 872.18	实收资本	5 000 000.00
生产成本	879 847.36	盈余公积	184 321.66
固定资产	6 805 792.34	本年利润	1 260 566.87
		累计折旧	736 247.29

经济业务分析如下：

业务 1 发生，一方面表明公司银行存款增加 120 000.00 元；另一方面公司的短期借款增加 120 000.00 元。因此，这项经济业务涉及"银行存款"(资产账户)和"短期借款"(负债账户)两个账户。借贷记账法下，发生额应分别记入"银行存款"账户的借方和"短期借款"账户的贷方，见表 3-6 和图 3.22。

表 3-6 业务 1 分析

单位：元

受影响账户	账户类别	金额变化	借　方	贷　方
银行存款	资产	增加	120 000.00	
短期借款	负债	增加		120 000.00

借方	银行存款	贷方
期初余额 587 163.88 (1)120 000.00		

借方	短期借款	贷方
		期初余额 2 894 675.32 (1)120 000.00

图 3.22 业务 1 在账户中记录

业务 2 发生，一方面表明公司银行存款减少 217 280.00 元；另一方面使公司的在途材料增加 186 000.00 元，应交税费(应交增值税)减少 31 280.00 元。因此，这项经济业务涉及"银行存款"和"材料采购"(资产账户)、"应交税费"(负债账户)三个账户。借贷记账法下，发生额应分别记入"材料采购"账户和"应交税费"账户的借方、"银行存款"账户的贷方，见表 3-7 和图 3.23。

表 3-7 业务 2 分析

单位：元

受影响账户	账户类别	金额变化	借方	贷方
材料采购	资产	增加	186 000.00	
应交税费	负债	减少	31 280.00	
银行存款	资产	减少		217 280.00

材料采购

借方	贷方
期初余额 0.00	
(2)186 000.00	

应交税费

借方	贷方
(2)31 280.00	期初余额 97 865.48

银行存款

借方	贷方
期初余额 587 163.88	(2)217 280.00
(1)120 000.00	

图 3.23 业务 2 在账户中记录

业务 3 发生，一方面表明公司库存原材料增加 186 000.00 元；另一方面使公司的在途材料减少 186 000.00 元。因此，这项经济业务涉及“原材料”(资产账户)和“材料采购”两个账户。借贷记账法下，发生额应分别记入“原材料”账户的借方和“材料采购”账户的贷方，见表 3-8 和图 3.24。

表 3-8 业务 3 分析

单位：元

受影响账户	账户类别	金额变化	借方	贷方
原材料	资产	增加	186 000.00	
材料采购	资产	减少		186 000.00

材料采购

借方	贷方
期初余额 0.00	(3)186 000.00
(2)186 000.00	

原材料

借方	贷方
期初余额 576 489.67	
(3)186 000.00	

图 3.24 业务 3 在账户中记录

业务 4 发生，一方面使公司库存原材料减少 12 500.00 元；另一方面使在产品占用资金增加 12 500.00 元。因此，这项经济业务涉及“原材料”和“生产成本”(成本账户)两个账户。借贷记账法下，发生额应分别记入“生产成本”账户的借方和“原材料”账户的贷方，见表 3-9 和图 3.25。

表 3-9 业务 4 分析

单位：元

受影响账户	账户类别	金额变化	借方	贷方
生产成本	成本	增加	12 500.00	
原材料	资产	减少		12 500.00

生产成本

借方	贷方
期初余额　879 847.36 (4)12 500.00	

原材料

借方	贷方
期初余额　576 489.67 (3)486 000.00	(4)12 500.00

图 3.25　业务 4 在账户中记录

业务 5 发生，一方面使公司银行存款增加 204 399.00 元；另一方面表明公司销售产品收入增加 174 700.00 元，应交增值税增加 29 699.00 元。因此，这项经济业务涉及“主营业务收入”(收入账户)、“应交税费”和“银行存款”三个账户。借贷记账法下，发生额应分别记入“银行存款”账户的借方、“主营业务收入”和“应交税费”账户的贷方，见表 3-10 和图 3.26。

表 3-10　业务 5 分析

单位：元

受影响账户	账户类别	金额变化	借　方	贷　方
银行存款	资产	增加	204 399.00	
主营业务收入	收入	增加		174 700.00
应交税费	负债	增加		29 699.00

银行存款

借方	贷方
期初余额　587 163.88 (1)120 000.00 (5)204 399.00	(2)217 280.00

主营业务收入

借方	贷方
	期初余额　0.00 (5)174 700.00

应交税费

借方	贷方
(2)31 280.00	期初余额　97 865.48 (5)29 699.00

图 3.26　业务 5 在账户中记录

业务 6 发生，一方面使公司库存现金增加 1 860.00 元，管理费用增加 1 140.00 元；另一方面使公司的其他应收款减少 3 000.00 元。因此，这项经济业务涉及“库存现金”和“管理费用”、“其他应收款”三个账户。借贷记账法下，发生额应分别记入“管理费用”、“库存现金”账户的借方和“其他应收款”账户的贷方，见表 3-11 和图 3.27。

表 3-11　业务 6 分析

单位：元

受影响账户	账户类别	金额变化	借　方	贷　方
管理费用	费用	增加	1 140.00	
库存现金	资产	增加	1 860.00	
其他应收款	资产	减少		3 000.00

管理费用

借方	贷方
期初余额 0.00	
(6)1 140.00	

库存现金

借方	贷方
期初余额 12 151.70	
(6)1 860.00	

其他应收款

借方	贷方
期初余额 601 234.21	(6)3 000.00

图 3.27 业务 6 在账户中记录

业务 7 发生，一方面使公司库存现金增加 1 200.00 元；另一方面使公司的其他应付款增加 1 200.00 元。因此，这项经济业务涉及“库存现金”和“其他应付款”两个账户。借贷记账法下，发生额应分别记入“库存现金”账户的借方和“其他应付款”账户的贷方，见表3-12和图 3.28。

表 3-12 业务 7 分析

单位：元

受影响账户	账户类别	金额变化	借方	贷方
库存现金	资产	增加	1 200.00	
其他应付款	负债	增加		1 200.00

库存现金

借方	贷方
期初余额 12 151.70	
(6)1 860.00	
(7)1 200.00	

其他应付款

借方	贷方
	期初余额 74 389.67
	(3)1 200.00

图 3.28 业务 7 在账户中记录

业务 8 发生，一方面使公司库存现金增加 5 000.00 元，另一方面使公司的银行存款减少 5 000.00元。因此，这项经济业务涉及“库存现金”和“银行存款”两个账户。借贷记账法下，发生额应分别记入“库存现金”账户的借方和“银行存款”账户的贷方，见表 3-13 和图 3.29。

表 3-13 业务 8 分析

单位：元

受影响账户	账户类别	金额变化	借方	贷方
库存现金	资产	增加	5 000.00	
银行存款	资产	减少		5 000.00

库存现金

借方	贷方
期初余额 12 151.70	
(6)1 860.00	
(7)1 200.00	
(8)5 000.00	

银行存款

借方	贷方
期初余额 587 163.88	(2)217 280.00
(1)120 000.00	(8)5 000.00
(5)204 399.00	

图 3.29 业务 8 在账户中记录

月末，当农华公司将本月所有的经济业务登记入账后，可以计算出各账户的本期借方发生额、本期贷方发生额及期末余额。有些账户本期如无借、贷发生额，则这些账户的期末余额等于期初余额。“库存现金”和“银行存款”账户的四项金额计算如图 3.30 和图 3.31 所示。

借方		库存现金	贷方
期初余额	12 151.70		
	(6)1 860.00		
	(7)1 200.00		
	(8)5 000.00		
本期借方发生额	8 060.00	本期贷方发生额	0.00
期末余额	20 211.70		

图 3.30 库存现金账户

借方		银行存款	贷方
期初余额	587 163.88		(2)217 280.00
	(1)120 000.00		(8) 5 000.00
	(5)204 399.00		
本期借方发生额	324 399.00	本期贷方发生额	222 280.00
期末余额	689 282.88		

图 3.31 银行存款账户

5）会计分录

会计分录是指对每一项经济业务，按照复式记账原理，分别标明其应借应贷账户及其金额的一种记录。一笔会计分录应包括账户名称(即会计科目)、记账方向和金额三个要素。

按照每一项经济业务所涉及账户的多少，会计分录分为简单会计分录和复合会计分录。简单会计分录指只涉及一个账户的借方和另一个账户贷方的会计分录，即一借一贷的会计分录；复合会计分录指有两个以上(不含两个)对应账户所组成的会计分录，即一借多贷、一贷多借或多借多贷的会计分录。

需要指出的是，为了保持账户对应关系的清楚，不宜把不同经济业务合并在一起编制多借多贷的会计分录；为了反映整个交易或者事项的全貌，也可以编制多借多贷的会计分录；任何一个复合会计分录都可以分解为几个简单的会计分录，除了填制凭证的需要，一般情况下不必分解。

教学中，会计分录的书写格式要求如下：先借后贷、借贷分行，即借(记账户)在上、贷(记账户)在下；借贷要错位，即贷方记账符号、账户、金额都要比借方退后一格，表明借方在左、贷方在右；会计科目若涉及明细科目的，应在一级科目后加破折号，再写上细目；在一借多贷或一贷多借的情况下，要求借方或贷方的文字和金额数字必须对齐；金额应该是阿拉伯数字，不用写单位“元”。

简单会计分录和复合会计分录的格式见表 3-14。

表 3-14 会计分录格式

简单会计分录格式	复合会计分录格式
借：库存现金 1000.00 贷：银行存款 1000.00	借：销售费用 1500.00 贷：银行存款 1000.00 库存现金 500.00
表明企业发生了从银行提取现金 1 000 元的经济业务	表明企业发生了 1 500 元的销售费用，其中通过银行存款支付 1 000 元，付现 500 元

编制会计分录一般有以下几个步骤：

第一，涉及的账户。根据经济业务的内容，进行会计确认，判定每项经济业务涉及哪两个或两个以上账户发生变化。

第二，账户的性质。根据账户所反映的经济内容，确定所涉及的账户属于什么性质的账户。

第三，账户增减变化情况。分析确定这些账户变化是增加还是减少，确定应记入每个账户的金额。

第四，记账方向。根据账户的性质及其增减变化情况，确定分别记入账户的借方或贷方；

第五，根据会计分录的格式要求，编制完整的会计分录。

【案例 3-3】

【资料】 参见案例 3-2 的资料。

【要求】 编制会计分录。

经济业务分析过程见案例 3-2，按会计分录的格式要求，编制的会计分录如下：

① 借：银行存款 120 000.00
　　贷：短期借款 120 000.00

② 借：材料采购——轴承钢 186 000.00
　　应交税费——应交增值税 31 280.00
　　贷：银行存款 217280.00

③ 借：原材料——轴承钢 186 000.00
　　贷：材料采购——轴承钢 186 000.00

④ 借：生产成本——油泵 50 000.00
　　贷：原材料——轴承钢 50000.00

⑤ 借：银行存款 204 399.00
　　贷：主营业务收入 174 700.00
　　　　应交税费——应交增值税 29 699.00

⑥ 借：管理费用 1 140.00
　　库存现金 1 860.00
　　贷：其他应收款 3 000.00

⑦ 借：库存现金　　1 200.00
　　贷：其他应付款　　1 200.00
⑧ 借：库存现金　　5 000.00
　　贷：银行存款　　5 000.00

6）记账凭证的填制方法

（1）收款凭证的填制方法。收款凭证是会计人员根据审核无误的现金、银行存款收款业务的原始凭证填制的。凭证左上方的“借方科目”处填写“库存现金”或“银行存款”；凭证内“贷方科目”栏填写与“库存现金”或“银行存款”对应的贷方科目。

（2）付款凭证的填制方法。付款凭证是会计人员根据审核无误的现金、银行存款付款业务的原始凭证填制的。在凭证左上方的“贷方科目”处填写“库存现金”或“银行存款”；在凭证内“借方科目”栏填写与“库存现金”或“银行存款”对应的借方科目。

对于涉及“库存现金”和“银行存款”之间的经济业务，一般只编付款凭证，不编收款凭证。

（3）转账凭证的填制方法。转账凭证是会计人员根据审核无误的转账(不涉及现金、银行存款)业务的原始凭证填制的。在凭证内填写经济业务涉及的全部会计科目，顺序是先借后贷。

（4）通用记账凭证的填制方法。通用记账凭证是用以记录各种经济业务的凭证。采用通用记账凭证的经济单位，不再根据经济业务的内容分别填制收款凭证、付款凭证和转账凭证。通用记账凭证是会计人员根据审核无误的原始凭证填制的。在凭证内填写经济业务涉及的全部会计科目，顺序是先借后贷。

【案例 3－4】

【资料】 参见案例 3－2 资料。

【要求】 根据业务 1、业务 2 和业务 3 的资料内容填制记账凭证。

业务 1 是银行存款的收款业务，填制收款凭证，如图 3.32 所示。

收款凭证

银收字第 1 号

借方科目：银行存款　　2010 年 9 月 1 日　　附　件 1 张

摘要	贷方科目		金额										记账符号
	总账科目	明细科目	千	百	十	万	千	百	十	元	角	分	
取得短期借款	短期借款				1	2	0	0	0	0	0	0	
合计				¥	1	2	0	0	0	0	0	0	

会计主管　　记账　　稽核　　出纳 钱多　　制证 张三

图 3.32　收款凭证

业务 2 是银行存款的付款业务，填制付款凭证，如图 3.33 所示。

付款凭证

银收字第 1 号

贷方科目：银行存款　　　　2010 年 9 月 8 日　　　　附　件 4 张

摘要	借方科目		金额										记账符号
	总账科目	明细科目	千	百	十	万	千	百	十	元	角	分	
采购付款	材料采购	轴承钢			1	8	6	0	0	0	0	0	
	应交税费	应交增值税				3	1	2	8	0	0	0	
合计				¥	2	1	7	2	8	0	0	0	

会计主管　　记账　　稽核　　出纳 钱多　　制证 张三

图 3.33　付款凭证

业务 3 是转账业务，填制转账凭证，如图 3.34 所示。

转账凭证

转字第 1 号

2010 年 9 月 10 日　　　　附　件 1 张

摘要	总账科目	明细科目	借方金额								记账符号	贷方金额								记账符号
			十	万	千	百	十	元	角	分		十	万	千	百	十	元	角	分	
原材料验收入库	原材料	轴承钢	1	8	6	0	0	0	0	0										
	材料采购	轴承钢										1	8	6	0	0	0	0	0	
合计			1	8	6	0	0	0	0	0		1	8	6	0	0	0	0	0	

会计主管　　记账　　稽核　　制证 张三

图 3.34　转账凭证

3. 记账凭证的审核

如上所述，记账凭证是会计人员根据审核无误的原始凭证，运用复式记账原理和会计科目，对经济业务内容归类并确定会计分录后所填制的会计凭证，它是登记会计账簿的直接依据。为了确保记账凭证正确无误，需要严格审核。记账凭证的审核，主要包括以下几方面：

(1) 对记账凭证所附原始凭证进行复核。

(2) 记账凭证所附原始凭证是否齐全，原始凭证所记录的经济业务内容和金额与记账凭证是否一致。

(3) 记账凭证中会计科目使用是否准确；账户对应关系是否清晰；应借、应贷金额是否一致。

(4) 记账凭证需要填制的内容是否有遗漏，各项内容是否填全，有关人员是否签名等。

审核中发现了错误，要查清原因，并重新填制或按规定更正。只有经过审核无误的记账凭证，才能据以登记账簿。

3.2.3 实践活动

1. 阅读记账凭证

(1) 课前准备各类纸质记账凭证，边学边熟悉记账凭证分类、格式。

(2) 进入计算机会计模拟系统(如福思特多媒体会计模拟实验室)，阅读采购、生产、销售相关业务的记账凭证。

2. 填制记账凭证

根据案例3-2提供的经济业务资料填制和审核记账凭证。

3.2.4 任务自测

1. 单项选择题

(1) 采用复式记账方法，主要是为了(　　)。

A. 便于登记账簿　　B. 反映经济业务的来龙去脉

C. 提高会计工作的效率　　D. 便于会计人员的分工协调

(2) 设置会计科目是(　　)的一种专门方法。

A. 对会计对象的具体内容进行分类反映和监督

B. 连续地记录经济业务

C. 检查、分析经济活动从而提高经济效益

D. 保护各项财产物资

(3) 简单会计分录是指(　　)的会计分录。

A. 一借多贷　　B. 一借一贷

C. 一贷多借　　D. 多借多贷

(4) 在借贷记账法下，资产类账户的结构特点是(　　)。

A. 借方记增加，贷方记减少，余额在借方

B. 贷方记增加，借方记减少，余额在贷方

C. 借方记增加，贷方记减少，一般无余额

D. 贷方记增加，借方记减少，一般无余额

(5)"应付账款"账户的期初余额为8 000元，本期增加额为12 000元，期末余额为6 000元，则该账户本期减少额为(　　)元。

A. 10 000　　B. 14 000　　C. 2 000　　D. 4 000

2. 多项选择题

(1) 在借贷记账法下，账户贷方记录的内容是(　　)。

A. 资产的增加　　B. 资产的减少　　C. 负债及所有者权益的增加

D. 负债及所有者权益的减少　　E. 收入的减少及费用的增加

(2) 在借贷记账法下，"借"字表示(　　)增加。

A. 资产　　B. 收入　　C. 费用　　D. 负债

(3) 下列属于企业资产项目的有(　　)。

A. 应收账款　　B. 应付账款　　C. 预收账款　　D. 预付账款

(4) 下列属于企业负债项目的有(　　)。

A. 应收账款　　B. 应付账款　　C. 预收账款　　D. 预付账款

(5) 会计分录的三要素包括(　　)。

A. 会计科目　　B. 记账方向　　C. 变动金额　　D. 会计要素

3. 问答题

(1) 什么是会计科目？什么是会计账户？说明会计科目与会计账户的区别与联系。

(2) 什么是记账凭证？分为哪几类？

任务3　登记账簿

3.3.1　任务导入

农华公司的会计人员根据审核无误的记账凭证登记各种会计账簿，表3-15是公司11月份的银行存款日记账。

表3-15　银行存款日记账

2010年		凭证编号		摘要	借方金额/元	贷方金额/元	借方余额/元
月	日	字	号				
11	1			期初余额			255 000.00
	5	银收	1	取得短期借款	120 000.00		375 000.00
	10	银付	1	支付材料款		217 280.00	157 720.00
	15	银收	2	存入销货款	204 399.00		362 119.00
	20	银付	2	发放工资		150 000.00	212 119.00
	25	银付	3	偿还前欠货款		56 820.00	155 299.00
	30	银收	3	托收款划回	117 500.00		272 799.00
	31			本月合计	441 899.00	424 100.00	272 799.00

请思考下列问题：

(1) 会计人员登记账簿的目的是什么？账簿有哪些种类？

(2) 会计如何保证账户记录的正确性？

(3) 从以上账簿能得到哪些信息？

3.3.2　知识要点

1. 会计账簿的分类、内容

经济业务发生后，业务经办人员根据经济业务的发生情况填制或取得原始凭证，会计人员对原始凭证审核无误后编制记账凭证，从而将大量反映在原始凭证中的经济数据转化为记录在记账凭证中的会计信息。但是，记录在记账凭证中的会计信息是分散的、不系统的，不便于查找且易丢失。因此，就需要对记账凭证所记录的分散、零星的会计信息进一步归类、整理和汇总，使之更加系统化。这项任务是通过设置和登记会计账簿来实现的。

会计账簿简称账簿，是由具有专门格式、并以一定形式连接在一起的账页所组成的，用以对全部经济业务进行全面、系统、连续、分类地记录和核算的簿籍。

会计凭证中分散、零星的会计信息，通过账簿的记录和加工形成比较系统、完整的会计信息后，能为一定时期终了编制财务报告提供依据；同时，会计账簿作为重要的会计档案，是保存会计信息的重要形式，为开展财务分析和会计检查提供依据。

1）会计账簿的分类

会计账簿按不同的标准，可分为多种，一般按账簿用途和外表形式进行分类，如表3－16所示。

表3－16　会计账簿的分类

分类标志	分　　类	含　　义	说　　明
按账簿用途分	日记账	又叫序时账，是按照经济业务发生时间的先后顺序，逐日逐笔登记经济业务的账簿	①日记账按记录内容的不同又分为普通日记账和特种日记账两种 ②普通日记账用来记录全部经济业务的完成情况；特种日记账用来记录某一类经济业务的完成情况 ③会计上经常使用的是“库存现金日记账”和“银行存款日记账”
	分类账	是按照总分类账户和明细分类账户对各项经济业务进行分类登记的账簿	①分类账按分类概括程度不同又分为总账和明细账两种 ②总账即总分类账，是根据总账科目开设，总括分类反映全部经济业务的分类账簿 ③明细账即明细分类账，是根据总账科目所属的二级或明细科目开设，详细分类反映某一类经济业务的分类账簿
	辅助账	又叫备查簿，是为备忘备查而设置的，是对某些在日记账和分类账中不能记录或记录不完全的有关经济业务进行补充登记的账簿	辅助账与前面两种账簿的不同之处： ①不是根据会计凭证登记的 ②没有固定的格式，企业可根据实际需要设置，如“租入固定资产登记簿”、“应收票据登记簿”

续表

分类标志	分　类	含　义	说　明
按账簿外表形式分	订本账	又称订本式账簿，是在启用前就已经按顺序编号并固定装订成册的账簿	订本账适用于库存现金日记账、银行存款日记账和总分类账
	活页账	又称活页式账簿，是在启用前和使用过程中把账页置于活页账夹内，随时可以取放账页的账簿	活页账适用于一般明细分类账
	卡片账	又称卡片式账簿，是由许多具有账页格式的硬纸卡片组成，存放在卡片箱中的一种账簿	①适用于固定资产、低值易耗品等实物资产的明细分类账 ②使用卡片账一般不需要每年更换

2）会计账簿的基本内容

尽管各种账簿用途不同，外表形式也不一样，但各种账簿应包括以下基本内容：

(1) 封面，写明账簿的名称和记账单位的名称。

(2) 扉页，正面是账簿启用和经管人员一览表，反面是账户目录。

(3) 账页，是账簿用来记录经济业务事项的载体，包括账户的名称、登记账户的日期栏、凭证种类和号数栏、摘要栏、金额栏、总页次、分户页次等基本内容。

2. 会计账簿的格式和登记方法

设置和登记账簿是对记账凭证上的信息进行分类、整理和汇总的一种专门方法，是会计核算工作的一个重要环节。企业应当根据本单位经济业务的特点和经营管理的需要，确定账簿的种类，设计账页的格式、内容，规定账簿的登记方法等。

由于各种账簿记录的经济业务不同，所以其格式和登记方法也各不相同，下面介绍日记账和分类账的格式及登记方法。

1）库存现金日记账的格式和登记方法

库存现金日记账是用来核算和监督库存现金每天的收入、支出和结存情况的账簿，一般采用订本式账簿。库存现金日记账的账页格式与内容见表 3－17，基本结构分为“收入”、“支出”和“结存”三栏。

表 3－17　库存现金日记账账页格式

年		凭证编号		摘要	借方金额(收入)								贷方金额(支出)								借方余额(结存)							
月	日	字	号		十	万	千	百	十	元	角	分	十	万	千	百	十	元	角	分	十	万	千	百	十	元	角	分

库存现金日记账由出纳人员根据同库存现金收付有关的记账凭证，按时间顺序逐日逐笔进行登记，具体登记方法如下：

(1) 日期栏，系库存现金收付有关的记账凭证的日期。

(2) 凭证栏，系库存现金收付有关的记账凭证的种类和编号，如现收 3、现付 6、银付 9。

(3) 摘要栏，系库存现金收付有关的记账凭证的摘要。

(4) 收入、支出和结存栏，系库存现金收入、支出和结余额。根据“上日余额＋本日收入－本日支出＝本日余额”的公式，逐日结出库存现金余额，与库存现金实存数核对，即通常所说的“日清”，月终也要计算本月库存现金收、支和结存的合计数，即进行“月结”。

2) 银行存款日记账的格式和登记方法

银行存款日记账是用来核算和监督银行存款每日的收入、支出和结余情况的账簿，一般采用订本式账簿。企业应按开立账户的银行、存款种类和币种分别设置银行存款日记账。例如农华公司仅在中国农业银行开设一个基本存款账户，用于办理日常结算和库存现金收付业务，存款全部为活期存款，公司除了有人民币结算业务外，还有少量的美元、日元结算业务，则农华公司的银行存款日记账设置如图 3.35 所示。

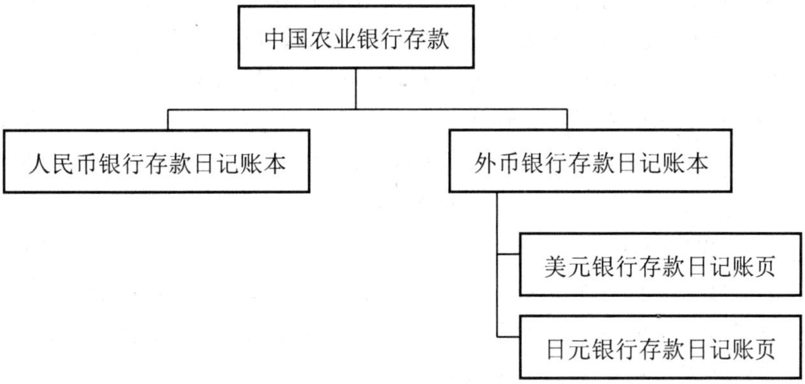

图 3.35 银行存款日记账设置

银行存款日记账的账页格式、内容和登记方法与库存现金日记账相似，在此不再赘述。“银行存款日记账”除了做到“日清月结”外，还应定期与银行对账单核对。

3) 总分类账的格式和登记方法

总分类账是按照总分类账户对全部经济业务进行分类登记的账簿，一般采用订本式账簿。在总分类账中，应按照总账科目的编码顺序分别开设账户，且事先要为每个总分类账户预留若干账页。总分类账能够全面、总括反映资产、负债、所有者权益等情况，为编制财务报表提供数据，因而每一单位都必须设置总分类账。

总分类账最常用的格式为三栏式，见表 3－18，设置借方、贷方和余额三个基本金额栏目。

表 3－18 总分类账

会计科目　　　　　　　　　　　　　　　　　　　　　　　　　　总号　　分页

记账凭证				摘要	借方金额	贷方金额	借或贷	余额
年		类别	号数					
月	日							

4）明细分类账的格式和登记方法

明细分类账是按照二级账户或明细账户分类、连续地登记经济业务，以提供明细核算资料的账簿，一般采用活页式账簿。明细分类账能够分类、连续记录资产、负债和所有者权益以及收入、费用和利润的详细资料，也为编制会计报表提供数据。企业应根据经营管理的需要，在设置总分类账的基础上设置必要的明细分类账，进行明细分类核算。在总分类账户下需要设置明细分类账的主要有各种材料物资、应收应付款项、收入、成本、费用、利润等。

由于各明细分类账按经济管理要求记录的内容不同，所以明细分类账账页格式较多，有三栏式、数量金额式、多栏式和横线登记式(或称平行式)等多种。

(1) 三栏式明细分类账的格式与登记方法。三栏式明细分类账账页的格式和内容与三栏式总账相同，设有借方、贷方和余额三个金额栏目。这种格式适用于只进行金额核算的债权债务账户，如应收账款、应付账款等账户的明细核算。

(2) 数量金额式明细分类账的格式与登记方法。数量金额式明细分类账账页设有收入、发出和结存三个栏目，并且三个栏目内又分别设有数量、单价和金额三个专栏。这种格式适用于既要进行金额核算又要进行数量核算的账户，如原材料、库存商品等账户的明细核算。数量金额式明细分类账页格式和内容见表 3－19。

表 3－19 材料明细账

第　　页

材物料名称……………………

规　　格……………………　　　　　　　　　　　　储备定额……………

计 量 单 位……………………　　　　　　　　　　　　存放地点……………

记账凭证				摘要	借方(入库)			贷方(出库)			结存		
年		类别	号数		数量	单价	金额	数量	单价	金额	数量	单价	金额
月	日												

(3) 多栏式明细分类账的格式与登记方法。多栏式明细分类账账页也设有借方、贷方和余额三个栏目，并且根据登记经济业务需要，或将借方按明细科目或明细项目分设若干专栏(称借方多栏式)，或将贷方按明细科目或明细项目分设若干专栏(称贷方多栏式)，或将借方和贷方都按明细科目或明细项目分设若干专栏(称借贷方均多栏式)。

借方多栏式明细分类账页格式和内容见表3-20，适用于借方需要分多个项目核算的账户，如生产成本、制造费用、管理费用、销售费用、其他业务成本、营业外支出等账户的明细核算。平时，一般情况下，在借方逐笔登记费用、成本的发生额，若发生贷方发生额，应用红字在借方多栏中登记；月末，在贷方登记全部借方发生额转出的数额。

表3-20 管理费用明细账

第 页

年		收款凭证		摘要	借方科目				贷方	余额
月	日	字	号		应付职工薪酬	办公费	……	合计		

贷方多栏式明细分类账页格式和内容见表3-21，适用于贷方需要分多个项目核算的账户，如主营业务收入、其他业务收入等账户的明细核算。平时，一般情况下在贷方逐笔登记收入的发生额，若发生借方发生额，应用红字在贷方多栏中登记；月末，在借方登记全部贷方发生额转出的数额。

表3-21 其他业务收入明细账

第 页

年		收款凭证		摘要	借方	贷方科目				余额
月	日	字	号			销售材料	出租包装物	……	合计	

借方贷方多栏式明细分类账的账页格式适用于借方贷方均需要分多个项目核算的账户，如本年利润账户的明细核算。

(4) 横线登记式明细分类账的格式与登记方法。横线登记式明细分类账也称平行式明细分类账，账页结构类似于多栏式明细分类账，但采用横线登记，即将每一相关的业务登记在一行，从而可依据每一行各个栏目的登记是否齐全来判断该项业务的进展情况。该明细分类账适用于登记材料采购业务、应收票据和一次性备用金业务。

特别说明：

① 总分类账与所属明细分类账之间遵循平行登记规则，有关内容详见拓展学习。

② 手工环境下，总分类账可以根据记账凭证逐笔登记，也可以根据经过汇总的科目汇总表或分类汇总记账凭证等登记。企业究竟采用哪种方法登记，需根据采用的账务处理程序而定。

③ 电算化环境下，各种账簿的记录直接取决于数据采集端口的原始单据或记账凭证，也即只要原始单据或记账凭证正确，账簿记录不会发生错误。另外，会计信息以电磁介质作为存储载体，需要时通过打印机输出纸质账簿。

阅读链接

《会计法》第十六条规定："各单位发生的各项经济业务事项应当在依法设置的会计账簿上统一登记、核算，不得违反本法和国家统一的会计制度的规定私设会计账簿登记、核算。"

3. 对账与试算平衡

1）对账

对账簿所记录的有关数据加以检查和核对的工作，在会计上称对账。手工会计中，由于种种原因，可能发生账簿记录差错、账证不符、账账不符的情况；另外，由于财产物资保管不善或其自身性质发生变化，会造成账实不符的情况。账证不符、账账不符、账实不符等情况只有通过对账才能发现。做好对账工作能保证账簿记录的准确性，为编制财务报告提供真实可靠的资料。企业要建立定期的对账制度，在结账前和结账过程中，核对账簿记录。对账包括账证核对、账账核对和账实核对。

(1) 账证核对。是指各种账簿记录与有关会计凭证进行核对。记账凭证登记入账后，要将账簿记录与会计凭证进行核对，做到账证相符。

(2) 账账核对。是指各种账簿之间有关数字的核对。各种账簿是一个有机的整体，既有分工，又有衔接，即常说的勾稽关系，利用这种关系，可以通过账簿的相互核对发现记账是否有误，做到账账相符。账簿之间的核对包括，总分类账簿全部账户的借方余额合计与贷方余额合计核对；总分类账户余额与所属明细分类账户余额合计的核对，总分类账户余额与相对应的序时账户余额合计的核对，会计部门与财产物资保管或使用部门相应明细分类账余额之间的核对。

账账核对可以直接进行，也可以通过编表进行。

(3) 账实核对。是指各项财产物资，应收、应付款项等账面余额与实有数额之间的核对。账实核对的内容主要包括：库存现金日记账账面余额与库存现金数额的核对，银行存款日记账账面余额与银行对账单余额的核对，各项财产物资明细账账面余额与财产物资的实有数额的核对，各种应收、应付结算款明细账账面余额与有关单位或个人进行核对。

结算款一般利用对账单的形式进行核对，各种财产物资一般通过财产清查进行核对。

2）试算平衡

为保证账户记录的正确性，需要对账户进行试算平衡。总分类账的试算平衡是根据资产与权益的恒等关系以及借贷记账法的记账规则，以检查所有账户记录是否正确的过程，包括发生额试算平衡和余额试算平衡。

发生额试算平衡是以借贷记账法的记账规则为依据，一定会计期间内所有账户的借贷发生额双方合计必然相等，即有发生额平衡公式：

本期所有账户借方发生额合计＝本期所有账户贷方发生额合计　　(3－4)

余额试算平衡是以会计恒等式为依据，任一会计期末所有账户的借方余额合计数与所有账户的贷方余额合计数必然相等，即有余额平衡公式：

所有账户期初借方余额合计＝所有账户期初贷方余额合计　　(3－5)

所有账户期末借方余额合计＝所有账户期末贷方余额合计　　(3－6)

利用试算平衡公式可以检查每一项经济业务的记录是否正确，也可以检查每一账户记录的正确性。总分类账的试算平衡通常通过编制“总分类账试算平衡表”进行，见表3－22。

表3－22　总分类账试算平衡表

年　月　日　　　　单位：元

账户名称	期初余额		本期发生额		期末余额	
	借方	贷方	借方	借方	贷方	借方
库存现金						
银行存款						
……						
合计						

如果试算表借贷不平衡，可以肯定账户记录有误。但即便试算表借贷平衡，也不能说明账户记录绝对正确，因为有些错误不影响借贷平衡，如漏记某项经济业务、重记某项经济业务、某项经济业务记错有关账户、某项经济业务在账户记录中颠倒了记账方向、借方贷方发生额中偶然多记少记并相互抵消。

【案例3－5】

【资料】　参见案例3－2。

【要求】　利用案例3－2结果，编制总分类账的试算平衡表，进行账账核对。

总分类账的试算平衡表见表3－23。

表3－23　总分类账试算平衡表

年　月　日　　　　单位：元

账户名称	期初余额		本期发生额		期末余额	
	借方	贷方	借方	贷方	借方	贷方
库存现金	12 151.70		8 060.00	0.00	20 211.70	
银行存款	587 163.88		324 399.00	222 280.00	689 282.88	
应收票据	154 231.55				154 231.55	
应收账款	2 405 679.34				2 405 679.34	
其他应收款	601 234.21			3 000.00	598 234.21	
原材料	576 489.67		186 000.00	12 500.00	749 989.67	
库存商品	426 872.18				426 872.18	
生产成本	879 847.36		12 500.00		892 347.36	
固定资产	6 805 792.34				6 805 792.34	

续表

账户名称	期初余额		本期发生额		期末余额	
	借方	贷方	借方	贷方	借方	贷方
材料采购	0.00		186 000.00	186 000.00	0.00	
短期借款		2 894 675.32		120 000.00		3 014 675.32
应付账款		1 984 652.38				1 984 652.38
应付职工薪酬		216 743.56				216 743.56
应交税费		97 865.48	31 280.00	29 699.00		96 284.48
其他应付款		74 389.67		1 200.00		75 589.67
实收资本		5 000 000.00				5 000 000.00
盈余公积		184 321.66				184 321.66
本年利润		1 260 566.87				1 260 566.87
累计折旧		736 247.29				736 247.29
主营业务收入		0.00		174 700.00		174 700.00
管理费用	0.00		1 140.00			1 140.00
合计	12 449 462.23	12 449 462.23	749 379.00	749 379.00	1 274 2641.23	12 742 641.23

3.3.3 实践活动

1. 阅读账簿

(1) 课前准备各类纸质账簿，边学边熟悉账簿分类、账页格式。

(2) 进入计算机会计模拟系统(如福思特多媒体会计模拟实验室)，阅读库存现金、银行存款、原材料、库存商品等总账及所属明细账。

2. 登记账簿

根据 3.2.3 实践活动结果，登记账簿。

3.3.4 任务自测

1. 单项选择题

(1)“原材料”明细账的格式一般采用(　　)。

A. 三栏式　　B. 数量金额式　　C. 多栏式　　D. 横线登记式

(2) 登记日记账的方式是按照经济业务发生的时间先后顺序进行(　　)。

A. 逐日逐笔登记　　B. 逐日汇总登记

C. 逐日定期登记　　D. 定期汇总登记

(3) 会计账簿分为订本式、活页式、卡片式账簿的标准是(　　)。

A. 账簿的内容　　B. 账簿的用途

C. 账簿的外表形式　　D. 账簿的账页格式

(4) 对临时租入的固定资产，应在(　　)中登记。

A. 总分类账　　B. 明细分类账

C. 备查账　　D. 日记账

2. 多项选择题

(1) 下列内容中，属于对账范围的有(　　)。

A. 现金日记账余额与库存现金的核对

B. 账簿记录与有关会计凭证的核对

C. 总分类账户余额与所属明细账户余额合计数核对

D. 日记账余额与有关总分类账户余额核对

(2) 在会计实务工作中，明细分类账的格式有(　　)。

A. "T"字式　　B. 三栏式　　C. 多栏式　　D. 数量金额式

(3) 总分类账与其所属明细分类账平行登记的要点是(　　)。

A. 金额相等　　B. 方向相同　　C. 原始依据一致

D. 内容完整　　E. 书写清楚

3. 问答题

(1) 什么是试算平衡？其理论依据是什么？

(2) 什么是对账？账账核对的内容包括哪些？

任务4　编制财务报表

3.4.1　任务导入

农华公司于2010年12月1日销售价值30万元的货物给闽田农机公司，闽田农机公司已于当日提走了货物，双方约定货款在3个月之后付清。

农华公司于2011年1月1日向中国农业银行杭江支行借款100万元，期限3个月，年利率6%，2011年4月1日，农华公司连本带利共101.5万元一次还清该借款。

请思考下列问题：

(1) 对于上述款项，在收、付时间与交易完成时间不一致的情况下，应按照什么标准来确定其收入、费用的归属期？

(2) 30万元的货物销售收入应该算在哪一年？为什么？

(3) 1.5万利息费用算在哪一个月？为什么？

3.4.2　知识要点

1. 财务报表编制准备

1) 权责发生制

企业会计核算以持续经营为前提，同时为了定期向有关各方报告企业的财务状况、经营成果和现金流量，又将持续经营人为地划分为一个个会计期间。会计期间的产生使会计核算必然涉及划分本期和非本期的收入、费用问题。这样，一定期间的经营成果会因为收入和费用在各个会计期间的不同划分而不同。

对于收入和费用归属期的确认有两种标准：一是权责发生制，即以权利或责任的发生与否为标准来决定收入和费用的归属期；二是收付实现制，即按照款项的实际收付时间为标准来确认收入和费用的归属期。

根据《企业会计准则》的规定，企业以权责发生制为基础进行会计确认、计量和报告，凡是当期已经实现的收入和已经发生或应当负担的费用，不论款项是否收付都应当作为当期的收入和费用；凡是不属于当期的收入和费用，即使款项已经在当期收付，也不应当作为当期的收入和费用。

以下举例说明一定期间的经营成果随会计核算基础的不同而变化的情况。

【案例 3-6】

【资料】 假设农华公司 2010 年第 2 季度发生下列经济业务：

(1) 4 月份销货 8 000.00 元，货款于当月收到；5 月份销货 5 000.00 元和 6 月份销货 6 000.00元，货款于 6 月份收到。

(2) 2 季度各月应负担短期借款利息分别为 2 000.00 元，款项于 6 月份支付。

(3) 4 月份预付 2 季度报刊订阅费 600.00 元(各月为 200.00 元)。

【要求】 按权责发生制和收付实现制计算 2 季度各月的收入、费用及盈亏。

按权责发生制和收付实现制计算的结果比较见表 3-24。

表 3-24　权责发生制和收付实现制的比较

单位：元

会计期间	权责发生制			收付实现制		
	收入	费用	盈亏	收入	费用	盈亏
4 月份	8 000.00	2 000.00+200.00	5 800.00	8 000.00	600.00	7 400.00
5 月份	5 000.00	2 000.00+200.00	2 800.00	0.00	0.00	0
6 月份	6 000.00	2 000.00+200.00	3 800.00	11 000.00	6 000.00	5 000.00

2) 期末账项调整

按照权责发生制的要求，企业账簿中的日常记录不能完整反映本期的收入和费用，一些预收款业务(如年初一次性收取 1 年的租金 12 万元)，款项虽已收到入账，但它不属于或不完全属于本期收入；还如一些预付款业务(如年初一次性支付 1 年的财产保险费 6 万元)，款项虽已支付，但它不属于或不完全属于本期的费用；又如一些应收款业务(如应收未收到的红利)，款项虽未收到，但它属于本期收入；再如一些应付款业务(如应付未付的利息)，款项虽未支付，但它属于本期费用。因此，为了正确计算一定会计期间的经营成果，就需要在期末结账前，按权责发生制的要求对本期已经发生而尚未入账的收入和费用进行调整入账。在调整收入和费用的同时，必然引起资产、负债和所有者权益各项目的变动。

【案例 3－7】

【资料】 参见 3.4.1 节。

【要求】 期末结账前，对利息费用调整入账。

由于 1.5 万元利息费用直到 4 月 1 日才支付，所以在日常的账簿记录中尚未登记入账。整个季度内企业都从贷款中受益了，按权责发生制原则，1 月、2 月和 3 月末，应通过编制转账凭证并登记入账，将利息费用(每月的利息＝1 000 000×6%/12)调整入账。会计分录如下：

借：财务费用　　5 000
　　贷：应付利息　　5 000

3）结账

会计期末结账就是把在会计期间内发生的经济业务全部登记入账、核对准确的基础上，计算并结出各账户“本期发生额”和“期末余额”，为编制财务会计报表提供依据。

结账分为月结、季结和年结。月度结账时，要在账户最后一笔经济业务记录下一行结出本月借、贷发生额和期末余额，在摘要栏内注明“本月合计”字样，并在该行上、下端各划一条通栏单红线。季度结账时，在季末月份结账记录的下一行结出本季借、贷发生额和季末余额，在摘要栏内注明“本季合计”字样，并在该行的下端划一条通栏单红线。年度结账时，在 12 月份结账记录的下一行结出全年借、贷发生额和年末余额，在摘要栏内注明“本年合计”字样，并在该行的下端划一条通栏双红线，表示“封账”。

2. 财务报表编制

财务报告是向财务报告使用者提供与企业财务状况、经营成果和现金流量等有关的会计信息，反映企业管理层受托责任履行情况的文件。财务报告是会计核算的结果，能完整地、概括地反映企业经济活动的全貌，提供综合的信息资料。

财务报告中主要是通过三大报表即资产负债表、利润表和现金流量表综合反映会计信息，其中财务状况是由资产负债表反映，经营成果由利润表反映，现金流量由现金流量表反映。

1）资产负债表

资产负债表是反映企业特定日期财务状况的报表。这里，特定日期是指编制报表这一天，一般是月末、季末、半年末、年末这个日期；财务状况是指资产、负债、所有者权益的总量、构成及其相互关系。资产负债表是以“资产＝负债＋所有者权益”这一基本会计等式为理论依据，并对资产、负债、所有者权益项目分类排列而成的。

(1) 资产负债表结构。资产负债表的格式因资产、负债、所有者权益三个会计要素的排列方法不同而不同。国际上常用的有账户式和报告式两种。

账户式资产负债表的格式见表 3－25。它是按照“T”型账户构思设计，将表体分为左右两个基本部分，左边列示资产项目，右边列示负债及所有者权益项目，左边项目总金额与右边项目总金额保持平衡。我国采用账户式资产负债表，为了便于报表项目期末数与年初数的比较，规定采用比较式资产负债表，格式见表 3－25。

报告式资产负债表是将资产、负债、所有者权益项目自上而下垂直排列。

表 3-25　资产负债表

会企 01 表

编制单位：　　　　　　　　　　　　年　月　日　　　　　　　　　　　　单位：元

资　　产	期末余额	年初余额	负债和所有者权益(或股东权益)	期末余额	年初余额
流动资产：			流动负债：		
货币资金			短期借款		
交易性金融资产			交易性金融负债		
应收票据			应付票据		
应收账款			应付账款		
预付款项			预收款项		
应收利息			应付职工薪酬		
应收股利			应交税费		
其他应收款			应付利息		
存货			应付股利		
一年内到期的非流动资产			其他应付款		
其他流动资产			一年内到期的非流动负债		
流动资产合计			其他流动负债		
非流动资产：			流动负债合计		
可供出售金融资产			非流动负债：		
持有至到期投资			长期借款		
长期应收款			应付债券		
长期股权投资			长期应付款		
投资性房地产			专项应付款		
固定资产			预计负债		
在建工程			递延所得税负债		
工程物资			其他非流动负债		
固定资产清理			非流动负债合计		
生产性生物资产			负债合计		
油气资产			所有者权益(或股东权益)：		
无形资产			实收资本(或股本)		
开发支出			资本公积		
商誉			减：库存股		
长期待摊费用			盈余公积		
递延所得税资产			未分配利润		
其他非流动资产			所有者权益(或股东权益)合计		
非流动资产合计					
资产总计			负债和所有者权益(或股东权益)总计		

资产负债表的结构主要由表头、表体组成。表头项目包括报表名称、编制单位、编制日期、报表编号、货币名称、计量单位等，以明确报表内容反映的会计主体、会计期及货币计量单位等。

表体部分，账户式资产负债表左方列示的资产项目，按资产流动性强弱顺序排列，依次为流动资产项目和非流动资产项目。其中，流动资产项目按其变现能力强弱顺序排列，依次为货币资金、交易性金融资产、应收预付项目以及存货等；非流动资产项目排列顺序依次为对外长期投资项目、对内长期投资项目、无形资产项目等。报表的右方上半部分列示负债项目，负债项目按偿还期的长短顺序排列，依次为流动负债项目和非流动负债项目。其中，流动负债项目排列顺序依次为短期借款、交易性金融负债、应付预收项目等。报表的右方下半部分列示所有者权益项目，所有者权益项目按其永久性程度高低排列，依次为实收资本、资本公积、盈余公积和未分配利润。

(2) 资产负债表项目列示。资产负债表项目列示见表3－25，各项目均需填制“年初余额”和“期末余额”两个数字，某项目本年“年初余额”数字就是上年末该项目“期末余额”。资产负债表主要项目“期末余额”的含义，见附录1。有关资产负债表重要项目的含义将在后续有关学习情景作进一步的介绍。

(3) 资产负债表项目填制。资产负债表应于报告期末定期编制。编制资产负债表的关键是填制该表各项目“年初余额”和“期末余额”栏内各项数字。

该表各项目“年初余额”栏内各项数字应根据上年末资产负债表的“期末余额”栏内所列数字填列。

该表各项目“期末余额”栏内各项数字是根据报告期内所有账户的余额资料填列。具体填制方法归纳如下：

① 根据有关总账账户期末余额资料直接填列，资产负债表中大部分项目，如应收股利、应收利息、短期借款、应付股利、应交税费、实收资本等按此类方法填列。

② 根据有关总账账户借方余额和贷方余额之差填列，资产负债表中的存货、固定资产、在建工程、无形资产等项目按此类方法填列。

③ 根据有关总账账户余额之和填列，资产负债表中的货币资金等项目按此类方法填列。

④ 根据有关总账账户和明细账户余额计算填列，资产负债表中的应收账款等项目按此类方法填列。

⑤ 根据有关明细账户余额之和填列，资产负债表中的预付账款、预收账款、应付账款等项目按此类方法填列。

⑥ 年度中间的期末根据有关总账账户余额计算填列，年末根据有关总账账户余额直接填列，资产负债表中未分配利润项目按此类方法填列。

(4) 资产负债表内部的勾稽关系。

① 合计项目计算。流动资产合计、非流动资产合计、流动负债合计、非流动负债合计、所有者权益合计的计算是根据表列项目金额加计而成，且：

$$\text{负债合计}=\text{流动负债合计}+\text{非流动负债合计} \tag{3-7}$$

② 总计项目计算。

$$\text{资产总计}=\text{流动资产合计}+\text{非流动资产合计} \tag{3-8}$$

$$\text{负债及所有者权益总计}=\text{负债合计}+\text{所有者权益合计} \tag{3-9}$$

$$\text{资产总计}=\text{负债及所有者权益总计} \tag{3-10}$$

想一想

资产负债表中列示的资产、负债及所有者权益项目与账簿中对应的账户，是否有相同的内涵？两者的“期末余额”是否相等？请举例说明。

2）利润表

利润表是反映企业在一定会计期间经营成果的财务报表。这里，一定会计期间可以是1个月、1个季度、半年，也可以是1年。在利润表中，通过反映企业全部所得与全部所耗，计算出会计期间的利润或亏损，以说明企业经营成果。

（1）利润表结构。国际上通行的利润表格式有单步式和多步式两种。单步式利润表是将本期所有收入和费用分别加以汇总，将收入总额减去费用总额，一步计算出本期净利润。多步式利润表是将本期收入与费用按属性分别加以归集，分多步计算求得本期净利润。

当前我国采用的是多步式利润表，见表3-26，应分别计算营业利润、利润总额，最后计算出净利润，其中：

营业利润＝营业收入－营业成本－营业税金及附加－销售费用－管理费用－财务费用－资产减值损失＋公允价值变动收益＋投资收益　　(3-11)

利润总额＝营业利润＋营业外收入－营业外支出　　(3-12)

净利润＝利润总额－所得税费用　　(3-13)

利润表通常包括表头和表体两部分，见表3-26。表头应列示报表名称、编表单位的名称、提供信息的期间、所用货币的名称和单位等，这些体现了会计基本假设的要求。表体要根据企业利润表的构成因素，按利润计算过程排列表中项目。

表3-26　利润表

会企02表

编制单位：　　　　年　　月　　　　单位：元

项　目	本期金额	上期金额
一、营业收入		
减：营业成本		
营业税金及附加		
销售费用		
管理费用		
财务费用		
资产减值损失		
加：公允价值变动收益(损失以“－”号填列)		
投资收益(损失以“－”号填列)		
其中：对联营企业和合营企业的投资收益		
二、营业利润(亏损以“－”号填列)		
加：营业外收入		
减：营业外支出		

续表

项　　目	本期金额	上期金额
其中：非流动资产处置损失		
三、利润总额(亏损总额以“－”号填列)		
减：所得税费用		
四、净利润(净亏损以“－”号填列)		
五、每股收益		
(一)基本每股收益		
(二)稀释每股收益		

(2) 利润表项目列示。利润表项目列示见表3-26，各项目均需填列“本期金额”和“上期金额”两栏。“本期金额”栏反映各项目的本期实际发生数，“上期金额”栏反映各项目上年同期实际发生数。利润表各项目“本期金额”的含义，见附录2。有关利润表重要项目的含义将在后续学习情景中作进一步的介绍。

(3) 利润表项目填制。利润表中“本期金额”、“上期金额”栏内的各项数字，除“每股收益”项目外，应当按照相关账户的发生额分析填列，具体项目填列方法如下：

①“营业收入”项目，应根据“主营业务收入”和“其他业务收入”账户的发生额分析填列。

②“营业成本”项目，应根据“主营业务成本”和“其他业务成本”账户的发生额分析填列。

③“资产减值损失”项目，应根据“资产减值损失”账户的发生额分析填列。

④“公允价值变动收益”和“投资收益”项目，应分别根据“公允价值变动收益”账户和“投资收益”账户的发生额分析填列，若为损失，以“－”号填列。

⑤“营业税金及附加”、“销售费用”、“管理费用”、“财务费用”、“营业外收入”、“营业外支出”和“所得税费用”项目，应分别根据“营业税金及附加”、“销售费用”、“管理费用”、“财务费用”、“营业外收入”、“营业外支出”和“所得税费用”账户的发生额分析填列。

⑥“营业利润”、“利润总额”和“净利润”项目，应根据表列的公式计算填列，若为亏损，应以“－”号填列。

(4) 利润表内部的勾稽关系。

“营业利润”、“利润总额”、“净利润”的计算，具体见公式(3-11)～(3-13)。

想一想

利润表中列示的收入、费用、利得、损失及利润项目与账簿中对应的账户，是否有相同的内涵？两者的“本期金额”是否相等？请举例说明。

3) 现金流量表

现金流量表是反映企业在一定会计期间现金和现金等价物流入和流出的财务报表。资产负债表反映企业一定时点的财务状况，是静态财务信息，利润表反映企业在一定期间的经营成果，是动态财务信息，但两者反映不了财务状况变动的原因。现金流量表能说明企业在一定期间的现金流入流出情况，反映财务状况的变动信息。

(1) 现金流量表的基本概念。

① 现金。是指企业的库存现金以及可以随时用于支付的存款，不仅包括“库存现金”账户核算的库存现金，还包括企业“银行存款”账户核算的存入金融企业、随时可以用于支付的存款，也包括“其他货币资金”账户核算的外埠存款、银行汇票存款、银行本票存款和在途货币资金等其他货币资金。应该注意的是，银行存款和其他货币资金中有些不能随时用于支付的存款，如不能随时支取的定期存款等，不应作为现金，而应列作投资；提前通知金融企业便可支取的定期存款，则应包括在现金范围内。

② 现金等价物。是指企业持有的期限短、流动性强、易于转换为已知金额现金、价值变动风险很小的投资。现金等价物虽然不是现金，但其支付能力与现金的差别不大，可视为现金。如企业为保证支付能力，手持必要的现金，为了不使现金闲置，可以购买短期债券，在需要现金时，随时可以变现。

一项投资被确认为现金等价物必须同时具备四个条件：期限短、流动性强、易于转换为已知金额现金、价值变动风险很小。其中，期限较短，一般是指从购买日起，三个月内到期，如可在证券市场上流通的三个月内到期的短期债券投资等。

③ 现金流量。是某一段时期内企业现金流入和流出的数量。例如，企业销售商品、提供劳务、出售固定资产、向银行借款等取得现金，形成企业的现金流入；购买原材料、接受劳务、购建固定资产、对外投资、偿还债务等而支付现金等，形成企业的现金流出。现金流量信息能够表明企业经营状况是否良好、资金是否紧缺、企业偿付能力大小，从而为投资者、债权人、企业管理者提供非常有用的信息。应该注意的是，企业现金形式的转换不会产生现金的流入和流出，如企业从银行提取现金，是企业现金存放形式的转换，并未流出企业，不构成现金流量。同样，现金与现金等价物之间的转换也不属于现金流量，如企业用现金购买将于三个月内到期的国库券。

现金流量分为三类，即经营活动产生的现金流量、投资活动产生的现金流量、筹资活动产生的现金流量。

经营活动是指企业投资活动和筹资活动以外的所有交易和事项。根据上述定义，经营活动的范围很广，它包括了企业投资活动和筹资活动以外的所有交易和事项。就工商企业来说，经营活动主要包括销售商品、提供劳务、经营性租赁、购买商品、接受劳务、广告宣传、推销产品、交纳税款等。

投资活动是指企业长期资产的购建和投资(不包括在现金等价物范围内部分)及其处置活动。这里所指的长期资产是指固定资产、在建工程、无形资产、其他资产等期限在一年或一个营业周期以上的资产。投资活动主要包括取得和收回投资、购建和处置固定资产、无形资产和其他长期资产等。

筹资活动是指导致企业资本及债务规模和构成发生变化的活动。这里所说的资本，包括实收资本(股本)、资本溢价(股本溢价)。与资本有关的现金流入和流出项目，包括吸收投资、发行股票、分配利润等；这里所说的债务是指企业对外举债所借入的款项，如发行债券、向金融企业借入款项以及偿还债务等。

(2) 现金流量表结构。现金流量表包括基本报表和补充资料。现金流量表基本报表的结构见表 3－27，基本报表由表头和表体组成。表头应列示报表名称、编表单位的名称、提供信息的期间、所用货币的名称和单位等，这些体现了会计基本假设的要求。表体分别按经营活动产生的现金流量、投资活动产生的现金流量、筹资活动产生的现金流量、汇率变动对现金的影响、现金及现金等价物净增加额、期末现金及现金等价物余额排列表中项目。现金流量表的补充资料是以附注的形式披露。

表 3-27 现金流量表

会企 03 表

编制单位： 年 月 单位：元

项 目	本期金额	上期金额
一、经营活动产生的现金流量：		
销售商品、提供劳务收到的现金		
收到的税费返还		
收到其他与经营活动有关的现金		
经营活动现金流入小计		
购买商品、接受劳务支付的现金		
支付给职工以及为职工支付的现金		
支付的各项税费		
支付其他与经营活动有关的现金		
经营活动现金流出小计		
经营活动产生的现金流量净额		
二、投资活动产生的现金流量：		
收回投资收到的现金		
取得投资收益收到的现金		
处置固定资产、无形资产和其他长期资产收回的现金净额		
处置子公司及其他营业单位收到的现金净额		
收到其他与投资活动有关的现金		
投资活动现金流入小计		
购建固定资产、无形资产和其他长期资产支付的现金		
投资支付的现金		
取得子公司及其他营业单位支付的现金净额		
支付其他与投资活动有关的现金		
投资活动现金流出小计		
投资活动产生的现金流量净额		
三、筹资活动产生的现金流量：		
吸收投资收到的现金		
取得借款收到的现金		
收到其他与筹资活动有关的现金		

续表

项　目	本期金额	上期金额
筹资活动现金流入小计		
偿还债务支付的现金		
分配股利、利润或偿付利息支付的现金		
支付其他与筹资活动有关的现金		
筹资活动现金流出小计		
筹资活动产生的现金流量净额		
四、汇率变动对现金及现金等价物的影响		
五、现金及现金等价物净增加额		
加：期初现金及现金等价物余额		
六、期末现金及现金等价物余额		

(3) 现金流量表基本报表项目列示。现金流量表基本报表项目列示见表 3-27，各项目均需填列“本期金额”和“上期金额”两栏。“本期金额”栏反映各项目的本期实际发生数，“上期金额”栏反映各项目上年同期实际发生数。现金流量表基本报表各项目“本期金额”的含义详见附录 3。

(4) 现金流量表基本报表内部的勾稽关系。

① 现金流入小计或现金流出小计的计算。“经营活动现金流入小计”、“经营活动现金流出小计”、“投资活动现金流入小计”、“投资活动现金流出小计”、“筹资活动现金流入小计”、“筹资活动现金流出小计”根据表列有关项目金额加计而成。

② 现金流量净额的计算。

经营活动产生的现金流量净额＝经营活动现金流入小计－经营活动现金流出小计 (3-14)

投资活动产生的现金流量净额＝投资活动现金流入小计－投资活动现金流出小计 (3-15)

筹资活动产生的现金流量净额＝筹资活动现金流入小计－筹资活动现金流出小计 (3-16)

③ 现金及现金等价物净增加额的计算。

现金及现金等价物净增加额＝经营活动产生的现金流量净额＋投资活动产生的现金流量净额＋筹资活动产生的现金流量净额＋汇率变动对现金及现金等价物的影响 (3-17)

期末现金及现金等价物余额＝现金及现金等价物净增加额＋期初现金及现金等价物余额 (3-18)

3.4.3 实践活动

(1) 课前准备各种纸质报表，边学边熟悉各种报表的格式、报表项目名称。

(2) 进入计算机会计模拟系统(如福思特多媒体会计模拟实验室)，阅读资产负债表、利润表和现金流量表。

(3) 利用资产负债表、利润表和现金流量表内部的勾稽关系，对上述系统的资产负债表、利润表和现金流量表进行复核。

3.4.4 任务自测

1. 判断题

(1) 财务会计报告是企业会计核算的最终成果。 ( )

(2) 资产负债表是反映企业在一定时期内财务状况的报表。 ( )

2. 单项选择题

(1) ( )是反映企业经营成果的会计报表。

A. 现金流量表　　B. 资产负债表
C. 利润表　　D. 所有者权益变动表

(2) 资产负债表中资产的排列顺序是( )。

A. 资产的收益性　　B. 资产的流动性
C. 资产的重要性　　D. 资产的时点性

(3) 在利润表中，从利润总额中减去( )，得出净利润。

A. 管理费用　　B. 应交所得税
C. 营业外支出　　D. 所得税费用

(4) 资产负债表是根据( )这一会计等式编制的。

A. 收入－费用＝利润　　B. 现金流入－现金流出＝现金净流量
C. 借方发生额＝贷方发生额　　D. 资产＝负债＋所有者权益

3. 多项选择题

(1) 多步式利润表中，分步计算的利润指标有( )。

A. 净利润　　B. 营业利润
C. 其他业务利润　　D. 利润总额

(2) 下列属于资产负债表项目的有( )。

A. 实收资本　　B. 货币资金　　C. 短期借款　　D. 资本公积

(3) 财务会计报告可以提供企业( )信息。

A. 财务状况　　B. 现金流量　　C. 经营成果　　D. 生产效率

(4) 企业编制财务会计报告前的准备工作包括( )。

A. 账项调整　　B. 对账　　C. 结账　　D. 财产清查

拓展学习

1. 原始凭证的填制要求

原始凭证是会计核算的基础，其填制质量关系到会计核算和会计报表的质量。原始凭证的填制必须按如下要求进行。

(1) 真实可靠。即根据实际发生或完成的经济业务如实在凭证上填列经济业务内容等数据，不弄虚作假。

(2) 内容完整。即凭证上应该填写的项目要逐项填写，不可缺漏，尤其需要注意的是，年、月、日要按照填制原始凭证的实际日期填写；名称要写全，不能简化；品名或用途要填写明确，不许含糊不清；有关人员的签章必须齐全。

从外单位取得的原始凭证，必须盖有填制单位的公章；从个人取得的原始凭证，必须有填制人员的签名或者盖章。自制原始凭证必须有经办部门负责人或其指定的人员的签名或者盖章。对外开出的原始凭证，必须加盖本单位的公章。所谓“公章”，应是具有法律效力和规定用途，能够证明单位身份和性质的印鉴，如业务公章、财务专用章、发票专用章、收款专用章或结算专用章等。

购买实物的原始凭证，必须有验收证明，由购买人以外的第三者查证核实。经上级有关部门批准的经济业务，应当将批准文件作为原始凭证附件。

(3) 填制及时。即每当一项经济业务发生或完成，都要立即填制原始凭证，做到不积压、不误时、不事后补制。

(4) 书写清楚。即字迹端正、易于辨认，做到数字书写符合会计上的技术要求，文字工整，不草、不乱、不“造”；一式几联的凭证必须用双面复写纸套写或本身具备复写功能，要求不串格、不串行、不模糊；大写与小写的金额保持一致，小写金额前要冠以货币符号(如￥、HK＄、US＄)，元以后写到角、分，无角、分的要以“0”补位，大写金额最后为元的应加“整”字断尾。

(5) 连续编号、顺序使用。即收付款项或实物的各类凭证要分类、连续编号，在填制时按照编号的顺序使用，跳号的凭证应加盖“作废”戳记，不得撕毁。

2. 记账凭证的填制要求

记账凭证的填制是由会计人员按规定方法将各项记账凭证要素填写齐全，以便账簿登记。记账凭证虽有不同格式，但从记账凭证确定会计分录、便于保管和查阅会计资料来看，各种记账凭证的填制除了做到原始凭证的填制要求“真实可靠、内容完整、填制及时、书写清楚、连续编号”外，还应达到一些其他要求：

(1) 摘要应简明扼要。应将经济业务的内容以简练概括的文字填入“摘要”栏内，方便日后查阅凭证和登记账簿。

(2) 须准确编制会计分录。对发生的经济业务，按照会计制度所规定的会计科目和每一会计科目所核算的内容，准确编制会计分录。

(3) 应附有原始凭证，且注明张数。除结账与更正差错的记账凭证可以不附原始凭证，其他记账凭证必须附有原始凭证，以便于复核会计分录是否正确，也便于日后查阅原始凭证。如果有两张及以上的记账凭证要使用同一张原始凭证(例如，用支票购物，同时又用现金在同一时间、地点购物，供货单位只开了一张发票，此时，应分开作两张记账凭证)，可把原始凭证附在一张主要的记账凭证后面，在其他记账凭证的摘要栏中注明：原始凭证×张，附于第××号凭证之后。企业单位提取各项税费的记账凭证，应附自制原始凭证，列明合法的计算提取依据及正确的计算过程。

(4) 手续应完备。制证人员、审核人员、记账人员、会计主管应按规定程序办理签章手续。对于收款凭证和付款凭证，还应有出纳人员签章。对于办妥的收款或付款凭证及所附的原始凭证，出纳人员要即时加盖“收讫”或“付讫”戳记，避免重收、重付。

(5) 应分类顺序编号。记账凭证应按业务发生顺序、分记账凭证种类连续编号。若一笔经济业务，需填制多张同类记账凭证，可以采用按该项经济业务的记账凭证数量编列分数顺序号的方法，一般前面的整数为总顺序号，后面分数的分母表示该项经济业务的记账凭证总张数，分子表示该项经济业务的第×张记账凭证，如某月第 3 笔经济业务需填制两张转账凭证，编号则为 $30\frac{1}{2}$、$30\frac{2}{2}$。

3. 账簿的登记与更正

登记各种账簿必须根据审核无误的会计凭证进行。记账必须使用蓝或黑墨水笔书写，不得用铅笔或圆珠笔记账。除了结账、改错和冲销账簿记录外，不得用红色墨水。登记账簿时，应按账户页次顺序逐页登记，不得隔行、跳页，如果发生隔行、跳页，应在空行、空页处划红色对角线注销，注明“此行空白”或“此页空白”字样，并由记账人员签章。登记账簿时，每一笔账都要写明日期、凭证号数、摘要和金额。记账以后，应该在记账凭证上注明所记账簿的页数或划钩，表示已经登记入账，避免重复记账或漏记账。账簿记录要保持清晰、整洁，记账文字和数字都要端正、清楚、符合规范，严禁刮擦、挖补、涂改或用药水消除字迹。凡需结出余额的账户，结出余额后，应在“借或贷”栏内写明“借”或“贷”的字样。对于没有余额的账户，应在该栏中写“平”字，并在余额栏“元”位上写“0”。库存现金日记账或银行存款日记账必须做到日清月结，每日结出余额。各账户在一张账页记满时，要在该账页的最末一行加计发生额合计数和结出余额，并在该行“摘要”栏注明“转次页”字样，然后再将这个发生额合计数和余额填列到下一页的第一行内，并在“摘要”栏内注明“承前页”，以保证账簿记录的连续性。

账簿记录发生错误时，必须根据错误的具体情况，采用正确的方法进行更正，而不得采取刮擦、挖补、涂改或用药水消除字迹的做法。发生错账的情况主要有四种可能：

(1) 记账凭证正确无误，但账簿记录有错误。这种错误仅在手工会计情况下才会发生。

(2) 记账凭证上应记科目名称或借贷方向有误，导致账簿记录有错误。

(3) 记账凭证上金额多记，导致账簿记录有错误。

(4) 记账凭证上金额少记，导致账簿记录有错误。

与此相应，错账更正的方法有划线更正法、红字更正法和补充登记法三种。

在结账之前，如果发现账簿记录有错误，而记账凭证无错误，即纯属登账时文字或数字上的错误，应采用划线更正法更正。

红字更正法也叫赤字冲账法。这种方法适用于第二、第三种错账情况的更正。

记账以后，如果发现记账凭证上应借、应贷的会计科目并无错误，只是所记金额小于应记金额，可以采用补充登记法更正。

想一想

2010 年 3 月 31 日，农华公司对账时发现以下错误：3 月 11 日提现 5 000 元，原编记账凭证的会计分录如下：

借：银行存款　　500

　　贷：库存现金　　500

请问，该错账适合采用哪种错账更正方法进行更正。

4. 总账与明细账的平行登记

为了便于账户的核对，确保核算资料的正确、完整，应在总分类账簿和明细分类账簿之间建立统驭和补充关系，即总分类账户统驭所属明细分类账户，总分类账户提供的总括性指标是所属明细分类账户资料的综合，明细分类账户对有关总分类账户进行补充说明。

为了确保总分类账簿和明细分类账簿之间的统驭和补充关系，在登记总分类账户及其所属的明细分类账户时，必须采用平行登记的方法。所谓总分类账与明细分类账的平行登记是指经济业务发生后，根据会计凭证一方面要登记有关的总分类账户，另一方面要登记该总分类账户所属的各有关明细分类账户。

总分类账与明细分类账的平行登记，应注意以下要点：

(1) 依据相同。对于需要提供其详细指标的每一项经济业务，应根据审核无误后的记账凭证，一方面记入总分类账户，另一方面记入同期总分类账户所属的有关各明细分类账户。

(2) 方向一致。登记总分类账户及其所属明细分类账户的方向应该相同。一般情况下，在总分类账户及其所属明细分类账户中，按相同的记账方向(指借贷方向)进行登记。

(3) 金额相等。记入总分类账户的金额与记入其所属的各明细分类账户的金额相等。

知识归纳

(1) 原始凭证是在经济业务发生或完成时取得或填制的，载明经济业务的具体内容，明确经济责任，能证明经济业务发生或者完成情况的具有法律效力的书面证明。

(2) 记账凭证是会计人员根据审核无误的原始凭证填制的，它是登记会计账簿的直接依据。记账凭证将原始凭证中的经济信息转化为用会计语言表达的会计信息，是连接原始凭证和账簿的桥梁。

(3) 设置会计科目是对会计要素的具体内容进行科学分类。会计科目按其所提供信息的详细程度及其统驭关系不同，分为总分类科目和明细分类科目。会计科目按其反映的经济内容及其归属的会计要素不同，分为资产类、负债类、所有者权益类、成本类、损益类五大类。

(4) 账户是对会计要素的具体内容进行分类核算的载体，有一定格式和结构，用于分类反映会计要素的增减变动情况及其结果。账户的结构中有四项金额要素，分别是本期增加发生额、本期减少发生额、期初余额和期末余额。

(5) 借贷记账法是当前世界各国通用的复式记账方法。借贷记账法以“借”、“贷”作为记账符号。借贷记账法下，账户的基本结构分为“借方”和“贷方”，账户的借、贷两方必须做相反方向的记录，但哪一方登记增加的金额，哪一方登记减少的金额，期初或期末余额又在哪一方，取决于账户所反映的经济内容。借贷记账法遵循“有借必有贷，借贷必相等”的记账规则。

(6) 设置和登记账簿是对记账凭证上的信息进行分类、汇总的一种专门方法，是会计核算工作的一个重要环节。会计账簿包括总账、明细账、日记账和其他辅助性账簿。

(7) 对于收入和费用归属期的确认有两种标准，其一是权责发生制，其二是收付实现制。企业以权责发生制为基础进行会计确认、计量和报告。

(8) 按照权责发生制的要求，企业账簿中的日常记录不能完整反映本期的收入和费用，需要在期末结账前，按权责发生制的要求对本期已经发生而尚未入账的收入和费用进行调整入账。

(9) 资产负债表反映企业一定时点的财务状况，是静态的财务信息，利润表反映企业在一定期间的经营成果，是动态的财务信息，但两者反映不了财务状况变动的原因。现金流量表能说明企业在一定期间的现金流入流出情况，反映财务状况的变动信息。

技能训练

训练 1

(一) 目的：练习分析经济业务。

(二) 资料：通达公司 2010 年 3 月期初账户资料见表 3-28。

表 3-28 账户余额表

2009 年 3 月 1 日　　单位：元

账户名称	借方余额	账户名称	贷方余额
库存现金	1 480.00	累计折旧	120 000.00
银行存款	744 843.00	短期借款	98 130.00
应收账款	845 630.00	应付账款	222 600.00
其他应收款	20 000.00	应付职工薪酬	434.00
原材料	914 970.00	应付股利	20 000.00
库存商品	179 727.30	应交税费	11 024.83
固定资产	1 086 000.00	实收资本	3 010 820.00
生产成本	19 468.00	资本公积	40 000.00
		盈余公积	1 245.53
		利润分配	287 863.94
合计	3 812 118.30		3 812 118.30

假设通达公司 2010 年 3 月发生如下经济业务：

(1) 1 日，开出转账支票支付之江日报产品广告费 1 200.00 元。(原始凭证：转账支票、广告费发票)

(2) 5 日，通知银行电汇，偿付前欠南华钢铁公司货款 18 500.00 元。(原始凭证：电汇凭证)

(3) 9 日，销售给北京安达公司 MY-1 型产品 100 件，单价 1 600.00 元；MY-2 型产品 80 件，单价 1 400.00 元，商品已交铁路部门承运，货款未收。(原始凭证：增值税专用发票、产品出库单)

(4) 14 日，从上海第五钢铁公司购入 8 吨圆钢，单价 3 400.00 元，货款已签发转账支票承付。(原始凭证：增值税专用发票，转账支票)

(5) 19 日，签发转账支票给之江运输公司，支付 14 日购入的材料运杂费 800.00 元。(原始凭证：运费结算单、转账支票)

(6) 21 日，圆钢运达公司，验收入库。(原始凭证：材料采购成本计算单、收料单)

(7) 25 日，签发现金支票，从银行提取现金 3 000.00 元，以备零星开支。(原始凭证：现金支票)。

(8) 29 日，收到银行转来的“信汇凭证”收账通知联，收到南京乐尔公司前欠款项 82 000.00元。(原始凭证：信汇凭证)。

(三) 要求：运用借贷记账法分析上述经济业务。

训练 2

(一) 目的：练习编写会计分录和填制记账凭证。

(二) 资料：参见训练 1 资料。

(三) 要求：编制会计分录，填制记账凭证。

训练 3

(一) 目的：练习登记“T”型账户和编制试算平衡表。

(二) 资料：参见训练 1 资料。

(三) 要求：

(1) 利用训练 1 和训练 2 的结果，登记“T”型账户和计算账户金额。

(2) 编制通达公司 3 月的试算平衡表。

训练 4

(一) 目的：练习运用权责发生制与收付实现制。

(二) 资料：2010 年 6 月份，A 公司发生以下经济业务：支付上月份电费 5 000 元；收回上月产品销售应收款 10 000 元；本月产品销售收款 8 000 元，未(应)收款 25 000 元；预付三季度保险费 1 800 元；本月预收客户货款 5 000 元；本月负担一季度已经预付的保险费 600 元。

(三) 要求：

(1) 按权责发生制计算 A 公司 6 月份的利润。

(2) 按收付实现制计算 A 公司 6 月份的利润。

训练 5

(一) 目的：练习计算资产负债表项目。

(二) 资料：B 公司 2010 年 12 月 31 日有关账户资料见表 3－29。

表 3－29　账户余额表

2009 年 12 月 31 日　　　　单位：元

账户名称	借方余额	账户名称	贷方余额
库存现金	1 480.00	累计折旧	120 000.00
银行存款	744 843.00	短期借款	98 130.00
应收账款	845 630.00	应付账款	222 600.00
其他应收款	20 000.00	应付职工薪酬	434.00
原材料	914 970.00	应付股利	20 000.00

续表

账户名称	借方余额	账户名称	贷方余额
库存商品	179 727.30	应交税费	11 024.83
固定资产	1 086 000.00	实收资本	3 010 820.00
生产成本	19 468.00	资本公积	40 000.00
		盈余公积	1 245.53
		利润分配	287 863.94
合计	3 812 118.30		3 812 118.30

（三）要求：计算B公司2010年12月31日的流动资产合计、非流动资产合计、流动负债合计、非流动负债合计、负债合计、所有者权益合计、资产总计、负债及所有者权益总计。

训练6

（一）目的：练习计算利润表项目。

（二）资料：C公司2010年度有关资料。

（1）主营业务收入590 000.00元，其他业务收入7 500.00元。

（2）主营业务成本249 427.00元，其他业务成本3 100.00元。

（3）营业税金及附加为3 400.00元。

（4）销售费用40 000.00元。

（5）管理费用为81 360.00元。

（6）财务费用为20 000.00元。

（7）投资收益1 500.00元。

（8）营业外支出3 000.00元。

（9）所得税费用3 450.00元。

（三）要求：计算C公司2010年度的营业利润、利润总额及净利润。

学习情景 4　资产负债表项目——资产类

职业知识

1. 理解资产项目的含义。
2. 了解资产项目的入账计量。
3. 了解资产项目账面价值的含义。
4. 熟悉货币资金管理的规定。
5. 掌握商业汇票使用、到期、贴现的知识。
6. 掌握坏账准备计提方法。
7. 掌握发出存货计价方法。
8. 掌握固定资产折旧方法。

职业能力

1. 能正确判断货币资金管理中的违纪行为。
2. 会计算商业汇票到期值、贴现利息。
3. 会编制账龄分析表，进行坏账损失估计。
4. 会计算发出存货成本。
5. 会计算固定资产折旧。
6. 能读懂资产负债表主要资产项目注释。

职业素养

1. 树立财经法规意识。
2. 培养阅读分析能力。
3. 培养应用分析能力。

任务 1　货币资金项目

4.1.1　任务导入

JH 公司 2009 年 12 月 31 日合并资产负债表①中列示的“货币资金”项目，见表 4－1。

① 参见拓展学习“企业合并与合并财务报表”。

以下是将要深入讨论的几个货币资金问题：

（1）货币资金包括哪些内容？资产负债表日、货币资金账面价值如何确定？

（2）政府对货币资金的管理有哪些规定？

（3）货币资金内部控制有哪些措施？

表4-1 JH公司合并资产负债表

2009年12月31日

单位：元

资产	期末余额	年初余额	负债及所有者权益	期末余额	年初余额
流动资产：			……		
货币资金	354 596 000.00	161 171 000.00			
……					

4.1.2 知识要点

货币资金是指企业的经营资金在周转过程中暂时停留在货币形态上的那部分资金。在企业的日常经营活动中，会发生大量的、重复性的货币资金的支付和收入业务，在企业的筹资活动和投资活动中，也会发生货币资金的支付和收入业务。货币资金包括库存现金、银行存款和其他货币资金三个部分。

1. 库存现金

库存现金就是企业手头持有的现金。库存现金的核算分为序时核算和总分类核算，分别通过设置和登记“库存现金日记账”和“库存现金总分类账”进行。

企业收支现金必须按照国务院颁发的《中华人民共和国现金管理暂行条例》的规定办理。可以使用库存现金办理结算的范围有：

（1）职工工资、津贴。

（2）个人劳务报酬。

（3）根据国家规定颁发给个人的科学技术、文化艺术、体育等各种奖金。

（4）各种劳保、福利费用以及国家规定的对个人的其他支出。

（5）向个人收购的农副产品和其他物资的价款。

（6）出差人员必须随身携带的差旅费。

（7）结算起点(1 000元人民币)以下的零星支出。

（8）中国人民银行确定需要支付现金的其他支出。

不属于库存现金开支范围的业务应当通过银行办理转账结算。为了满足企业日常零星开支所需的现金，银行根据企业实际需要和距离银行远近等情况，给企业核定一个最高的库存限额。企业每日的库存现金结存数不得超过核定的限额，超过部分应当及时送存银行。

企业现金收入应当及时存入银行，不得用于直接支付企业自身的支出，即不得坐支现金。

企业应当定期和不定期进行库存现金盘点，确保库存现金账面余额与实际库存数相符。若发现不符，应及时查明原因作出处理。

2. 银行存款

银行存款是企业存放在银行或其他金融机构的货币资金，包括外币存款、人民币定期存款、人民币活期存款。企业银行存款的核算分为序时核算和总分类核算，分别通过设置和登记“银行存款日记账”和“银行存款总分类账”进行。

除了规定范围内可以用库存现金直接支付外，企业经营过程中所发生的一切货币收支业务都必须通过银行办理转账结算，即资金收付通过银行从付款单位的银行账户划转到收款单位的银行账户。通过银行办理转账结算，就必须到银行开立银行结算账户。根据中国人民银行制定的《人民币银行结算账户管理办法》规定，人民币银行结算账户是银行为存款人开立的办理资金收付结算的人民币活期存款账户，存款人是单位的银行结算账户按用途分为基本存款账户、一般存款账户、专用存款账户、临时存款账户。

基本存款账户是存款人因办理日常转账结算和现金收付需要开立的银行结算账户，是存款人的主办账户。存款人日常经营活动的资金收付及其工资、奖金和现金的支取，应通过该账户办理。存款人只能在银行开立一个基本存款账户。开立基本存款账户是开立其他银行结算账户的前提。

一般存款账户是存款人因借款或其他结算需要，在基本存款账户开户银行以外的银行营业机构开立的银行结算账户，用于办理存款人借款转存、借款归还和其他结算的资金收付。该账户可以办理现金缴存，但不得办理现金支取。

专用存款账户是存款人按照法律、行政法规和规章，对其特定用途资金进行专项管理和使用而开立的银行结算账户，用于办理各项专用资金的收付。

临时存款账户是存款人因临时需要并在规定期限内使用而开立的银行结算账户，用于办理临时机构以及存款人临时经营活动发生的资金收付。

企业应加强银行账户的管理，严格按照规定开立账户，办理存款、取款和结算。

根据中国人民银行制定的《支付结算办法》规定，企业办理支付结算(即货币给付及资金清算)可采用银行汇票、商业汇票、银行本票、支票、信用卡、汇兑、委托收款、托收承付等结算方式，通过银行办理转账结算。支付结算分类见表 4-2。

表 4-2　支付结算分类

分类标志	分　类	说　明
按结算方式分	票据结算	票据指银行汇票、商业汇票、银行本票和支票。其中，商业汇票分为商业承兑汇票和银行承兑汇票；银行本票分定额本票和不定额本票；支票分现金支票、转账支票和普通支票
	信用卡结算	指商业银行向个人和单位发行的，凭以向特约单位购物、消费和向银行存取现金，且具有消费信用的特制载体卡片
	其他结算	指汇兑、委托收款、托收承付。其中，汇兑分信汇、电汇两种
按结算范围分	同城结算	指在同一票据交换区域内单位或个人之间的经济往来，通过银行办理款项划转的结算方式，可以使用支票、银行本票
	异地结算	指不同票据交换区域范围内的单位或个人之间的经济往来，通过银行办理款项划转的结算方式，可以使用银行汇票、汇兑、托收承付
	通用结算	指既适用于同一票据交换区域内的结算，又适用于不同票据交换区域的结算，可以使用商业汇票、委托收款和信用卡

企业应当严格遵守银行结算纪律，不准签发没有资金保证的票据或远期支票，套取银行信用；不准签发、取得和转让没有真实交易和债权债务的票据，套取银行和他人资金；不准无理拒绝付款，任意占用他人资金；不准违反规定开立和使用账户。

企业应当指定专人定期将企业银行存款日记账的记录与银行转来的对账单进行核对，每月至少核对一次，确定出所有的未达账项，通过编制银行存款余额调节表，使银行存款账面余额与银行对账单调节相符。如调节不符，应查明原因，及时处理。

3. 其他货币资金

其他货币资金是除库存现金、银行存款以外的货币资金，包括外埠存款、银行汇票存款、银行本票存款、信用卡存款、信用证保证金存款以及存出投资款等。

企业其他货币资金的核算分为明细分类核算和总分类核算，总分类核算通过设置和登记“其他货币资金”总分类账进行；明细分类核算通过设置和登记“其他货币资金——外部存款”等明细分类账进行。

企业取得的现金、银行存款、其他货币资金收入必须及时入账，不准设“账外账”① 和“小金库”②，严禁收款不入账。

4. 货币资金内部控制

货币资金是企业流动性最强、控制风险最高的资产，是企业生存与发展的基础。大多数贪污、诈骗、挪用公款等违法乱纪的行为都与货币资金有关，因此，必须加强对企业货币资金的管理，建立健全货币资金内部控制，确保经营管理活动合法而有效。财政部发布的《内部会计控制规范——货币资金》对货币资金内部控制作出了规定。

（1）岗位分离控制。单位应当建立货币资金业务的岗位责任制，明确相关部门和岗位的职责权限，确保办理货币资金业务的不相容岗位相互分离、制约和监督。

出纳人员不得兼任稽核、会计档案保管和收入、支出、费用、债权债务账目的登记工作。单位不得由一人办理货币资金业务的全过程。

（2）岗位轮换控制。单位办理货币资金业务，应当配备合格的人员，并根据单位具体情况进行岗位轮换。

办理货币资金业务的人员应当具备良好的职业道德，忠于职守，廉洁奉公，遵纪守法，客观公正，不断提高会计业务素质和职业道德水平。

（3）授权控制。单位应当对货币资金业务建立严格的授权批准制度，明确审批人对货币资金业务的授权批准方式、权限、程序、责任和相关控制措施，规定经办人办理货币资金业务的职责范围和工作要求。

审批人应当根据货币资金授权批准制度的规定，在授权范围内进行审批，不得超越审批权限。

---

① “账外账”是指有的单位未将一部分收入纳入财务统一管理，而是在单位核算账簿之外另设一套账来记录财务统管之外的收入。“账外账”有的是财会部门自己设置的，也有的是单位其他部门、科室设置的。

② “小金库”又称“小钱柜”，是单位库存之外保存的现金和银行存款，一般情况下与单位设置的“账外账”相联系，有“账外账”就有“小金库”，有“小金库”就有“账外账”。

经办人应当在职责范围内，按照审批人的批准意见办理货币资金业务。对于审批人超越授权范围审批的货币资金业务，经办人员有权拒绝办理，并及时向审批人的上级授权部门报告。

单位对于重要货币资金支付业务，应当实行集体决策和审批，并建立责任追究制度，防范贪污、侵占、挪用货币资金等行为。

严禁未经授权的机构或人员办理货币资金业务或直接接触货币资金。

（4）程序控制。单位应当按照规定的程序办理货币资金支付业务。

① 支付申请。单位有关部门或个人用款时，应当提前向审批人提交货币资金支付申请，注明款项的用途、金额、预算、支付方式等内容，并附有效经济合同或相关证明。

② 支付审批。审批人根据其职责、权限和相应程序对支付申请进行审批。对不符合规定的货币资金支付申请，审批人应当拒绝批准。

③ 支付复核。复核人应当对批准后的货币资金支付申请进行复核，复核货币资金支付申请的批准范围、权限、程序是否正确，手续及相关单证是否齐备，金额计算是否准确，支付方式、支付单位是否妥当等。复核无误后，交由出纳人员办理支付手续。

④ 办理支付。出纳人员应当根据复核无误的支付申请，按规定办理货币资金支付手续，及时登记现金和银行存款日记账。

（5）票据及有关印章的管理。单位应当加强与货币资金相关的票据的管理，明确各种票据的购买、保管、领用、背书转让、注销等环节的职责权限和程序，并专设登记簿进行记录，防止空白票据的遗失和被盗用。

单位应当加强银行预留印鉴的管理。财务专用章应由专人保管，个人名章必须由本人或其授权人员保管。严禁一人保管支付款项所需的全部印章。

按规定需要有关负责人签字或盖章的经济业务，必须严格履行签字或盖章手续。

（6）监督检查。单位应当建立对货币资金业务的监督检查制度，明确监督检查机构或人员的职责权限，定期和不定期地进行检查。

货币资金监督检查的内容主要包括以下内容：

① 货币资金业务相关岗位及人员的设置情况。重点检查是否存在不相容职务混岗现象。

② 货币资金授权批准制度的执行情况。重点检查货币资金支出的授权批准手续是否健全，是否存在越权审批行为。

③ 支付款项印章的保管情况。重点检查是否存在办理付款业务所需的全部印章交由一人保管的现象。

④ 票据的保管情况。重点检查票据的购买、领用、保管手续是否健全，票据保管是否存在漏洞。

⑤ 对监督检查过程中发现的货币资金内部控制中的薄弱环节，应当及时采取措施，加以纠正和完善。

4.1.3 实践活动

1. 课外阅读

（1）阅读《支付结算办法》，了解银行汇票、银行本票及支票的有关规定。

（2）访问上海证券交易所网站，网址 http：//www.sse.com.cn，从服务业和制造业中各任选一家上市公司，下载其2009年的财务报告。阅读该上市公司资产负债表货币资金项目及附注内容，思考以下问题：

① 货币资金的内容有哪些？其账面价值如何计算？

② 服务业和制造业企业在货币资金构成比例上有什么明显差异？

2. 企业调查

走访校企合作企业，调查了解该企业的货币资金控制制度，并根据《内部会计控制规范——货币资金》进行分析。

4.1.4　任务自测

1. 判断题

(1) 我国会计上所说的“现金”，一般指企业的库存现金。（　）

(2) 支票结算方式是异地结算中使用的比较广泛的一种结算方式。（　）

(3) 转账支票只能用于转账，而现金支票既可以转账也可以支取现金。（　）

(4) 委托收款结算方式在同城或异地均可使用。（　）

(5) 企业可以根据需要用收入的现金直接支付。（　）

2. 单项选择题

(1) 银行汇票是由(　　)签发的。

A. 企业　　B. 收款人　　C. 银行　　D. 持票人

(2) 使用银行本票支付各种款项，适用于(　　)。

A. 不同票据交换区域　　B. 同一票据交换区域

C. 同域异地均可　　D. 异地票据交换区域

(3) 在支票结算中，既可用于转账也可用于支取现金的是(　　)。

A. 现金支票　　B. 转账支票　　C. 普通支票　　D. 划线支票

(4) 企业一般不得从本单位的现金中直接支付现金，因特殊需要支付现金的，应事先报(　　)审查批准。

A. 企业负责人　　B. 上级主管部门

C. 开户银行　　D. 财税部门

(5) 企业办理日常结算和现金收付的账户是(　　)。

A. 基本存款账户　　B. 一般存款账户　　C. 临时存款账户　　D. 专用存款账户

3. 多项选择题

(1) 企业的货币资金包括(　　)。

A. 库存现金　　B. 应收票据　　C. 银行存款　　D. 其他货币资金

(2) 商业汇票按承兑人不同分为(　　)承兑汇票。

A. 收款人　　B. 付款人　　C. 商业　　D. 银行

(3) 支票分为(　　)。

A. 现金支票　　B. 转账支票　　C. 普通支票　　D. 特殊支票

(4) 企业的其他货币资金包括(　　)。

A. 银行存款　　B. 外埠存款

C. 银行汇票存款　　D. 银行本票存款

任务2　应收款项目

4.2.1　任务导入

JH公司2009年12月31日合并资产负债表中列示的应收款项，见表4-3。以下是将要深入讨论的几个应收款项问题：

(1) 什么是应收票据？应收票据到期如何确定？应收票据贴现如何计算？

(2) 什么是应收账款？应收账款如何入账？

(3) 什么是应收款项减值？应收款项坏账准备计提方法有哪些？应收款项减值对资产、利润有什么影响？

表4-3　JH公司合并资产负债表

2009年12月31日　　单位：元

资　产	期末余额	年初余额	负债及所有者权益	期末余额	年初余额
流动资产：			……		
……					
应收票据	337 680 000.00	216 724 000.00			
应收账款	51 915 700.00	93 646 000.00			
预付款项	183 339 000.00	169 628 000.00			
……					
其他应收款	50 360 200.00	294 912 000.00			
……					

4.2.2　知识要点

1. 应收票据

我国会计实务中，应收票据是指企业持有的还没有到期、尚未兑现的商业汇票。商业汇票是出票人签发的，委托付款人在指定日期无条件支付确定的金额给收款人或者持票人的票据。商业汇票是一种债权债务凭证，持票人的债权以书面文件形式约定下来，因此它受到法律的保护，具有法律上的约束力。

在银行开立存款账户的法人以及其他组织之间，必须具有真实的交易关系或债权债务关系，才能使用商业汇票支付结算，它适用于同城或异地结算。商业汇票的付款期限由交易双方商定，但最长期限不能超过6个月。

商业汇票按承兑人不同，分为“银行承兑汇票”和“商业承兑汇票”两种；商业汇票按是否计息分为不带息商业汇票和带息商业汇票。

1）应收票据入账

企业收到商业汇票时，按票面价值入账。但对于带息的商业汇票，应于期末，按票面价值和票面利率计提利息，计提利息应增加应收票据的账面余额。

2）应收票据到期

实务情景

AB公司销售商品收到了以下两张商业汇票：一张是由甲公司2010年7月18日签发的面值为50 000元，60天到期的商业汇票；另一张是由乙公司2010年8月31日签发的面值为30 000元，利率为3.6%，6个月到期的商业汇票。请问：

(1) 上述商业汇票的到期日如何确定？

(2) 上述商业汇票的到期价值如何确定？

(1) 应收票据到期日的确定。应收票据期限有两种表示方式：以“天数”表示和以“月数”表示。应收票据的到期日应按其期限方式来确定，如以“天数”方式计算，则应以足日为准，即采用票据签发日与到期日“算头不算尾”或“算尾不算头”的方法，按实际天数计算到期日；如以“月数”方式计算，则应以足月为标准，即票据到期日以签发日数月后的对日计算，而不论各月是大月还是小月，若到期月份无此对日，应按到期月份的最后日确定。

甲公司开出的商业汇票以“天数”表示，到期日计算如下：

	算头不算尾	算尾不算头	结论
7月	31－18＋1＝14天	31－18＝13天	该商业汇票的到期日为9月16日
8月	31天	31天	
9月	15天	16天	
合计	60天	60天	

乙公司开出的商业汇票以“月数”表示，到期日应为下年的2月28日(若有29日为29日)。

(2) 应收票据到期价值的确定。应收票据的到期价值即商业汇票到期时，承兑人向收款人或持票人支付的款项，要根据票据是否带息的不同来确定。不带息商业汇票到期时，承兑人只按票据面值向收款人或持票人支付款项，即：票据到期价值＝票据面值。带息商业汇票到期时，到期价值为票据面值加上应计利息，计算公式如下：

$$\text{票据到期价值}=\text{票据面值}\times(1+\text{票面利率}\times\text{票据期限}) \quad (4-1)$$

式中，票面利率——一般以年利率表示；

票据期限——以月或日表示的票据期限转换成年，为了计算方便，一年定为360天。

甲公司开出不带息商业汇票，该商业汇票的到期价值＝票据面值＝50 000元。

乙公司开出带息商业汇票，该商业汇票的到期价值为 $30\ 000\times(1+3.6\%\times6/12)=30\ 540$元。

企业持有的商业承兑汇票到期，承兑人违约拒付或无力支付票款的，应将其转作应收账款。

3）应收票据背书转让、贴现

根据《中华人民共和国票据法》(以下简称《票据法》)的规定，持票人可以将汇票权利转让给他人行使。当持票人转让汇票权利时，应当背书并交付汇票。背书是指在票据背面或者粘单上记载有关事项并签章的票据行为。企业将持有的商业汇票背书转让，以取得所需物资。

应收票据贴现是持票人将未到期的商业汇票，通过背书手续转让给银行，银行按贴现率从票据到期值中扣除贴现日起到票据到期日止的贴息后，将余额兑付给持票人，是融通资金的一种信贷形式。

在票据贴现中，持票人付给银行的利息称为贴息或贴现息。贴息的数额根据票据的到期值按贴现率及贴现期计算。持票人贴现所得及贴息的计算公式如下：

$$\begin{aligned}\text{贴现所得} &= \text{票据到期值} - \text{贴现息} \\ &= \text{票据到期值} - \text{票据到期值} \times \text{贴现率} \times \text{贴现期}\end{aligned} \tag{4-2}$$

式中，贴现期＝票据期限－已持有票据期限。

【案例 4－1】

【资料】 AB公司因急需资金，于9月30日将持有的乙公司8月31日签发的面值为30 000元，利率为3.6%，6个月到期的商业汇票向银行贴现，年贴现率为5.0%。

【问题】 AB公司收取的贴现所得为多少？

如前所述，该票据的到期值为30 540元。

该票据贴现期＝5(月)。

该票据贴现息＝30 540×5.0%×5÷12＝636.25(元)。

该票据贴现所得＝30 540－636.25＝29903.75(元)。

票据背书后，如承兑人到期拒付，背书人有代偿的责任，对背书人来说，是一项可能发生的负债，在会计上称为“或有负债”。在编制资产负债表时，对于或有负债，应在补充资料中加以列示。

2. 应收账款

应收账款是企业因销售商品、提供劳务等经营活动中产生的债权，该债权尚未接受任何形式的书面承诺。形成企业应收账款的直接原因是赊销，即信用销售。

实务情景

AB公司赊销一批商品，按价目表的价格计算，货款总计40 000元，适用增值税税率17%，代垫运杂费1 000元。假设有以下三种情况：①按商品报价全价销售；②按商品报价九折销售；③规定付款条件为2/10、N/30销售。请问，在这三种情况下，应收账款入账金额各为多少？

应收账款应当按实际发生额计价入账，入账价值包括商品或劳务的价款、增值税、代垫运杂费等。在企业间的商业信用中，由于存在商业折扣、现金折扣，使实际结算金额发生变动，从而影响应收账款的入账计价。

1）商业折扣与应收账款入账价值

商业折扣是指企业根据市场需求情况或针对不同的客户，在商品标价上给予的折扣。商业折扣是企业最常用的促销方式之一，采用销量越多、价格越低的促销策略，就是人们通常所说的“薄利多销”。商业折扣是在交易发生时即已确定，买卖双方任何一方都不需要在各自账上予以反映，企业只要按照商业折扣后的实际售价入账即可。

AB公司在赊销商品无商业折扣的情况下，应收账款入账金额为47 800元(其中，商品价款40 000元，增值税销项税额6 800元，运杂费1 000元)。

AB公司在赊销商品有10%商业折扣的情况下，应收账款入账金额为43 120元(其中，商品价款36 000元，增值税销项税额6 120元，运杂费1 000元)。

2）现金折扣与应收账款入账价值

现金折扣是指债权人为鼓励债务人在规定的期限内付款，而向债务人提供的债务扣除。对于销售企业，现金折扣能缩短收款时间，减少坏账损失。

现金折扣是债权人向债务人提供的偿债优惠政策，债务人在不同期限内付款可享受不同比例的折扣。债务人为了获得这种折扣优惠，一般会在优惠期限内支付货款。现金折扣表示方式通常为“折扣/付款期限”。例如，买方在10天内付款可按售价给予2%的折扣，用符号“2/10”表示；买方在20天内付款可按售价给予1.5%的折扣，用符号“1.5/20”表示；买方必须在30天内付款，无折扣，用符号“*N*/30”表示。

在有现金折扣的情况下，应收账款入账金额的确定有两种方法：一种是总价法，一种是净价法。根据我国会计制度的规定，实务中必须采用总价法。

(1）总价法是在销售业务发生时，按未扣除现金折扣的金额作为应收账款的入账价值。只有客户在折扣期内支付货款时，才予以确认现金折扣，如果客户没有在折扣期内支付货款，那就不发生现金折扣。在总价法下，销售方将给予客户的现金折扣列入财务费用。

AB公司在赊销商品有现金折扣的情况下，按总价法确定应收账款入账金额为47 800元(其中，商品价款40 000元，增值税销项税额6 800元，运杂费1 000元)。

(2）净价法是在销售业务发生时，按已扣除现金折扣后的净额作为应收账款的入账价值。在净价法下，若客户没有在折扣期内享受折扣，销售方将先前扣除的现金折扣按冲减财务费用处理。

AB公司在赊销商品有现金折扣的情况下，按净价法确定应收账款入账金额为46 864元(其中，商品价款39 200元，增值税销项税额6 664元，运杂费1 000元)。

3. 预付账款与其他应收款

预付账款是指企业按照购货合同规定预付给供应单位的款项，如预付的材料、商品采购货款，必须预先发放的在以后收回的农副产品预购定金等。预付账款应当按实际发生的金额入账。企业预付货款后，有权要求对方按照合同规定发货。

预付款项不多的企业，可以不设“预付账款”账户，而直接在“应付账款”账户中核算。但在资产负债表中，应分别列示“预付款项”项目和“应付账款”项目的金额。

其他应收款是企业除应收票据、应收账款和预付账款以外的各种应收、暂付款项，主要包括以下内容：

(1）应收的各种赔款、罚款，如应向保险公司收取的赔款等。

(2）应收的出租包装物租金。

(3）应向职工收取的各种垫付款项，如为职工垫付的水电费等。

(4）存出保证金，如租入包装物支付的押金。

(5）其他各种应收、暂付款项。

其他应收款应当按实际发生的金额入账。

4. 应收款项减值

由于债务人可能发生严重财务困难、违约、倒闭等，企业的应收款项入账金额有一部分可能无法收回。企业无法收回或收回的可能性极小的应收款项，称为坏账。由于发生坏账而产生的损失，称为坏账损失。

企业必须加强应收款项的催收工作，并应当在资产负债表日对应收款项进行全面检查，对有客观证据表明无法收回的应收款项应作坏账处理。

对于坏账损失的核算有两种方法，一种是采用直接转销的方法，即在实际发生坏账时，将其作为损失计入当期损益，同时转销应收款项；另一种是采用备抵的方法，即于每期期末对应收款项进行减值测试，计算确定资产减值损失，计提坏账准备金(在发生坏账损失之前)。当坏账被确认时，冲减坏账准备，同时转销应收款项。

根据有关规定，我国企业只能采用备抵法核算坏账损失。

采用备抵法核算坏账损失时，首先应于每期期末进行应收款项减值损失的测试。企业应根据本单位的实际情况分为单项金额重大和非重大的应收款项，分别进行减值测试，计算确定资产减值损失，计入当期损益，同时计提坏账准备。

对于单项金额重大的应收款项，应当单独进行减值测试，有客观证据表明其发生了减值的，应当根据其未来现金流量现值低于其账面价值的差额，确认资产减值损失，计入当期损益，同时计提坏账准备。

对于单项金额非重大的应收款项以及单独测试后未发生减值的单项金额重大的应收款项，应当采用组合方式进行减值测试，分析判断是否发生减值。通常情况下，可以将这些应收款项按类似信用风险特征划分为若干组合，再按这些应收款项组合在资产负债表日其余额的一定比例，计算确定资产减值损失，计提坏账准备，如按照应收账款余额百分比法、账龄分析法等计提坏账准备。

应收款项余额百分比法，是根据应收款项余额的一定百分比(即坏账损失率)来确定资产减值损失，计提坏账准备的方法。坏账损失率可以参照以往的数据资料确定。

【案例 4-2】

【资料】 2010 年 12 月 31 日，AB 公司应收账款余额为 4 466 200 元，年末计提坏账准备前，“坏账准备”账户贷方余额为 10 000 元。假设 AB 公司对全部应收账款按应收款项余额百分比法确定资产减值损失，计提坏账准备，计提比例为 2%。

【问题】

(1) 2010 年年末，AB 公司应保持的坏账准备金额应为多少?

(2) 2010 年年末，AB 公司应补提(或转销)坏账准备金额为多少?

2010 年年末，AB 公司应保持的坏账准备金额＝4 466 200×2%＝89 324(元)。

2010 年年末，AB 公司应补提的坏账准备金额＝89 324－10 000＝79 324(元)。

账龄分析法，即根据应收账款入账时间的长短来估计资产减值损失的方法。通常情况下，账龄长短与发生坏账的可能性是成正比的。采用账龄分析法，应先将企业应收账款按账龄长短分为若干区段，计列各个区段上应收账款的金额，并为每个区段应收账款估计一个坏账损失率，在此基础上，进行资产减值损失的估计。

【案例 4-3】

【资料】 2010 年 12 月 31 日，AB 公司应收账款余额为 4 466 200 元，年末计提坏账准备前，“坏账准备”账户贷方余额为 10 000 元。假设 AB 公司对全部应收账款按账龄分析法确定资产减值损失，计提坏账准备，应收款账龄分析表及资产减值损失估计表见表 4-4 和表 4-5。

表 4-4 应收账款账龄分析表

单位：元

客户名称	账面余额	账龄			
		1 年以内	1～2 年	2～3 年	3 年以上
甲公司	1 120 000	1 099 000		12 500	8 500
乙公司	1 315 000	1 282 000	30 000	3 000	0
丙公司	1 078 000	1 078 000	0	0	0
丁公司	953 200	903 000	35 000	11 000	4 200
合计	4 466 200	4 362 000	65 000	26 500	12 700

表 4-5 资产减值损失估计表

单位：元

应收账款账龄	应收账款账面余额	坏账准备计提比例	坏账准备
1 年以内	4 362 000	1.5%	65 430
1～2 年	65 000	10%	6 500
2～3 年	26 500	20%	5 300
3 年以上	12 700	50%	6 350
合计	4 466 200		83 580

【问题】

(1) 2010 年年末，AB 公司应保存的坏账准备金额为多少？

(2) 2010 年年末，AB 公司应补提(或转销)坏账准备金额为多少？

2010 年年末，AB 公司应保持的坏账准备金额＝4 362 000×1.5%＋65 000×10%＋26 500×20%＋12 700×50%＝83 580(元)。

2010 年年末，AB 公司应补提的坏账准备金额＝83 580－10 000＝73 580(元)。

值得注意的是，坏账准备计提方法和比例一经确定，不能随意变更，如果变更，应在财务报表附注中予以说明。另外，对已确认为坏账的应收款项，并不意味着公司放弃了追索权，一旦重新收回，应及时入账。

5. 应收款项账面价值

各应收款项在资产负债表中列示的账面价值是扣除坏账准备后的应收款项净额，避免了虚列资产。

想一想

应收款项计提坏账准备对资产负债表、利润表的影响是(　　)。

A. 使资产增加　　B. 使利润减少　　C. 使资产减少　　D. 使利润增加

4.2.3 实践活动

（1）阅读《票据法》、《支付结算办法》中与汇票有关的内容，了解商业汇票出票、背书、贴现、承兑、付款等规定。

（2）阅读已下载的上市公司财务报告关于应收款项目的会计政策和会计估计说明，了解该公司应收款项坏账准备的确认标准和计提方法的几种类别。

（3）阅读已下载的上市公司资产负债表应收款项目及附注内容，思考以下问题：

A. 该公司对哪些应收款项提取了坏账准备？各为多少？

B. 该公司账龄3年以上的应收款项各占多少比例？

C. 根据附注资料，计算资产负债表应收款项目的账面价值。

4.2.4 任务自测

1. 判断题

（1）不带息票据的到期值等于应收票据的面值。（　　）

（2）应收账款是企业因销售商品等经营活动所形成的债务。（　　）

（3）商业折扣是债权人为鼓励债务人在规定期限内付款而向其提供的债务扣除。（　　）

（4）采用备抵法核算坏账损失，需设置“坏账准备”科目。（　　）

（5）用应收账款余额百分比法估计坏账损失，是根据企业本期赊销金额和估计的坏账率来计提坏账准备的方法。（　　）

（6）商业汇票只能用于劳务结算，不可以用于商品交易的结算。（　　）

2. 单项选择题

（1）在我国，应收票据是指（　　）。

A. 支票　　B. 银行本票　　C. 银行汇票　　D. 商业汇票

（2）企业销售商品时，根据情况在商品标价上给予的扣除，称为（　　）。

A. 商业折扣　　B. 现金折扣　　C. 销货折扣　　D. 购货折扣

（3）将未减去现金折扣前的金额作为应收账款的入账价值的方法称为（　　）。

A. 总价法　　B. 净价法　　C. 混合法　　D. 市价法

（4）坏账实际发生时，确认坏账损失，并计入期间费用的核算方法称为（　　）。

A. 直接转销法　　B. 间接法　　C. 备抵法　　D. 成本法

（5）一张5月26日签发的30天的票据，其到期日为（　　）。

A. 6月25日　　B. 6月26日　　C. 6月27日　　D. 6月24日

（6）商业汇票的付款期限最长不得超过（　　）。

A. 2个月　　B. 3个月　　C. 6个月　　D. 1年

3. 多项选择题

（1）商业汇票可以由（　　）。

A. 付款人签发并承兑

B. 银行签发并承兑

C. 收款人签发，由付款人承兑

D. 银行承兑，由在银行开立存款账户的存款人签发

(2) 商业汇票按承兑人不同分为(　　)承兑汇票。

A. 收款人　　B. 付款人　　C. 商业　　D. 银行

(3) 企业将无息应收票据贴现时，影响贴现利息计算的因素有(　　)。

A. 票据的面值　　B. 票据的期限

C. 票据的种类　　D. 贴现的利率

(4) 坏账损失的核算方法有(　　)。

A. 直接转销法　　B. 间接法

C. 备抵法　　D. 成本法

(5) 符合下列(　　)条件之一的应收账款，应作为坏账处理。

A. 债务人被依法宣告破产、撤销，其剩余财产确实不足清偿的应收账款

B. 债务人死亡或依法被宣告死亡、失踪，其财产或遗产确实不足清偿的应收账款

C. 债务人逾期未履行偿债义务，经法院裁决，确实无法清偿的应收账款

D. 逾期3年以上仍未收回的应收账款

任务3　存货项目

4.3.1　任务导入

JH公司2009年12月31日合并资产负债表中列示的"存货"项目，见表4-6。以下是将要深入讨论的几个存货问题：

(1) 存货包括哪些内容？如何分类？

(2) 外购存货和自制存货如何计价入账？

(3) 发出存货如何进行实物计量和价值计量？

(4) 什么是存货减值？存货跌价准备计提方法有哪些？存货减值对资产、利润有什么影响？

表4-6　JH公司合并资产负债表

2009年12月31日

单位：元

资　产	期末余额	年初余额	负债及所有者权益	期末余额	年初余额
流动资产：			……		
……					
存货	154 799 000.00	240 752 000.00			
……					

4.3.2　知识要点

存货，是指企业在日常活动中持有的以备出售的产成品或商品、处在生产过程中的在产品、在生产过程或提供劳务过程中耗用的材料和物料等。

存货区别于固定资产等非流动资产的最基本的特征是，企业持有存货的最终的目的是为了出售。

1. 存货的分类

1）按经济用途分类

存货按其经济用途通常分为销售用存货、生产用存货和其他存货三类。

(1) 销售用存货。销售用存货是指企业以销售为目的而持有的产成品或库存商品。产成品是指企业已经完成全部生产过程并已验收入库，合乎标准规格和技术条件，可以按照合同规定的条件送交订货单位，或者可以作为商品对外销售的制成品。库存商品是指企业为销售而持有的全部自有商品，包括存放在仓库、门市部和寄销在外的商品，委托其他单位代管、代销的商品，以及陈列展览的商品等。

(2) 生产用存货。生产用存货是指企业为生产、加工产品而库存的各种存货，主要包括原材料和在产品等。原材料是指直接用于制造产品并构成产品实体的物品，包括原料及主要材料、辅助材料、外购半成品(外购件)等。在产品是指尚未最后完工的产品，包括加工过程中的在产品、尚未完成全部生产过程但可以适量外销的自制半成品等。

(3) 其他存货。其他存货是指除了以上存货外，供企业一般耗用的用品和为生产经营服务的辅助性物品。

供企业一般耗用的用品主要用于管理，其数额较小且经常发生。习惯上，在实际耗用时，按具体用途将其价值作为期间费用处理，计入当期损益。为了简化核算手续，对于购入后直接交付使用的物品，一般也于购入时直接作为期间费用处理，不再构成企业的存货。

为生产经营服务的辅助性物品是企业进行生产经营必不可少的部分，主要服务于企业生产经营，如包装物等。

2）按存放地点分类

存货按其存放地点一般可分为库存存货、在途存货、委托加工存货和委托代销存货四类。

(1) 库存存货也称为在库存货，是指已经运到企业，并已验收入库的各种材料、商品以及已验收入库的自制半成品和产成品等。

(2) 在途存货包括运入在途存货和运出在途存货。运入在途存货是指货款已经支付、尚未验收入库，正在运输途中的各种存货。运出在途存货是指按合同规定已经发出或送出、尚未确认销售收入的存货。

(3) 委托加工存货是指企业已经委托外单位加工，但尚未加工完成的各种存货。

(4) 委托代销存货是指企业已经委托外单位代销，但按合同规定尚未办理代销货款结算的存货。

3）按存货取得方式分类

存货按取得方式，可以分为外购存货、自制存货、委托外单位加工存货、投资者投入的存货、接受捐赠的存货、接受债务人以非现金资产抵偿债务方式取得的存货、以非货币性交易换入的存货、盘盈的存货。

外购存货是从企业外部购入的存货，如商业企业的外购商品、工业企业的外购材料、外购零部件等。

自制存货是由企业制造的存货，如工业企业的自制材料、在产品、产成品等。

委托外单位加工存货是指企业将外购或自制的某些存货通过支付加工费的方式委托外单位进行加工生产的存货，如工业企业的委托加工材料、商业企业的委托加工商品等。

2. 存货入账价值

根据会计准则规定，不同方式取得的存货的入账价值构成见表4－7。

表4－7 存货的入账价值

存货取得方式	存货的入账价值	备注
外购	按历史成本计量	包括购买价款、相关税费、运杂费以及其他可归属于存货采购成本的费用
自制	按历史成本计量	即存货的制造成本，包括直接材料、直接人工和制造费用
投资者投入	按照投资合同或协议约定价值确定	投资合同或协议约定价值不公允的除外
以债务重组取得	一般按照接受的存货的公允价值作为存货的成本	债务重组是指在债务人发生财务困难的情况下，债权人按照其与债务人达成的协议或者法院的裁定作出让步的事项
以非货币性交易换入	一般以换出资产的账面价值和应付的相关税费转为换入存货的成本	非货币性交易是指交易双方以非货币性资产进行的交换，不涉及或只涉及少量货币性资产
盘盈	按盘盈存货的重置成本作为入账价值	盘盈是指财产清查中发生的财产的实存数量超过账面数量而出现的盈余。盘盈的存货，通常是由企业日常收发计量或计算上的差错所造成的

1）外购存货成本

原材料、商品、低值易耗品等通过购买而取得的存货的成本即采购成本，主要内容包括：

（1）买价，是指进货发票所注明的货款金额。

（2）运杂费，如运输费、装卸费、保险费、包装费等。

（3）相关税费，如进口物资的进口关税。

（4）其他可归属于存货采购成本的费用，如运输途中的合理损耗、入库前的挑选整理费用、大宗物资的市内运杂费等。

市内零星运杂费、采购人员的差旅费和采购机构的经费以及企业供应部门和仓库的经费等，一般都不包括在存货的采购成本中。

在计算外购存货采购成本时，买价之类能直接计入各种存货的直接费用，应直接计入各种存货的采购成本，而运杂费之类如不能直接计入的各种间接费用，应按一定标准在有关存货之间进行分配，再分别计入各种存货的采购成本。分配标准一般按存货重量或买价的比例计算。

【案例4－4】

【资料】 2010年12月4日，AB公司从鞍山钢铁厂购进45＃圆钢30吨，4 700元/吨，

35#圆钢15吨，4 400元/吨，增值税税率17%，签发转账支票如数承付。签发转账支票给杭江第一运输公司，支付同日购入的两种圆钢的运杂费共4 500元。两种圆钢已验收入库，并按实际成本入账。

【问题】 上述两种圆钢的单位成本和总成本各为多少？

AB公司购进两种圆钢的各项支出，见表4-8。

表4-8 材料采购成本支出表

单位：元

材料名称	重量/吨	单价	买价	运杂费
45#圆钢	30	4 700	141 000	4 500
30#圆钢	15	4 400	66 000	
合计	45		207 000	4 500

根据表4-8资料，两种圆钢的买价可以直接计入圆钢的采购成本。运杂费是由两种圆钢共同承担的间接费用，需要按一定的标准，先在两种圆钢之间进行分配，再分摊计入圆钢的采购成本。按重量分摊共同运杂费，具体计算如下：

每吨圆钢应负担的运杂费=4 500÷(30+15)=100(元)

45#圆钢应分摊的运杂费=100×30=3 000(元)

30#圆钢应分摊的运杂费=100×15=1 500(元)

编制材料采购成本计算表，见表4-9。

表4-9 材料采购成本计算表

编制单位：AB公司　　2010年12月4日　　单位：元

成本项目	45#圆钢		30#圆钢	
	总成本	单位成本	总成本	单位成本
1. 买价	141 000	4 700	66 000	4 400
2. 采购费用	3 000	100	1 500	100
材料采购成本	144 000	4 800	67 500	4 500

2）自制存货成本

对于产成品、在产品等通过企业进一步加工制造而取得的存货成本，一般包括：

(1) 直接材料，是指加工制造过程中实际耗用的原材料、辅助材料、设备配件、外购半成品、燃料、动力、包装物、低值易耗品等。

(2) 直接人工，是指直接从事产品生产人员的工资、福利费、奖金、津贴和补贴等。

(3) 制造费用，是指为生产产品和提供劳务而发生的各种间接费用，如车间管理人员、技术人员的工资及福利费，车间使用的固定资产折旧费和修理费、办公费、水电费、机物料消耗等。

在计算自制存货成本时，应将加工制造过程中发生的上述各种耗费(统称为生产费用)，按自制存货品种或类别分别进行归集和分配。一般情况下，直接费用直接计入成本，而间接费用按一定标准进行分配，再计入成本。分配标准一般有生产工人工资、生产工人工时、机器工时、直接原材料成本等。

【案例4－5】

【资料】　AB公司2010年12月份生产甲产品耗用45＃圆钢20吨，4 800元/吨，30＃圆钢12吨，4 500元/吨。生产乙产品耗用45＃圆钢12吨，4 800元/吨，30＃圆钢8吨，4 500元/吨。12月份应付甲产品生产工人工资120 000元，社会保险费等12 000元；应付乙产品生产工人工资100 000元，社会保险费等10 000元。12月份车间制造费用共计44 000元。12月份甲产品2 000套，乙产品1 000套已全部制造完工，并验收入库。

【问题】　甲产品、乙产品的单位成本和总成本各为多少？

AB公司生产的两种产品发生的各项生产费用，见表4－10。

表4－10　产品生产费用汇总

单位：元

产品名称	完工产品数量	直接材料	直接人工	制造费用	合计
甲产品	2 000	150 000	132 000		
乙产品	1 000	93 600	110 000		
合计	3 000	243 600	242 000		529 600

从表4－10资料看出：直接费用——直接材料和直接人工能直接计入产品生产成本；制造费用是两种产品共同负担的间接费用，需要按一定标准，在两种产品之间进行分配，然后再分别计入各种产品的生产成本。

按生产工人工资分摊制造费用：

每元工资应负担的制造费用＝44 000÷(120 000＋100 000)＝0.2(元)

甲产品应分摊的制造费用＝0.2×120 000＝24 000(元)

乙产品应分摊的制造费用＝0.2×100 000＝20 000(元)

编制产成品生产成本计算表，见表4－11。

表4－11　产品生产成本计算表

编制单位：AB公司　　　　2010年12月　　　　单位：元

成本项目	甲产品(2 000套)		乙产品(1 000套)	
	总成本	单位成本	总成本	单位成本
1. 直接材料	150 000	75	93 600	93.60
2. 直接人工	132 000	66	110 000	110.00
3. 制造费用	24 000	12	20 000	20.00
产品生产成本	306 000	153	223 600	223.60

想一想

在同一生产过程中，同时生产两种或以上的产品，如果每种产品的直接人工不能直接区分。请问：直接人工如何计入各产品成本？

3. 发出存货计量

企业的存货在生产经营中始终处于流动状态，已有的存货不断流出，新的存货又不断流入，如此一来，存货成本要在发出存货和库存存货之间进行分配。发出存货和库存存货成本的确定都取决于存货的实物数量和单位成本。

1）存货的实物计量

企业存货实物数量的确定取决于存货的盘存制度，即确定发出与结存存货数量的方法，包括永续盘存制和实地盘存制两种方法，这两种方法的比较见表4-12。

表4-12　永续盘存制和实地盘存制比较

实物计量方法	内　容	优　缺　点
永续盘存制/账面盘存制	对存货设置明细账，平时根据会计凭证连续记载存货的增、减变化数，并随时得出存货结存数，即：期末结存数＝期初结存数＋本期增加数－本期减少数	优点：存货的入库和出库都有严密的手续，能从账簿资料中及时反映出企业存货的结存数，便于随时掌握存货动态，有利于存货的管理 缺点：工作量较大；当存货发生丢失和被盗等情况，会导致账实不符
实地盘存制/定期盘存制	平时根据会计凭证在账簿中只登记存货的增加数，不登记减少数。到月末，对存货进行盘点，根据实地盘点所确定的实存数，倒挤出本月存货的减少数，即：本期减少数＝期初结存数＋本期增加数－期末实存数	优点：工作量小 缺点：账簿资料中不能随时反映出企业存货的结存数；存货的减少数没有严密的手续，不便于监督

对于自然消耗大、数量不稳定的鲜活商品等适合采用实地盘存制，一般存货适合采用永续盘存制。

2）发出存货的价值计量

存货流转包括实物流转和成本流转两个方面。从理论上讲，存货的成本流转与其实物流转应当一致，也就是说，存货入库时的实际成本应当随着该存货的销售或耗用而结转，或者说，本期发出存货应按其入库时的实际成本结转，期末结存存货成本为期末结存存货的入库成本。

但在实际工作中，企业的存货不仅品种繁多，而且由于存货购入的时间、产地不同或生产批次不同，使得相同存货的单位成本往往不一致，很难辨认出所发出存货的入库成本是多少，因此，很难保证存货的成本流转与其实物流转完全一致。会计的解决办法是对存货成本流转进行假设，并以此为依据计算本期发出存货和期末结存存货的实际成本。存货成本流转假设形成了不同的发出存货的计价方法。按照企业会计准则的规定，企业可以采用先进先出法、加权平均法(包括移动加权平均法和月末一次加权平均法)和个别计价法核算发出存货的成本。

(1) 先进先出法。先进先出法是假定“先入库的存货先发出”，并以此假定的成本流转次序确定发出存货成本和结存存货成本的一种方法。

【案例4-6】

【资料】　AB公司某一存货的收、发、存数据资料见表4-13。

表 4-13　存货的收、发、存数据资料

金额单位：元

日　期	收　　入			发　　出			结　　存		
	数量	单位成本	总成本	数量	单位成本	总成本	数量	单位成本	总成本
12.1							300	2.00	600.00
12.8	200	2.20	440.00				500		
12.14				400			100		
12.20	300	2.30	690.00				400		
12.28				200			200		
12.31	200	2.50	500.00				400		
合计	700		1 630.00	600			400		

【问题】　假设AB公司采用先进先出法核算发出存货的成本，则期末结存存货400单位的成本为多少？

采用先进先出法逐笔计算收、发、存的成本见表4-14。

表 4-14　先进先出法下存货的收、发、存成本

金额单位：元

日　期	收　　入			发　　出			结　　存		
	数量	单位成本	总成本	数量	单位成本	总成本	数量	单位成本	总成本
12.1							300	2.00	600.00
12.8	200	2.20	440.00				300 200	2.00 2.20	600.00 440.00
12.14				300 100	2.00 2.20	600.00 220.00	100	2.20	220.00
12.20	300	2.30	690.00				100 300	2.20 2.30	220.00 690.00
12.28				100 100	2.20 2.30	220.00 230.00	200	2.30	460.00
12.31	200	2.50	500.00				200 200	2.30 2.50	460.00 500.00
合计	700		1 630.00	600		1 270.00	400		960.00

从表4-14中可以看出，期末结存存货的成本＝460.00＋500.00＝960.00(元)。

先进先出法的优点是使企业不能随意挑选存货计价以调整当期利润，缺点是对发出和结存的存货要逐笔进行计价并登记明细账，核算手续比较烦琐，特别对于存货进出量频繁的企业更是如此。

想一想

(1) 当物价处于上涨趋势时，先进先出法对资产负债表和利润表的影响是(　　)。

A. 高估企业当期利润　　B. 高估库存存货价值

C. 低估企业当期利润　　D. 低估库存存货价值

(2) 按谨慎性原则要求，先进先出法适用于(　　)。

A. 物价处于上涨趋势时的存货　　B. 物价处于下降趋势时的存货

(2) 月末一次加权平均法。月末一次加权平均法是以存货本月的期初数量和本月各批入库数量为权数计算存货的平均单位成本，并以此为基础计算本月发出存货成本以及月末结存存货成本的一种方法。其计算公式如下：

存货的加权平均单位成本＝(月初结存存货成本＋本月入库存货成本)÷(月初结存存货数量＋本月入库存货数量)　(4-3)

本期发出存货的成本＝本期发出存货的数量×存货加权平均单位成本　(4-4)

月末库存存货成本＝月末库存存货数量×存货加权平均单位成本　(4-5)

【案例 4-7】

【资料】　参见案例 4-6 的资料。

【问题】　假设 AB 公司采用月末一次加权平均法核算发出存货的成本，则期末结存存货 400 单位的成本为多少？

采用月末一次加权平均法计算如下：

存货的加权平均单位成本＝(600.00＋440.00＋690.00＋500.00)÷(300＋200＋300＋200)＝2.23(元)

本期发出存货的成本＝600×2.23＝1 338.00(元)

月末库存存货成本＝400×2.23＝892.00(元)

月末一次加权平均法的优点是计算方法简单，缺点是不利于核算的及时性。

想一想

(1) 当物价变动幅度较大时，月末一次加权平均法对资产负债表的影响是(　　)。

A. 库存存货成本与现行市值有较大差异　　B. 库存存货成本与现行市值有较小差异

(2) 月末一次加权平均法(　　)物价变动幅度较大的存货。

A. 适合　　B. 不适合

(3) 移动加权平均法。移动加权平均法是以每次入库存货的成本加上原有库存存货的成本，除以每次入库存货数量与原有库存存货的数量之和，据以计算加权平均单位成本，再以此为基础计算当月发出存货成本和期末结存存货成本的一种方法。其计算公式如下：

移动平均单位成本＝(本次入库前结存存货成本＋本次入库存货成本)÷(本次入库前结存存货数量＋本次入库存货数量)　(4-6)

本次发出存货的成本＝本次发出存货的数量×移动平均单位成本　(4-7)

月末库存存货成本＝月末库存存货数量×月末存货的移动平均单位成本　(4-8)

【案例 4-8】

【资料】　参见案例 4-6 的资料。

【问题】　假设AB公司采用移动加权平均法核算发出存货的成本，则期末结存存货400单位的成本为多少？

采用移动加权平均法计算各批购货后的平均单位成本见表4－15，计算过程如下所述：

12月8日第一次购货后平均单位成本：(600.00＋440.00)÷(300＋200)＝2.08(元)

12月14日第一次发出存货的成本：400×2.08＝832.00(元)

12月14日结存存货的成本：100×2.08＝208.00(元)

12月20日第二次购货后平均单位成本：(208＋690)÷(100＋300)＝2.245(元)

12月28日第二次发出存货的成本：200×2.245＝449.00(元)

12月28日结存存货的成本：200×2.245＝449.00(元)

12月31日第三次购货后平均单位成本：(449.00＋500.00)÷(200＋200)＝2.3725(元)

12月31日结存存货的成本：400×2.3725＝949.00(元)

表4－15　移动平均法下存货的收、发、存成本

单位：元

日期	收入			发出			结存		
	数量	单位成本	总成本	数量	单位成本	总成本	数量	单位成本	总成本
12.1							300	2.00	600.00
12.8	200	2.20	440.00				500	2.08	1 040.00
12.14				400	2.08	832.00	100	2.08	208.00
12.20	300	2.30	690.00				400	2.245	898.00
12.28				200	2.245	449.00	200	2.245	449.00
12.31	200	2.50	500.00				400	2.3725	949.00
合计	700		1 630.00	600		1 281.00	400	2.3725	949.00

移动加权平均法的优点是计算出来的存货成本比较均衡和准确，缺点是计算工作量大。

移动加权平均法适用于经营品种不多，或者前后购进商品的单价相差幅度较大的商品流通类企业。

(4) 个别计价法。个别计价法是假设存货的成本流转与实物流转相一致，按照各种存货，逐一辨认各批发出存货和期末存货所属的购进批别或生产批别，分别按其购入或生产时所确定的单位成本作为计算各批发出存货和期末存货成本的方法。

个别计价法的优点是计算发出存货的成本和期末存货的成本比较合理、准确，缺点是工作量繁重，困难较大。

个别计价法适用于容易识别、存货品种数量不多、单位成本较高的存货计价。

上述发出存货的计量方法可以确定其实际成本，一般适用于规模较小、存货品种简单、采购业务不多的企业。在实务中，存货品种繁多、收发频繁的企业(如大中型企业)一般采用计划成本法核算发出存货的成本。

企业发出的存货，可以按实际成本核算，也可以按计划成本核算，但资产负债表日均应调整为按实际成本核算。

4. 存货减值

由于市场供求等不确定因素的影响，企业的原材料、产成品等存货的市场价格可能发生显著的变动，从而导致存货账面成本与市场价值明显不符。企业会计准则规定，资产负债表日存货应当按照成本①与可变现净值②较低者计量。存货成本高于其可变现净值的，应计提存货跌价准备，确认资产减值损失，计入当期损益。存货成本低于可变现净值时，不计提存货跌价准备，但原已计提存货跌价准备，应在已计提存货跌价准备金额范围内转回，转回的金额计入当期损益。

企业通常应当按单个存货项目计提存货跌价准备，即按单项计提法计提。但是，对于数量繁多、单价较低的存货，可以按照存货类别计提存货跌价准备，即按分类计提法计提。与在同一地区生产和销售的产品系列相关、具有相同或类似最终用途或目的，且难以与其他项目分开计量的存货，可以合并计提存货跌价准备，即按总额计提法计提。

5. 存货账面价值

存货在资产负债表中列示的账面价值，是按照成本与可变现净值孰低计量，也即：

当存货成本＞存货可变现净值时，存货账面价值＝存货账面余额－存货跌价准备；

当存货成本＜存货可变现净值时，存货账面价值＝存货账面余额。

想一想

计提存货跌价准备对资产负债表、利润表的影响是(　　)?

A. 使资产增加　　B. 使利润减少　　C. 使资产减少　　D. 使利润增加

按成本与可变现净值孰低计量是稳健性原则在存货会计上的运用，是对历史成本原则的修正。

【案例4－9】

【资料】　AB公司有X、Y两大类甲、乙、丙、丁四种存货，2009年年末各种存货账面成本与可变现净值见表4－16。

【问题】　采用单项计提法、分类计提法和总额计提法计算确定AB公司期末存货成本、计提存货跌价准备，结果是否一样？

表4－16　存货账面成本与可变现净值

单位：元

项　　目	账面余额	可变现净值
X类存货	12 200	11 500
甲存货	6 500	5 500

① 存货成本是指期末存货的实际成本，如企业在存货成本的日常核算中采用计划成本法等简化核算方法，则存货成本应为经调整后的实际成本。

② 可变现净值是指在日常活动中，存货的估计售价减去至完工时估计将要发生的成本、估计的销售费用以及相关税费后的金额。

续表

项　　目	账面余额	可变现净值
乙存货	5 700	6 000
Y类存货	63 000	63 500
丙存货	25 000	27 500
丁存货	38 000	36 000
总计	75 200	75 000

按三种方法确定的AB公司存货账面价值及计提的存货跌价准备见表4-17。本例中：单项计提法确定的存货账面价值最低，为72 200元，应计提的存货跌价准备最多，为3 000元；分类计提法确定的存货账面价值次之，为74 500元，应计提的存货跌价准备次之，为700元；总额计提法确定的存货账面价值最高，为75 000元，应计提的存货跌价准备最少，为200元。

表4-17　存货账面价值与计提的存货跌价准备

单位：元

项　　目	账面余额	可变现净值	单项计提法		分类计提法		总额计提法	
			存货账面价值	存货跌价准备	存货账面价值	存货跌价准备	存货账面价值	存货跌价准备
X类存货	12 200	11 500			11 500	700		
甲存货	6 500	5 500	5 500	1 000				
乙存货	5 700	6 000	5 700					
Y类存货	63 000	63 500			63 000			
丙存货	25 000	27 500	25 000					
丁存货	38 000	36 000	36 000	20 00				
总计	75 200	75 000	72 200	3 000	74 500	700	75 000	200

4.3.3　实践活动

(1) 阅读已下载的上市公司财务报告关于存货的会计政策和会计估计说明，了解以下内容：

① 该公司的发出存货计价方法。

② 该公司的存货可变现净值的确定依据及存货跌价准备的计提方法。

③ 该公司的存货盘存制度。

(2) 阅读已下载的上市公司资产负债表存货项目及附注内容，思考以下问题：

① 该公司存货项目如何分类？

② 该公司的哪类存货计提了跌价准备？

③ 根据附注资料，计算资产负债表存货项目的账面价值。

4.3.4 任务自测

1. 判断题

(1) 存货属于企业的固定资产。 ( )

(2) 存货计价方法的选择不仅影响着资产负债表中资产总额的多少，而且也影响利润表中的净利润。 ( )

(3) 定期盘存制通过账面记录，结出存货的结存数量、金额。 ( )

(4) 进口物资关税不计入进口物资的成本。 ( )

2. 单项选择题

(1)“成本与可变现净值孰低法”是指按成本与可变现净值两者之中较低者对( )计价的方法。

A. 购入存货　　B. 发出存货

C. 销售成本　　D. 期末存货

(2) 企业期末编制资产负债表时，下列各项应包括在“存货”项目中的是( )。

A. 已销售但购货方尚未运走的商品　　B. 委托代销商品

C. 未来约定购入的商品　　D. 为在建工程购入的工程物资

(3) 某企业4月1日存货的结存数量为200件，单价为4元；4月2日发出存货150件；4月5日购进存货200件，单价4.4元；4月8日发出存货100件。在存货采用移动加权平均法的情况下，4月8日结存的存货实际成本为( )元。

A. 648　　B. 432　　C. 1 080　　D. 1 032

(4) 存货采用先进先出法计价，在存货物价上涨的情况下，将会使企业的( )。

A. 期末存货升高，当期利润减少　　B. 期末存货升高，当期利润增加

C. 期末存货降低，当期利润增加　　D. 期末存货降低，当期利润减少

3. 多项选择题

(1) 存货包括( )。

A. 库存商品　　B. 预购原材料

C. 在途商品　　D. 受托代销商品

(2) 在实际工作中，影响存货入账价值的主要因素有( )。

A. 购货价格　　B. 购货费用

C. 进口关税　　D. 期间费用

(3) 下列项目中，应计入材料采购成本的有( )。

A. 制造费用　　B. 进口关税

C. 运输途中合理损耗　　D. 一般纳税人购入材料支付的增值税

(4) 发出存货的计价方法主要有( )。

A. 先进先出法　　B. 一次加权平均法

C. 移动平均法　　D. 个别计价法

任务4 对外投资项目

4.4.1 任务导入

JH公司2009年12月31日合并资产负债表中对外投资项目列示见表4－18。以下是将要深入讨论的几个对外投资问题：

(1) 企业为什么要对外投资？对表中各项目如何加以区别？

(2) 表中各项目入账计量与存货入账计量有何差别？

(3) 什么是长期股权投资减值？长期股权投资减值对资产、利润有什么影响？

表4－18 JH公司合并资产负债表

2009年12月31日　　单位：元

资 产	期末余额	年初余额	负债及所有者权益	期末余额	年初余额
流动资产：			……		
……					
交易性金融资产	7 238 920.00	17 331 200.00			
……					
非流动资产：					
可供出售金融资产	0.00	0.00			
持有至到期投资	0.00	0.00			
……					
长期股权投资	164 538 000.00	191 213 000.00			
……					

4.4.2 知识要点

1. 企业投资的分类

企业投资是指企业为了获取经济效益而投入货币或其他资源于某项事业的活动。

按照投资的方向和范围，可以将企业投资分为对内投资和对外投资。对内投资是指把资金投放在企业内部，购置各种生产经营用资产的投资。通过对内投资使货币资金转化为实物资产和无形资产等。

对外投资是指企业以现金、实物、无形资产等方式或者以购买股票、债券等有价证券形式向其他单位进行的投资。企业对外投资的目的是多种多样的，有的是为了利用暂时闲置的现金获得更高的收益；有的是为了多元化自身业务，降低经营风险等。企业对外投资的期限与投资目的有关，利用暂时闲置现金的投资，期限较短，一般在1年以内，而其他目的的投资则期限较长，一般在1年以上。

在资产负债表中反映企业对外投资的项目主要有交易性金融资产、持有至到期投资、可供出售金融资产以及长期股权投资。

交易性金融资产主要是指企业为了近期内出售而持有的金融资产，如企业以赚取差价为目的从二级市场购入的股票、债券、基金等。

持有至到期投资，是指到期日固定、回收金额固定或可确定，且企业有明确意图和能力持有至到期的非衍生金融资产，如企业持有的、在活跃市场上有公开报价的国债、企业债券、金融债券等。

可供出售金融资产，是指初始确认时即被指定为可供出售的非衍生金融资产，以及除下列各类资产以外的金融资产：贷款和应收账款；持有至到期投资；以公允价值计量且其变动计入当期损益的金融资产。

长期股权投资，是指企业已经取得并打算长期持有的被投资单位的股份。企业通过长期股权投资以达到控制被投资单位，或对被投资单位施加重大影响，或为了与被投资单位建立密切关系，以分散经营风险等目的。长期股权投资分以下几种情况：

第一，企业持有的能够对被投资单位实施控制的权益性投资(企业持股比例等于或大于50%以上)，即对子公司投资。

第二，企业持有的能够与其他合营方一同对被投资单位实施共同控制的权益性投资(企业持股比例等于或大于20%，但小于50%)，即对合营企业投资。

第三，企业持有的能够对被投资单位施加重大影响的权益性投资(企业持股比例等于或大于20%，但小于50%时)，即对联营企业投资。

第四，企业对被投资单位不具有控制、共同控制或重大影响、在活跃市场上没有报价且公允价值不能可靠计量的权益性投资(企业持股比例小于20%)。

对投资项目的有关说明见表4-19。

表4-19　投资项目区别

项　　目	区别要素		
	投资目的和期限	投资性质	投资内容
交易性金融资产	以赚取差价为目的，近期内出售	股权投资或债权投资	从二级市场购入的股票、债券和基金等
可供出售金融资产	持有意图不明确，持有期限不确定	股权投资或债权投资	在活跃市场上有报价的股票、债券和基金等。若是股权投资，包括对被投资企业无控制、共同控制或重大影响的长期持有股权的投资
持有至到期投资	持有意图明确，有能力持有至到期	债权投资	在活跃市场上有公开报价的国债、企业债券、金融债券等
长期股权投资	持有意图明确，长期持有	股权投资	股票和其他股权，对子公司、联营企业及合营企业的投资；对被投资企业无控制、共同控制或重大影响、在活跃市场中没有报价、公允价值不能可靠计量的权益性投资

2. 投资项目入账价值

交易性金融资产、可供出售金融资产、持有至到期投资以及长期股权投资的入账计量见表 4-20。

表 4-20　投资项目入账计量

项　目	入账计量	
	计量基础	入账价值
交易性金融资产	公允价值①	支付的价款扣除相关交易费用
可供出售金融资产	公允价值	支付的价款
持有至到期投资	公允价值	支付的价款
长期股权投资②	公允价值	支付的价款

3. 成本法和权益法

长期股权投资持有期间的会计处理方法分成本法和权益法两种，按长期股权投资情况确定，具体见表 4-21。

表 4-21　长期股权投资持有期间的会计处理方法

长期股权投资情况	会计处理方法
情况 1：对被投资企业无控制、共同控制或重大影响、在活跃市场中没有报价、公允价值不能可靠计量的权益性投资	成本法
情况 2：对联营企业及合营企业的投资	权益法
情况 3：对子公司的投资	权益法，母公司编制合并财务报表

成本法操作简单。在成本法下，对投资的账面余额不进行调整(除非发生长期股权投资减值损失或清算性股利)；持有期间被投资企业宣布发放的现金股利确认为宣布当期的投资收益。

权益法操作较复杂。在权益法下，对投资的账面余额要根据投资企业享有被投资企业所有者权益份额的变动进行调整；对被投资企业净利润的相应部分确认投资收益，增加长期股权投资；对于被投资企业的利润分配，投资企业按持股比例享有的部分冲减长期股权投资。

4. 投资项目减值

交易性金融资产期末以公允价值计量，当公允价值发生变化时，增加或减少其账面价值，同时将变动价值确认为公允价值变动损益，不涉及减值测试，无须计提减值准备。

①　公允价值是指熟悉市场情况的买卖双方在公平交易的条件下和自愿的情况下进行资产交换或债务清偿的金额。

②　这里仅指购买形成的长期股权投资。

企业应当在资产负债表日，对可供出售金融资产、持有至到期投资的账面价值进行检查，有客观证据表明其发生减值的，应当按照《企业会计准则——金融工具确认和计量》，计提减值准备，确认资产减值损失。需要注意的是，可供出售金融资产只有在其期末价值下降的幅度较大或持续的时间较长的情况下，才需计提减值准备，否则可以按公允价值调整其期末账面价值，并将变动计入资本公积。

企业应当在资产负债表日，对长期股权投资是否发生了减值作出判断。对于采用成本法核算的长期股权投资，应当按照《企业会计准则——金融工具确认和计量》确认资产减值损失，计提长期股权投资减值准备；对于采用权益法核算的长期股权投资，企业应当按照《企业会计准则——资产减值》确认资产减值损失，计提长期股权投资减值准备。

5. 投资项目账面价值

交易性金融资产、可供出售金融资产、持有至到期投资以及长期股权投资在资产负债表中列示的账面价值确定，见表4-22。

表4-22 投资账面价值确定

项目	期末计量		
	计量依据	账面价值	备注
交易性金融资产	公允价值	资产负债表日的公允价值	差额计入公允价值变动收益或损失
可供出售金融资产	公允价值	资产负债表日的公允价值	差额计入资本公积
持有至到期投资	采用实际利率法①，按摊余成本计量	（摊余成本－持有至到期投资减值准备） 其中：摊余成本＝债券面值－未摊销折价（或＋未摊销溢价）	发生减值时，应当将其账面价值减记至预计未来现金流量现值
长期股权投资	成本法	（账面余额－长期股权投资减值准备）	账面余额为初始投资成本
	权益法	（账面余额－长期股权投资减值准备）	账面余额根据投资企业享有被投资企业所有者权益份额的变动进行调整，随被投资企业实现的净利润而进行调整，随被投资企业的利润分配而进行调整

【案例4-10】

【资料】 假设CD公司2009年7月1日现金购入MN公司10%的股份，且只持有这只股票。MN公司2009年7月1日～12月31日间赚取净利润为750 000元，但该公司2009年无利润分配。2010年2月5日，CD公司宣布并分配了利润500 000元。

① 实际利率法、摊余成本内容参见学习情景5的有关内容。

【问题】 2009 年 12 月 31 日，CD 公司长期股权投资的账面价值为多少？2010 年 2 月 5 日，CD 公司能分得利润多少？

分析：因为 CD 公司仅持有 MN 公司 10%的股份，所以适用成本法核算。

2009 年 12 月 31 日，CD 公司长期股权投资的账面价值为入账价值(不考虑减值损失)；

2010 年 2 月 5 日，CD 公司按持股比例分得利润＝500 000×10%＝50 000(元)。

【案例 4－11】

【资料】 AB 公司 2010 年 6 月 1 日支付现金购入 XY 公司股票 5 000 股，共支付价款 100 250 元，其中包括支付给证券公司的手续费 250 元。6 月底，XY 公司的股票每股市价为 19 元。假定公司仅持有这只股票。

【问题】

(1) 若该股票投资分类为交易性金融资产，其入账价值和在第 2 季度财务报表上列示的账面价值各为多少？

(2) 若该股票投资分类为可供出售金融资产，其入账价值和在第 2 季度财务报表上列示的账面价值各为多少？

分类为交易性金融资产：

6 月 1 日，入账价值＝100 250－250＝100 000(元)；

在第 2 季财务报表上列示的账面价值＝5 000×19＝95 000(元)。

分类为可供出售金融资产：

6 月 1 日，入账价值＝100 250(元)；

在第 2 季财务报表上列示的账面价值＝5 000×19＝95 000(元)。

4.4.3 实践活动

(1) 阅读已下载的上市公司财务报告关于长期股权投资的会计政策和会计估计说明，了解该公司确定对被投资单位具有共同控制、重大影响的依据。

(2) 阅读已下载的上市公司资产负债表长期股权投资及附注内容，思考以下问题：

A. 该公司的被投资单位有多少？

B. 初始投资成本最大和最小的被投资单位分别是哪个公司？

C. 持股比例最大和最小的被投资单位分别是哪个公司？

4.4.4 任务自测

1. 判断题

(1) 在权益法下，企业长期股权投资的账面余额随着被投资企业经营成本的变化而变动。 ( )

(2) 长期股权投资可能发生减值，对于采用成本法核算的长期股权投资，企业应当按照《资产减值》准则确认减值损失，计提减值准备。 ( )

2. 单项选择题

(1) 当投资企业对被投资企业的经营无重大影响时，对长期股权投资核算应采用( )。

A. 成本法　　B. 权益法　　C. 混合法　　D. 市价法

(2) 企业购入A公司债券作为交易性金融资产，购入债券中所包含的已到付息期但尚未领取的债券息，应记入(　　)账户。

A. 交易性金融资产　B. 应收利息　C. 其他应收款　D. 应收股利

(3) 资产负债表日，公司可供出售金融资产账面价值按(　　)计量。

A. 可变现净值　B. 历史成本　C. 公允价值　D. 完全重置价值

3. 多项选择题

(1) 持有至到期投资具有的特征主要有(　　)。

A. 到期日固定　B. 回收金额固定或可确定

C. 企业有明确意图和能力持有至到期　D. 有活跃市场

(2) 下列属于交易性金融资产的有(　　)。

A. 以赚取差价为目的从二级市场购入的股票

B. 以赚取差价为目的从二级市场购入的债券

C. 以赚取差价为目的从二级市场购入的基金

D. 贷款和应收款项

(3) 企业资产负债表以(　　)等项目反映企业的对外投资。

A. 交易性金融资产　B. 持有到期投资

C. 长期股权投资　D. 固定资产

任务5　固定资产项目

4.5.1　任务导入

JH公司2009年12月31日合并资产负债表中列示的“固定资产”项目，见表4-23。以下是我们将要深入讨论的几个固定资产问题：

(1) 何谓固定资产？固定资产如何分类？

(2) 什么是固定资产折旧？固定资产折旧如何计算？

(3) 什么是固定资产减值？固定资产减值对资产、利润有什么影响？

表4-23　JH公司合并资产负债表

2009年12月31日　单位：元

资　产	期末余额	年初余额	负债及所有者权益	期末余额	年初余额
流动资产：			……		
……					
非流动资产：					
……					
固定资产	2 428 350 000.00	2 341 390 000.00			
……					

4.5.2 知识要点

固定资产是指企业为生产商品、提供劳务、出租或经营管理而持有的使用寿命超过一个会计年度的有形资产。使用寿命是指企业使用固定资产的预计期间，或者该固定资产所能生成产品或提供劳务的数量。固定资产在生产过程中可以长期发挥作用，并保持原有的实物形态。

1. 固定资产分类

企业固定资产种类繁多，它们在生产中所处地位不同，发挥的作用也不同。根据管理的需要和核算的要求，可以按不同的分类标准对固定资产进行分类。

1）按固定资产的所有权分类

固定资产按所有权可分为自有固定资产和租入固定资产。自有固定资产是指企业拥有的可供企业自由支配使用的固定资产；租入固定资产是指企业采用租赁方式从其他单位租入的固定资产。企业对租入固定资产依照租赁合同拥有使用权，同时负有支付租金的义务。租入固定资产可分为经营租赁固定资产和融资租赁固定资产。企业固定资产按所有权分类可确定企业实有的固定资产数额，反映租入固定资产情况。

2）按固定资产的经济用途分类

固定资产按经济用途可分为生产经营用固定资产和非生产经营用固定资产。生产经营用固定资产是指参加企业生产、经营过程或直接服务于企业生产、经营过程的各种房屋、建筑物、机器、设备、器具、工具等；非生产经营用固定资产是指不直接服务于生产、经营过程的各种固定资产，如职工宿舍、学校、幼儿园、食堂、浴室、医院、理发室、职工活动室等方面的固定资产。固定资产按经济用途分类可反映二者之间的比例及其变化情况，以分析企业固定资产的配置是否合理。

3）按固定资产的性能分类

固定资产按性能可分为房屋，建筑物，动力设备，传导设备，工作机器及设备，工具、模具、仪器及生产用具，运输设备，管理用具，其他固定资产。固定资产按性能分类可反映其构成情况，并能将各类固定资产归口，由各职能部门负责管理，便于分类计算折旧率。

4）按固定资产使用情况分类

固定资产按使用情况可分为在用固定资产、未使用固定资产和不需用固定资产。在用固定资产是指正在使用中的固定资产，包括因企业季节性经营或大修理原因暂时停止使用的固定资产、企业经营租赁出租的固定资产；未使用固定资产包括尚未交付使用的新增固定资产，改建、扩建原因暂时停止使用的固定资产；不需用固定资产是指企业多余或不适用，需要调配处理的固定资产。固定资产按使用情况分类可反映固定资产使用情况，促使企业将未使用固定资产尽快投入使用，提高固定资产利用率，将不需用固定资产及时处理。

5）固定资产综合分类

在实际工作中，企业的固定资产是按经济用途和使用情况综合分类的，按固定资产的经济用途和使用情况可将企业的固定资产分为七大类。

（1）生产经营用固定资产。

（2）非生产营业用固定资产。

（3）租出固定资产。是指按经营租赁出租给外单位使用的固定资产。这类固定资产只是将其使用权暂时让渡给承租单位，所有权仍归本企业，由本企业收取的租金收入应视作营业中使用的固定资产，照提折旧。

(4) 不需用固定资产。

(5) 未使用固定资产。

(6) 土地。是指过去已经估价单独入账的土地。因征用土地而支付的补偿费，应计入与土地有关的房屋、建筑物的价值内，不单独作为土地入账。企业取得的土地使用权不作为固定资产管理，应作为无形资产核算。

(7) 融资租入固定资产。是指企业以融资租赁方式租入的固定资产。在租赁期内，应视同企业自有固定资产进行管理。

企业中凡是符合固定资产定义的机器设备、房屋建筑物、交通运输工具和仪器仪表都应纳入“固定资产目录”，对每类或每项固定资产的使用寿命、预计净残值率、折旧率编制成册，经董事会或股东大会、经理会议或类似机构批准，按照法律、行政法规等的规定报送有关各方备案。固定资产目录一经确定不得随意变更。

2. 固定资产入账价值

固定资产的增加，根据其不同的取得方式，采用不同的方式计价，见表4-24。

表4-24　固定资产入账价值

固定资产取得方式	固定资产入账价值	备　注
购置	包括买价、相关税费、使固定资产达到预定可使用状态前可直接归属于该资产的支出，如运输费、装卸费、安装费、相关人员服务费等	相关税费主要包括关税、契税、车辆购置税等
自建	建造该项资产达到预定可使用状态前所发生的必要支出	注意固定资产购建借款费用的适当处理
投资转入	按投资合同或协议约定的价值确定	投资合同或协议约定价值不公允的除外
接受捐赠	一般以公允价值作为入账依据	如捐赠方提供了有关凭据，按凭证金额及支付的相关税费转为入账价值
融资租入	根据《企业会计准则——租赁》确定	
非货币性交易换入	根据《企业会计准则——非货币性资产交换》确定	
债务重组	根据《企业会计准则——债务重组》确定	
企业合并	根据《企业会计准则——企业合并》确定	

3. 固定资产折旧

固定资产的服务能力随着其不断使用和自然力影响及技术进步等会逐渐衰落或消逝。为了维护企业的生产能力、正确计算产品成本、实现期间收入与费用的正确配比，企业必须在固定资产使用寿命内，将固定资产的成本进行合理系统分摊，即提取固定资产折旧。

固定资产折旧额的确定主要受固定资产的原值、预计净残值、估计使用年限的影响。除国务院财政、税务主管部门另有规定外，固定资产折旧的最低年限见表4-25。企业应当根据固定资产的性质和使用情况，合理确定固定资产的使用寿命。

表4-25 固定资产最低折旧年限

序号	固定资产	最低折旧年限/年
1	房屋、建筑物	20
2	飞机、火车、轮船、机器、机械和其他生产设备	10
3	与生产经营活动有关的器具、工具、家具等	5
4	飞机、火车、轮船以外的运输工具	4
5	电子设备	3

预计净残值是指按照目前的估计，假定固定资产预计使用寿命已满并处于使用寿命终了时的预期状态，企业从固定资产处置中获得的预计收益扣除预计处置费用后的金额，即预计净残值＝预计残值收入－清理费用。

依据相关企业会计准则规定，企业可选用的折旧方法包括年限平均法、工作量法、双倍余额递减法和年数总和法，其中，后两种是使用前期提取折旧较多，固定资产成本在使用年限内尽早得到价值补偿的折旧方法——加速折旧法。企业应根据固定资产所含经济利益的预期实现方式选择折旧方法。

1）年限平均法

年限平均法是将固定资产的成本均衡地分摊到使用年限各年的一种方法。采用这种方法计算的每年折旧额均是等额的，计算公式如下：

年折旧额＝(固定资产原值－预计净残值)÷预计使用年限 (4-9)

在会计实务中，固定资产折旧额是根据折旧率计算。折旧率和折旧额的计算公式如下：

年折旧率＝年折旧额÷固定资产原值＝(1－预计净残值率)÷预计使用年限 (4-10)

年折旧额＝固定资产原值×年折旧率 (4-11)

月折旧率＝年折旧率÷12 (4-12)

月折旧额＝固定资产原值×月折旧率 (4-13)

式中，预计净残值率——是预计净残值与固定资产原值的百分比值，一般为3%～5%。

【案例4-12】

【资料】 AB公司某项固定资产的原值为80 000元，预计使用年限为5年，预计净残值率为5%。

【问题】 采用直线法计算，各年的折旧率和折旧额分别为多少？

年折旧率＝(1－5%)÷5＝19%

年折旧额＝80 000×19%＝15 200(元)

月折旧率＝19%÷12＝1.583%

月折旧额＝80 000×1.583%＝1 266.67(元)

采用直线法计算的各年折旧率和折旧额等见表4-26。

表 4-26　折旧计算表（平均年限法）

单位：元

使用年数	年折旧率①	年折旧额/元 ②=原值×①	累计折旧额/元 ③=③上期+②	固定资产账面净值/元 ④=原值-③
0 （购置时）				80 000
1	19%	80 000×19%=15 200	15 200	64 800
2	19%	80 000×19%=15 200	30 400	49 600
3	19%	80 000×19%=15 200	45 600	34 400
4	19%	80 000×19%=15 200	60 800	19 200
5	19%	80 000×19%=15 200	76 000	4 000
合计		76 000	—	—

采用平均年限法计算固定资产折旧虽然简单，但也存在一些局限性。例如，固定资产在不同使用年份提供的经济效益不同，平均年限法没有考虑这一事实。又如，固定资产在不同使用年份发生的维修费用也不一样，平均年限法也没有考虑这一因素。

因此，只有当固定资产各期的负荷程度相同，各期应分摊相同的折旧费时，采用平均年限法计算折旧才是合理的。

2）工作量法

工作量法是指按固定资产实际完成的工作量计算折旧的一种方法。采用工作量法计算的各年折旧额随工作量的大小而变动，计算公式如下：

单位工作量折旧额=（固定资产原值-预计净残值）÷预计工作量总额
=固定资产原值×（1-预计净残值率）÷预计工作量总额　　(4-14)

年折旧额=年实际完成工作量×单位工作量折旧额　　(4-15)

采用工作量法应注意不同的固定资产有不同的工作量标准，如运输工具的工作量是运输里程，机器设备的工作量是工作小时，建筑施工机械的工作量是工作台班等。

工作量法的优点是简单实用，且各年计提的折旧额与固定资产的使用程度相联系。

工作量法的缺点是没有考虑固定资产的无形损耗，固定资产不使用则不计提折旧；没有考虑固定资产在不同使用年份提供的经济效益不同，各年采用一致的单位工作量折旧额。

因此，对于工作量不均衡，使用的季节性较为明显的固定资产，采用工作量法计算折旧比较合理。

3）双倍余额递减法

双倍余额递减法是在不考虑固定资产残值的情况下，以平均年限法折旧率的两倍作为折旧率，乘以每年年初固定资产账面净值求得每年折旧额的一种快速折旧的方法。采用双倍余额递减法计算的各年折旧率相同，但各年折旧额逐渐减少，计算公式如下：

年折旧率=2÷预计使用年限　　(4-16)

年折旧额=年初固定资产账面净值×年折旧率　　(4-17)

月折旧率＝年折旧率÷12　　(4－18)

月折旧额＝月初固定资产账面净值×月折旧率　　(4－19)

为了保证固定资产使用年限终了时账面净值与预计净残值相等，在该固定资产折旧年限到期的前两年，将固定资产净值扣除预计净残值后的余额平均摊销。

【案例 4－13】

【资料】　参见案例 4－12 的资料。

【问题】　采用双倍余额递减法计算，各年的折旧率和折旧额分别为多少？

年折旧率＝2÷5＝40％

采用双倍余额递减法计算的各年折旧率和折旧额见表 4－27。

表 4－27　折旧计算表(双倍余额递减法)

单位：元

使用年数	年折旧率 ①	年折旧额/元 ②＝④$_{上期}$×①	累计折旧额/元 ③＝③$_{上期}$＋②	固定资产账面净值/元 ④＝原值－③
0 （购置时）				80 000
1	40％	80 000×40％＝32 000	32 000	48 000
2	40％	48 000×40％＝19 200	51 200	28 800
3	40％	28 800×40％＝11 520	62 720	17 280
4	40％	(17 280－80 000×5％)÷2＝6 640	69 360	10 640
5	40％	(17 280－80 000×5％)÷2＝6 640	76 000	4 000
合计	—	76 000	—	—

4）年数总和法

年数总和法又称折旧年限积数法或级数递减法，它是将固定资产的原值减去净残值后的净额乘以一个逐年递减的分数计算确定固定资产折旧额的一种方法。逐年递减分数的分子代表固定资产尚可使用的年数，分母代表使用年数的逐年数字之总和，假定使用年限为 n 年，分母即为 $1+2+3+\cdots+n=n\times(n+1)\div2$。采用年数总和法计算，各年折旧率和折旧额逐渐减少，其折旧的计算公式如下：

年折旧率＝(折旧年限－已使用年数)÷[折旧年限×(折旧年限＋1)÷2]　　(4－20)

年折旧额＝(固定资产原值－预计净残值)×年折旧率　　(4－21)

月折旧率＝年折旧率÷12　　(4－22)

月折旧额＝(固定资产原值－预计净残值)×月折旧率　　(4－23)

【案例 4－14】

【资料】　参见案例 4－12 的资料。

【问题】　采用年数总和法计算，各年的折旧率和折旧额分别为多少？

年数总和＝5×(5＋1)÷2＝15

第一年折旧率＝5÷15＝33.33％

第二年折旧率＝4÷15＝26.67％

第三年折旧率＝3÷15＝20％

第四年折旧率＝2÷15＝13.33％

第五年折旧率＝1÷15＝6.67％

固定资产净额＝80 000－80 000×5％＝76 000(元)

采用年数总和法计算的各年折旧率和折旧额见表4－28。

表4－28　折旧计算表(年数总和法)

单位：元

使用年数	年折旧率①	年折旧额/元 ②＝净额×①	累计折旧额/元 ③＝③$_{上期}$＋②	固定资产账面净值/元 ④＝原值－③
0 (购置时)				80 000.00
1	33.33％	76 000×33.33％＝25 330.80	25 330.80	54 669.20
2	26.67％	76 000×26.67％＝20 269.20	45 600.00	34 400.00
3	20％	76 000×20％＝15 200.00	60 800.00	19 200.00
4	13.33％	76 000×13.33％＝10 130.80	70 930.80	9 069.20
5	6.67％	76 000×6.67％＝5 069.20	76 000.00	4 000.00
合计	—	760 000.00	—	—

双倍余额递减法和年数总和法都是加速折旧法。加速折旧法能使折旧的提取与固定资产的运营规律相一致，在固定资产使用初期摊销较多的折旧，在其使用后期摊销较少的折旧。因为固定资产在其使用早期修理的次数少、实际使用时间长、操作效率高、产品质量好，可为企业提供较多的效益，而在其使用后期，随着修理次数的增加，操作效率和产品质量都会逐渐降低。另外，为了降低由于科学技术飞速发展而产生的无形损耗的风险，提高资金运营效果，客观上也要求企业采用加速折旧法。

按现行企业会计准则规定，企业应当按月计提固定资产折旧，而且计提固定资产折旧时应按月初账面数计算。

想一想

(1) 企业当月增加的固定资产，(　　)。

A. 当月不计提折旧，从下月起计提折旧　　B. 当月计提折旧

(2) 企业当月减少的固定资产，(　　)。

A. 当月不计提折旧　　B. 当月计提折旧，从下月起不计提折旧

固定资产提足折旧后，不论能否继续使用，均不再计提折旧；提前报废的固定资产，也不再补提折旧。

固定资产的使用寿命、预计净残值及折旧方法等一经确定，不得随意变更。但是，企业应当至少于每年年度终了，对固定资产的使用寿命、预计净残值和折旧方法进行复核，如有差异或重大变化，应当作出调整。

4. 固定资产减值

按照相关企业会计准则的规定，企业应当在资产负债表日判断固定资产是否存在可能发生减值的迹象。固定资产存在减值迹象的，应当估计其可收回的金额①。如果固定资产的可收回金额低于其账面价值的，表明固定资产发生减值，应当将固定资产的账面价值减记至可收回金额，减记的金额确认为资产减值损失，计入当期损益，同时计提相应的固定资产减值准备。

5. 固定资产账面价值

固定资产在资产负债表中列示的账面价值，是按照固定资产账面价值与可收回金额孰低计量，则有：

当固定资产账面净值＞可收回金额时，固定资产账面价值＝固定资产净值－固定资产减值准备＝固定资产原值－累计折旧－固定资产减值准备；

当固定资产账面净值＜可收回金额时，固定资产账面价值＝固定资产原值－累计折旧。

想一想

(1) 固定资产折旧对资产负债表、利润表的影响是(　　)。

A. 使资产增加　　B. 使利润减少　　C. 使资产减少　　D使利润增加

(2) 固定资产减值对资产负债表、利润表的影响是(　　)。

A. 使资产增加　　B. 使利润减少　　C. 使资产减少　　D. 使利润增加

(3) 固定资产加速折旧对资产负债表、利润表的影响是(　　)。

A. 使用前期资产增加　　B. 使用前期利润减少

C. 使用前期资产减少　　D. 使用前期利润增加

4.5.3　实践活动

(1) 阅读已下载的上市公司财务报告关于固定资产的会计政策和会计估计说明，了解以下内容：

① 该公司固定资产折旧采用的方法。

② 该公司固定资产分类以及各类固定资产的使用寿命、估计残值率和年折旧率。

(2) 阅读已下载的上市公司资产负债表固定资产项目及附注内容，思考以下问题：

① 该公司固定资产原值为多少？

② 该公司固定资产账面净值为多少？如何计算？

③ 该公司固定资产账面价值为多少？如何计算？

---

① 以资产的销售净价与预期从该资产的持续使用中和寿命结束时的处置中形成的现金流量现值两者之中较高者作为固定资产可收回金额。其中销售净价是指资产的销售价格减去处置资产所发生的相关税费后的余额。

4.5.4 任务自测

1. 判断题

(1) 对于融资性租赁租入的固定资产，需计提折旧。 ( )
(2) 采用年数总和法计提折旧，在折旧期限内，折旧率是逐期递减的。 ( )
(3) 工作量法计提折旧的特点是每年提取的折旧额相等。 ( )

2. 单项选择题

(1) 投资转入的固定资产入账价值为( )。
A. 投资单位固定资产账面价值　　B. 市价
C. 固定资产原价　　D. 投资合同或协议约定的价值

(2) 某项固定资产原值为15 500元，预计使用年限为5年，预计净残值为500元，按双倍余额递减法计提折旧，则第二年末该固定资产的账面净值为( )元。
A. 5 580　　B. 6 320　　C. 5 900　　D. 6 500

(3) 对固定资产多提折旧将使企业的资产负债表中( )。
A. 负债增加　　B. 资产减少
C. 资产增加　　D. 对资产和负债均无影响

3. 多项选择题

(1) 购入的固定资产，其入账价值包括( )。
A. 买价　　B. 运杂费　　C. 途中保险费　　D. 安装成本

(2) 双倍余额递减法和年数总和法这两种计算固定资产累计折旧的方法的共同点有( )。
A. 属于加速折旧法　　B. 每期折旧率固定
C. 前期折旧高，后期折旧低　　D. 不考虑净残值

(3) 在计提固定资产折旧的初期，需要考虑固定资产净残值的折旧方法是( )。
A. 平均年限法　　B. 工作量法
C. 双倍余额递减法　　D. 年数总和法

任务6　无形资产项目

4.6.1 任务导入

JH公司2010年12月31日合并资产负债表中列示的“无形资产”项目，见表4-29。以下是将要深入的几个无形资产问题：

(1) 何谓无形资产？无形资产如何分类？

(2) 什么是无形资产摊销？无形资产如何摊销？

(3) 什么是无形资产减值？无形资产减值对资产、利润有什么影响？

表 4－29　JH 公司合并资产负债表

2009 年 12 月 31 日　　单位：元

资　　产	期末余额	年初余额	负债及所有者权益	期末余额	年初余额
流动资产：			……		
……					
非流动资产：					
……					
无形资产	137 525 000.00	151 784 000.00			
……					

4.6.2　知识要点

无形资产是指企业拥有或者控制的没有实物形态的可辨认[①]非货币性资产。不具有实物形态、可辨认及非货币性，是无形资产区别于其他资产的特征。无形资产通常表现为某种权利、某项技术，如土地使用权、非专利技术等。

1．无形资产分类

无形资产可以按照其经济内容、取得方式及使用寿命期限进行分类，见表 4－30。

表 4－30　无形资产分类

分类依据	分类名称	备　　注
按经济内容分类	主要包括专利权、非专利技术、商标权、著作权、土地使用权、特许权等	参见本表补充说明
按来源途径分类	外来无形资产	如购进的无形资产、接受投资或接受捐赠形成的无形资产等
	自创无形资产	企业自行开发、研制的无形资产，如企业自行研制的新产品经申请而获得的产品专利权，企业自制产品的商标经注册而获得的商标权等无形资产
按使用寿命期限分类	使用寿命有限的无形资产	如专利权、商标权、土地使用权等
	使用寿命不确定的无形资产	如非专利技术等

表 4－30 补充说明：

专利权是指经国家专利管理机关审定并授予发明者在一定年限内对其成果的制造、使用和出售的专门权利。专利权一般包括发明专利权、实用新型专利权和外观设计专利权等。专利权受法律保护，但有固定的期限。

① 可辨认标准：A. 能够从企业中分离或者划分出来，并能够单独或者与相关合同、资产或负债一起，用于出售、转移、授予许可、租赁或者交换。B. 源自合同性权利或其他法定权利，无论这些权利是否可以从企业或其他权利和义务中转移或者分离。

非专利技术是指发明者未申请专利或不够申请专利的条件而未经公开的先进技术，包括先进的生产经验、先进的技术设计资料以及先进的原料配方等。非专利技术不需到有关管理机关注册登记，因而不受法律保护，同时没有固定的有效期。

商标权是指企业拥有的在某类指定的商品上使用特定名称或图案的权利。商标经商标管理机关核准后，成为注册商标，受法律保护。

著作权也称为版权，是指著作者或文艺作品创作者以及出版商依法享有的在一定年限内发表、制作、出版和发行其作品的专有权利。著作权受法律保护，未经著作权所有者许可或转让，他人不得占有和行使。

土地使用权是指企业经国家土地管理机关批准享有的在一定期间内对国有土地开发、利用和经营的权利。在我国，土地归国家所有，任何单位或个人只拥有土地使用权，没有土地所有权。

特许权是指企业经批准在一定区域内，以一定的形式生产经营某种特定商品的权利。特许可以是政府授予的，也可以是某单位或个人授予的。

由于商誉的存在无法与企业自身分离，即不具有可辨认性，故商誉不属于会计所指无形资产。企业合并时随同净资产而购入的商誉不是以无形资产，而是以商誉入账。

2. 无形资产入账价值

无形资产通常是按实际成本计量，即以取得无形资产并使之达到预定用途而发生的全部支出作为无形资产的成本。对于不同来源取得的无形资产，其成本构成不尽相同，具体见表4－31。

表4－31 无形资产的入账价值

无形资产来源	无形资产初始成本	备　注
外购	包括购买价款、相关税费以及直接归属于使该项资产达到预定用途所发生的其他支出	
自行开发	包括自满足无形资产确认条件后至达到预定用途前所发生的支出总额	具体包括开发阶段的支出以及研发阶段完成后发生的成本和印刷费、制作费、申请费、注册费、律师费等
投资者投入	按照投资合同或协议约定的价值确定，在投资合同或协议约定价值不公允的情况下，应按无形资产的公允价值入账	
非货币性交易换入	根据《企业会计准则——非货币性资产交换》确定	
债务重组	根据《企业会计准则——债务重组》确定	
企业合并	根据《企业会计准则——企业合并》确定	

【案例4－15】

【资料】 甲公司因某项生产活动需要乙公司已获得的专利技术，如果使用了该项专利技术，甲公司预计其生产能力比原先提高20%，销售利润率增长15%。为此，甲公司从乙公司购入该项专利权。按照协议约定以现金支付，实际支付的价款为300万元，并支付相关税费1万元和有关专业服务费用5万元，款项已通过银行转账支付。

【问题】 甲公司取得的该项无形资产的入账价值为多少？

分析：

(1) 甲公司购入的专利权符合无形资产的定义，即甲公司能够拥有或者控制该项专利技术符合可辨认的条件，同时是不具有实物形态的非货币性资产。

(2) 甲公司购入的专利权符合无形资产的确认条件。首先。甲公司的某项生产活动需要乙公司已获得的专利技术，甲公司使用了该项专利技术，预计甲公司的生产能力比原先提高20%，销售利润率增长15%，即经济利益很可能流入；其次，甲公司购买该项专利权的成本为300万元，另外支付相关税费1万元和有关专业服务费用5万元，即成本能够可靠计量。由此，符合无形资产的确认条件。

因此，该无形资产的入账价值＝300＋1＋5＝306(万元)。

【案例4－16】

【资料】 因乙公司创立的商标已有较好的声誉，甲公司预计使用乙公司商标后可使其未来利润增长30%。为此，甲公司与乙公司协议商定，乙公司以其商标权投资于甲公司，双方协议价格(等于公允价值)为500万元，甲公司另支付印花税等相关税费2万元，款项已通过银行转账支付。

【问题】 甲公司取得的该项无形资产的入账价值为多少？

分析：该商标权的入账价值，应当以取得时的成本为基础。取得时的成本为投资协议约定的价格500万元，加上支付的相关税费2万元。

甲公司接受乙公司作为投资的商标权的入账价值＝500＋2＝502(万元)。

3. 无形资产摊销

根据现行企业会计准则，企业应当于取得无形资产时分析判断其使用寿命，对无法预见无形资产为企业带来经济利益期限的，应当视为使用寿命不确定的无形资产。

使用寿命不确定的无形资产，其成本不应摊销。

对于使用寿命有限的无形资产，其应摊销金额应当在使用寿命内系统合理摊销。摊销方法包括直线法、生产总量法等。企业选择摊销方法，应当反映与该项无形资产有关的经济利益的预期实现方式。无法可靠确定预期实现方式的，应当采用直线法摊销。

无形资产的应摊销金额为其成本扣除预计残值后的金额。已计提减值准备的无形资产，还应扣除已计提无形资产减值准备累计金额。

使用寿命有限的无形资产，其残值应当视为零，但下列情况除外：有第三方承诺在无形资产使用寿命结束时购买该无形资产；可以根据活跃市场得到预计残值信息，并且该市场在无形资产使用寿命结束时可能存在。

对于使用寿命有限的无形资产应当自可供使用(即其达到预定用途)当月起开始摊销，处置当月不再摊销。

【案例4－17】

【资料】 甲公司购买了一项特许权，成本为4 800 000元，合同规定受益年限为10年。

【问题】 甲公司每月应摊销的无形资产成本为多少？

分析：采用直线法摊销，每月应摊销＝4 800 000÷10÷12＝40 000(元)。

4. 无形资产减值

按照相关企业会计准则的规定，企业应当在资产负债表日判断无形资产(包括使用寿命不确定和使用寿命有限)是否存在可能发生减值的迹象。无形资产存在减值迹象的，应当估计其可收回的金额。如果无形资产的可收回金额低于其账面价值的，表明无形资产发生减值，应当将无形资产的账面价值减记至可收回金额，减记的金额确认为资产减值损失，计入当期损益，同时计提相应的无形资产减值准备。

5. 无形资产账面价值

无形资产在资产负债表中列示的账面价值，是按照无形资产账面价值与可收回金额孰低计量。

(1) 对于使用寿命有限的无形资产，则有：

当无形资产账面净值＞可收回金额时，无形资产账面价值＝无形资产原值－累计摊销－无形资产减值准备；

当无形资产账面净值＜可收回金额时，无形资产账面价值＝无形资产原值－累计摊销。

(2) 对于使用寿命不确定的无形资产，则有：

当无形资产原值＞可收回金额时，无形资产账面价值＝无形资产原值－无形资产减值准备；

当无形资产原值＜可收回金额时，无形资产账面价值＝无形资产原值。

4.6.3 实践活动

(1) 阅读已下载的上市公司财务报告关于无形资产的会计政策和会计估计说明，了解该公司无形资产的类别及摊销方法和摊销年限。

(2) 阅读已下载的上市公司资产负债表无形资产项目及附注内容，思考以下问题：

① 该公司无形资产账面原值是多少？

② 该公司无形资产账面净值是多少？如何计算？

③ 该公司无形资产账面价值是多少？如何计算？

4.6.4 任务自测

1. 判断题

(1) 无形资产是企业拥有或者控制的没有实物形态的可辨认非货币性资产。 (　　)

(2) 通过外购方式取得的无形资产通常按实际成本计量。 (　　)

(3) 企业取得的使用寿命有限的无形资产均应按直线法摊销。 (　　)

2. 单项选择题

(1) 接受投资者投入的无形资产，应按(　　)入账。

A. 同类无形资产的价格

B. 该无形资产可能带来的未来现金流量之和

C. 按投资合同或协议约定的价值

D. 投资者无形资产账面价值

（2）自创并经法律程序申请取得的无形资产，其申请登记费应列入（　　）。
A. 管理费用　　B. 无形资产　　C. 其他业务支出　　D. 营业费用

3. 多项选择题

（1）下列各项中，企业应确认为无形资产的有（　　）。
A. 吸收投资取得的土地使用权
B. 因转让土地使用权补交的土地出让金
C. 由于技术先进掌握了生产诀窍而形成的商誉
D. 无偿划拨取得的土地使用权

（2）下列说法中正确的有（　　）。
A. 资产负债表日，无形资产可收回金额低于账面净值的，企业应当将该无形资产的账面净值减记至可收回金额
B. 资产负债表日，无形资产账面净值＞可收回金额，无形资产账面价值＝无形资产账面净值－无形资产减值准备
C. 资产负债表日，无形资产账面净值＜可收回金额，无形资产账面价值＝无形资产账面净值＝无形资产原值－累计摊销
D. 资产负债表日，无形资产存在可能发生减值的迹象时，企业应当计提相应的资产减值准备

（3）关于无形资产的摊销，下列说法中正确的有（　　）。
A. 使用寿命有限的无形资产，其应摊销金额应当在使用寿命内系统合理摊销
B. 企业摊销无形资产，应当自无形资产可供使用时起，至不再作为无形资产确认时止
C. 无形资产摊销年限不超过10年
D. 使用寿命有限的无形资产一定无残值

拓展学习

1. 企业合并与合并财务报表

1）企业合并

企业合并是将两个或两个以上单独的企业合并形成一个报告主体的交易或事项。从企业合并的定义看，是否形成企业合并，关键要看有关交易或事项发生前后，是否引起报告主体的变化。报告主体的变化产生于控制权的变化。

按合并后主体的法律形式不同，企业合并分为以下几种：

（1）控股合并是指合并方甲（或购买方，下同）通过企业合并交易或事项取得对被合并方乙（或被购买方，下同）的控制权，能够主导被合并方的生产经营决策，从而将被合并方纳入其合并财务报表范围形成一个报告主体的情况，即，甲＋乙＝甲（母公司）＋乙（子公司），合并后主体仍为多个法律主体。在控股合并的情况下，甲（母公司）要编制合并财务报表。

（2）吸收合并是指合并方甲在企业合并中取得被合并方乙的全部净资产，并将有关资产、负债并入合并方自身的账簿和报表进行核算，即，甲＋乙＝甲，合并后主体为一个法律主体。

(3) 新设合并是指企业合并中注册成立一家新的企业，由其持有原参与合并各方的资产、负债在新的基础上经营，即甲＋乙＝丙，合并后主体为一个法律主体。

按合并前、后最终控制方是否发生变化，企业合并分为以下两种：

(1) 同一控制下的企业合并是指参与合并的企业在合并前后均受同一方或相同的多方最终控制且该控制并非暂时性的。同一控制下的企业合并一般发生于企业集团内部，如集团内母子公司之间、子公司与子公司之间等。如图 4.1 所示，B、C 合并，属于同一控制下的企业合并。

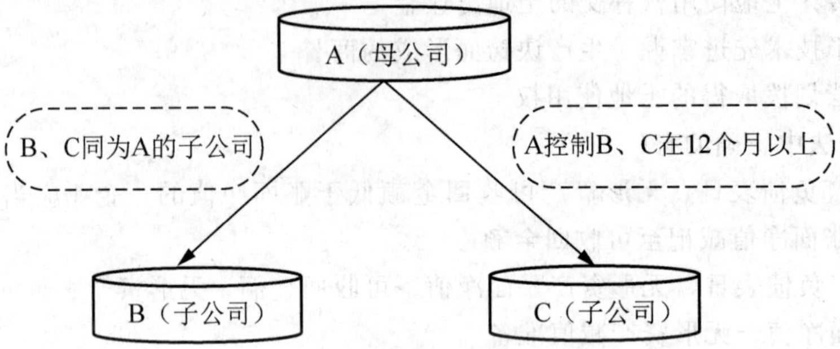

图 4.1　同一控制下的企业合并

(2) 非同一控制下的企业合并是指参与合并各方在合并前后不受同一方或相同的多方最终控制的合并交易，即除判断属于同一控制下企业合并的情况以外其他的企业合并。如图 4.2 所示，C、D 合并，属于非同一控制下的企业合并。

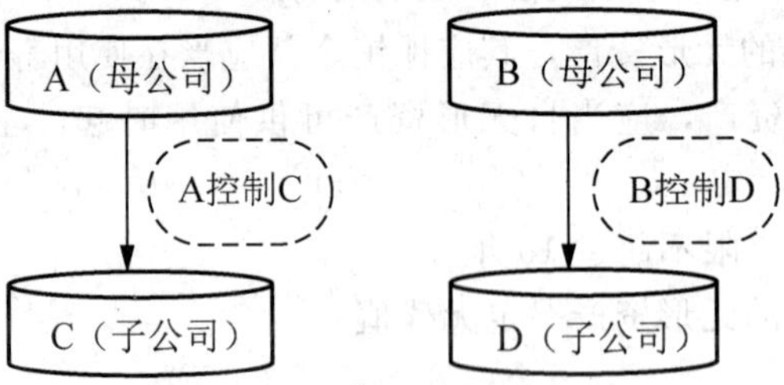

图 4.2　非同一控制下的企业合并

企业合并的类型不同，所遵循的会计处理原则也不同。同一控制下的企业合并，会计处理中采用账面价值进行计量；非同一控制下的企业合并，会计处理中使用自愿交易的双方都能够接受的价值——公允价值进行计量。

2) 合并财务报表

合并财务报表是指由母公司编制的，将母子公司形成的企业集团作为一个会计主体，综合反映企业集团整体财务状况、经营成果和现金流量的报表。母公司是指有一个或一个以上子公司的企业；子公司是指被母公司控制的企业。母公司应当是依法登记，取得企业法人资格的控股企业。

合并财务报表至少应当包括下列组成部分：合并资产负债表、合并利润表、合并现金流量表、合并所有者权益变动表(或股东权益变动表)、附注。

2. 会计政策与会计估计

1) 会计政策与会计政策变更

会计政策是指企业在会计确认、计量和报告中所采用的原则、基础和会计处理方法。会计政策变更是指企业对相同的交易或者事项由原来采用的会计政策改为另一种会计政策的行为。

也就是说，凡是涉及会计确认、计量基础、列报项目的指定(判定)或选择就是会计政策，其相应的变更就是会计政策变更。例如，企业对某项内部研究开发项目开发阶段的支出是确认为费用还是资产的判定就属于会计政策。若前期将研发费用确认为一项费用，而当期符合无形资产确认条件将其确认为一项资产，因会计确认发生了变化，所以该变更是会计政策变更。又如，商业企业对商品采购费用是列入营业费用还是列入存货成本的指定就属于会计政策。若在前期将商品采购费用列入营业费用，当期按规定将采购费用列入存货成本。因为列报项目发生了变化，所以该变更是会计政策变更。

一般情况下，企业采用的会计政策在每一会计期间和期后各期应当保持一致，不得随意变更，否则必然会影响会计信息的可比性。但是在下列两种情形下企业可以变更会计政策：一是法律、行政法规或者国家统一的会计制度等要求变更；二是会计政策变更能够提供更可靠、更相关的会计信息。

2）会计估计与会计估计变更

会计估计是指企业对结果不确定的交易或者事项以最近可利用的信息为基础所作的判断。会计估计变更指由于资产和负债的当前状况及预期经济利益和义务发生了变化，从而对资产或负债的账面价值或者资产的定期消耗金额进行调整。

也就是说，根据会计确认、计量基础和列报项目所选择的、为取得与资产负债表项目有关的金额或数值所采用的处理方法，是会计估计，其相应的变更是会计估计变更。例如，企业根据应收款项及坏账损失的实际情况，决定由应收款项余额百分比法改用账龄分析法计提坏账准备，并提高一般应收款项坏账准备计提比例。该事项前后采用的两种坏账准备计提方法和计提比例都是以历史成本作为计量基础，对该事项的会计确认和列报项目也未发生变更，只是应收账款等相关金额发生了变化，因此，该事项属于会计估计变更。

又如，企业原采用双倍余额递减法计提固定资产折旧，根据固定资产使用的实际情况，企业决定改用直线法计提固定资产折旧。该事项前后采用的两种计提折旧方法都是以历史成本作为计量基础，对该事项的会计确认和列报项目也未发生变更，只是固定资产折旧、固定资产净值等相关金额发生了变化。因此，该事项属于会计估计变更。另外，固定资产的使用寿命、预计净残值改变都应当作为会计估计变更处理。

一般而言，会计估计变更包括两种情形：一是由于赖以进行估计的基础发生了变化；二是取得了新的信息、积累了更多的经验。

知识归纳

(1) 货币资金是指企业的经营资金在周转过程中暂时停留在货币形态上的那部分资金。货币资金包括库存现金、银行存款和其他货币资金三个部分。

(2) 应收款项是指企业在一年或一个营业周期内可以收回的各项债权。在资产负债表上，应收款项具体分应收票据、应收账款、预付账款、其他应收款、应收利息及应收股利等项目列示。资产负债表日，应收账款、其他应收款的账面价值应在账面余额基础上考虑坏账准备的影响。

(3) 存货是企业在日常活动中持有的以备出售的产成品或商品、处在生产过程中的在产品、在生产过程或提供劳务过程中耗用的材料和物料等。企业持有存货的最终的目的是为了出售。资产负债表日，存货的账面价值应当按照成本与可变现净值孰低计量(即应考虑存货跌价准备)。

(4) 对外投资是指企业以现金、实物、无形资产等方式或者以购买股票、债券等有价证券形式向其他单位进行的投资。在资产负债表上，反映企业对外投资的项目主要有：交易性金融资产、可供出售金融资产、持有至到期投资以及长期股权投资。资产负债表日，交易性金融资产、可供出售金融资产的账面价值应当按照公允价值计量；持有至到期投资的账面价值应采用实际利率法，按照摊余成本计量；长期股权投资的账面价值应在账面余额基础上考虑长期股权投资减值准备。

(5) 固定资产是企业为生产商品、提供劳务、出租或经营管理而持有的使用寿命超过一个会计年度的有形资产。固定资产在生产过程中可以长期发挥作用，并保持原有的实物形态。资产负债表日，固定资产的账面价值应当按照账面净值与可收回金额孰低计量(即应考虑固定资产折旧及固定资产减值准备)。

(6) 无形资产是企业拥有或者控制的没有实物形态的可辨认非货币性资产。无形资产通常表现为某种权利、某项技术或某种获得差额利润的综合能力，如土地使用权、非专利技术、商誉等。资产负债表日，无形资产的账面价值应当按照账面净值与可收回金额孰低计量(即应考虑无形资产摊销及无形资产减值准备)。

技能训练

训练 1

(一) 目的：理解货币资金内部控制。

(二) 资料：2008 年，宁夏某大药房(国有企业)出纳刘某利用职务便利，分 246 次从单位银行账户上提现共计 239.9 万多元据为己有，被检察机关以涉嫌贪污立案并逮捕。根据银川市检察院指控，2004 年 10 月 20 日至 2008 年 9 月 2 日，刘某在担任宁夏某大药房出纳期间，利用管理单位现金支票的便利，将部分空白现金支票私自留存，并偷盖了单位财务专用章和法定代表人印章。随后，刘某分 246 次从药房银行账户上提取现金 239.9 万多元据为己有。庭审中，据刘某向检察机关交代，这些款项中，150 万元用于炒股，40 多万元用于个人消费，其余用于吸食毒品等方面的挥霍。检察机关认为，应以贪污罪追究刘某的刑事责任。

(资料来源：中国新闻网 www.chinanews.com.cn)

(三) 要求：分析本案例中该企业内部货币资金管理存在的漏洞。

训练 2

(一) 目的：学会商业汇票到期值、贴现息的计算。

(二) 资料：2010 年 6 月 1 日，通达公司将持有的一张 E 单位不带息的商业承兑汇票到银行贴现，面值为 9.36 万元，期限为 3 个月，出票日为 2010 年 4 月 1 日。银行年贴现率为 6%。

(三) 要求：计算通达公司该商业汇票的贴现所得。

训练 3

(一) 目的：学会应收款项减值损失估计、应收账款账面价值的计算。

(二) 资料：通达公司对全部应收账款采用“应收款项余额百分比法”估计坏账损失，坏账准备的提取比例为 5%。有关资料如下：

(1) 2010 年 12 月应收账款期初借方余额为 100 万元，坏账准备期初贷方余额为 5 万元。

(2) 12月7日，向B公司销售产品200件，单价1万元，增值税率17%，销售货款未收到。

(3) 12月24日发生坏账损失4万元。

(4) 12月29日收回前期已确认的坏账2万元，并存入银行。

(三) 要求：

(1) 计算2010年12月末账项调整前、后的坏账准备余额。

(2) 计算2010年12月末应补提(或转销)的坏账准备金额。

(3) 计算2010年12月31日资产负债表项目应收账款的账面价值。

训练4

(一) 目的：学会存货发出成本的计算。

(二) 资料：2010年6月，通达公司甲材料的收入、发出数据资料见表4-32。

表4-32 甲材料收、发、存数据资料

单位：元

日期	收入			发出			结存		
	数量	单位成本	总成本	数量	单位成本	总成本	数量	单位成本	总成本
6.1							50	40	2 000
6.3	100	42	4 200				150		
6.6				120			30		
6.15	200	45	9 000				230		
6.28				190			40		
合计	300		13 200	310					

(三) 要求：根据以上资料，分别采用先进先出法、一次加权平均法、移动加权平均法，计算本期发出存货成本和期末结存存货的成本。

训练5

(一) 目的：学会固定资产折旧的计算。

(二) 资料：2010年1月，通达公司购入设备一台，增值税专用发票上注明的货款为40 000元，增值税税率为17%，支付运杂费500元，安装调试费2 500元。该设备预计净残值率为5%，预计使用年限为5年。

(三) 要求：

(1) 根据现行会计制度规定，计算该设备的入账价值。

(2) 分别采用平均年限法、双倍余额递减法和年数总和法计算该项设备各年折旧率及折旧额。

学习情景5 资产负债表项目——负债及所有者权益类

职业知识

1. 理解负债及所有者权益项目的含义。
2. 熟悉职工薪酬的范围及内容。
3. 了解企业主要税种和税率。
4. 掌握增值税、所得税、消费税、营业税的概念与计算方法。
5. 了解长期借款的含义和种类。
6. 掌握企业债券发行、溢折价的摊销知识。
7. 了解所有者权益的分类。
8. 了解投入资本和留存利润的含义和内容。

职业能力

1. 会计算增值税、所得税、消费税、营业税。
2. 能读懂应付职工薪酬项目的注释。
3. 能读懂应交税费项目的注释。
4. 会计算企业债券的利息费用。
5. 基本读懂所有者权益各项目的注释。

职业素养

1. 树立财经法规意识。
2. 养成阅读分析习惯。
3. 提高应用分析能力。

任务1 流动负债项目

5.1.1 任务导入

JH公司2009年12月31日合并资产负债表中流动负债项目列示见表5-1。请问：
(1) 短期借款利息应如何处理？

(2) 职工薪酬包括哪些内容?

(3) 应交税费包括哪些内容?

(4) 在资产负债表日，各流动负债项目的账面价值应如何确定?

表 5-1　JH 公司合并资产负债表

2009 年 12 月 31 日　　单位：元

资　　产	期末余额	年初余额	负债及所有者权益	期末余额	年初余额
……			流动负债：		
			短期借款	810 486 000.00	960 548 000.00
			……		
			应付票据	68 575 900.00	210 719 600.00
			应付账款	143 248 049.00	121 323 068.00
			预收款项	36 535 100.00	29 308 600.00
			应付职工薪酬	24 443 900.00	12 929 500.00
			应交税费	12 633 600.00	54 886 200.00
			……		
			其他应付款	28 040 800.00	30 281 600.00
			……		

5.1.2 知识要点

流动负债是指预计在一个正常经营周期中清偿，或者主要为交易目的而持有，或者自资产负债表日起 1 年内(含 1 年)应予以清偿，或者无权自主地将清偿推迟至资产负债表日后 1 年以上的负债，主要包括短期借款、应付票据、应付账款、预收账款、应付职工薪酬、应交税费、应付利息、应付股利、其他应付款等。

流动负债是在企业经营过程中形成的，形成的具体原因包括筹集资金过程中形成的负债，如短期借款；结算过程中形成的负债，如应付账款、应付票据；利润分配过程中形成的负债，如应付股利。

1. 短期借款

短期借款是指企业向银行或其他金融机构等借入的期限在 1 年以下(含 1 年)的各种借款。短期贷款的目的主要是将其作为维持正常生产经营所需的资金以弥补自有流动资金的不足。短期借款的种类很多，一般包括生产周转借款、临时借款、结算借款等。

1) 短期借款入账

企业应通过“短期借款”科目，核算短期借款的取得及偿还情况。企业从银行或其他金融机构等取得借款时，按照借款合同上的借款本金入账。

2) 短期借款的利息费用

在实际工作中，银行一般于每季度末收取短期借款利息，因此，按照权责发生制原则要求，企业的短期借款利息一般采用“月末计提、季末支付”的方式进行核算。短期借款的利息属于筹资费用，应作财务费用处理，计入当期损益。在资产负债表日，企业计提短期借款利息费用，一方面使“财务费用”金额增加，另一方面使“应付利息”金额增加。

【案例 5-1】

【资料】 AB公司于2010年4月1日向银行借入一笔用于生产经营的短期借款，共计120 000元，期限为9个月，年利率为8%。根据与银行签署的借款协议，该项借款的本金到期后一次归还，利息按季支付。

【问题】 AB公司每月末应计提的利息为多少？每季末应支付的利息为多少？

每月末应计提的利息金额 120 000×8%÷12=800(元)

每季末应支付的利息金额 800×3=2 400(元)

想一想

在资产负债表日，AB公司未对公司短期借款计提利息，会对资产负债表和利润表产生什么影响？

在资产负债表日，短期借款项目的账面价值应根据“短期借款”账户的期末余额确定。同时，企业应当按照借款的种类在附注中披露与短期借款有关的信息。

2. 应付职工薪酬

职工薪酬是指企业为获得职工提供的服务而给予其的各种形式的报酬以及其他相关支出，包括职工在职期间和离职后获得的全部货币性薪酬和非货币性福利。企业提供给职工配偶、子女或其他被赡养人的福利等，也属于职工薪酬。

1）职工薪酬的范围

从职工的范围讲，包括各种人员，具体有以下几种：

(1) 与企业订立劳动合同的所有人员，有全职、兼职和临时职工。

(2) 未与企业订立劳动合同，但却是由企业正式任命的人员，如董事会成员、监事会成员等。

(3) 在企业的计划和控制下，虽是未与企业订立劳动合同或未正式任命的人员，但却为企业提供了类似服务，也视同企业职工处理。

从薪酬的内容上讲，包括各种薪酬，具体有以下几种：

(1) 职工的工资、奖金、津贴和补贴，即按照国家统计局《关于职工工资总额组成的规定》，构成工资总额的计时工资、计件工资、支付给职工的超额劳动报酬和增收节支的劳动报酬、为了补偿职工特殊或额外的劳动消耗和因其他特殊原因支付给职工的津贴，以及为了保证职工工资水平不受影响支付给职工的物价补贴等。

(2) 社会保险费，即企业按照国家规定的基准和比例计算，向社会保险经办机构缴纳的保险费，包括医疗保险费、养老保险费[①]、失业保险费、工伤保险费和生育保险费。

另外，企业按照年金计划规定的基准和比例计算，向企业年金相关管理人缴纳的补充养老保险以及企业为职工购买的商业保险也属于职工薪酬。

(3) 住房公积金，即企业按照国务院《住房公积金管理条例》规定的基准和比例计算，

① 我国养老保险主要分为三个层次：第一层次是社会统筹与个人账户结合的基本养老保险；第二层次是企业补充养老保险；第三层次是个人储蓄性养老保险，属于个人行为，与企业无关，不属于职工薪酬范畴。

向住房公积金管理机构缴存的住房公积金。

(4) 工会经费和职工教育经费，指企业为了改善职工的文化生活，为职工学习先进技术和提高文化水平与业务素质，用于开展工会活动和职工教育及职业技能培训等的相关支出。工会经费的列支标准是工资总额的2%，职工教育经费的列支标准是工资总额的2.5%。

(5) 职工福利费，是指企业为职工提供的除职工工资、奖金、津贴、纳入工资总额管理的补贴、职工教育经费、社会保险费和补充养老保险费(年金)、补充医疗保险费及住房公积金以外的福利待遇支出，如职工疗养费用、自办职工食堂经费补贴、职工困难补助、独生子女费、探亲假路费等。按照新企业所得税法的规定，自2008年1月起，职工福利费在工资总额14%内据实列支。

(6) 非货币性福利，指企业以自己的产品或外购商品发放给职工作为福利，企业提供给职工无偿使用自己拥有的资产或租赁资产供职工无偿使用等。

(7) 因解除与职工的劳动关系给予的补偿，指由于各种原因，企业在职工劳动合同尚未到期之前解除与职工的劳动关系，或者为鼓励职工自愿接受裁减而给予职工的经济补偿。

(8) 其他与获得职工提供的服务相关的支出，如企业提供给职工以权益形式结算的认股权、以现金形式结算但以权益工具公允价值为基础确定的现金股票增值权等。

从支付的对象上讲，具体有以下几种：

(1) 提供给职工本人在职期间的薪酬。

(2) 提供给职工离职后的薪酬。

(3) 提供给职工配偶、子女或其他被赡养人的福利。

从支付的形式上讲，具体有以下几种：

(1) 货币性薪酬和非货币性薪酬。

(2) 物质性福利和教育性福利。

2) 职工薪酬的确认

企业应当在职工为其提供服务的会计期间，将除辞退福利外的应付的职工薪酬确认为负债，并根据职工提供服务的受益对象，将确认的职工薪酬费用(包括货币性薪酬和非货币性福利)计入相关资产成本或当期损益，具体分别按下列情况处理：

(1) 应由生产产品、提供劳务负担的职工薪酬，计入产品成本或劳务成本。例如，生产部门生产人员的职工薪酬费用计入生产成本；生产部门管理人员的职工薪酬计入制造费用。

(2) 应由在建工程、无形资产负担的职工薪酬，计入建造固定资产或无形资产成本。例如，购建在建工程的人员的职工薪酬计入在建工程；研发人员研发项目时职工薪酬计入研发支出。

(3) 除上述两项之外的其他职工薪酬，计入当期损益。例如，管理部门人员的职工薪酬计入管理费用；销售部门人员的职工薪酬计入销售费用。

想一想

将本应该计入资产成本的职工薪酬计入了期间费用，会对资产负债表和利润表产生什么影响?

3) 职工薪酬的计量

货币性职工薪酬的计量分两种情况。一种是国家(或企业年金计划)规定了计提基础和计提比例的，如应向社会保险经办机构(或企业年金基金账户管理人)缴纳的医疗保险费、养老保险费、失业保险费、工伤保险费、生育保险费等社会保险费，应向住房公积金管理中心缴存的住房公积金，以及应向工会部门缴纳的工会经费等，企业应当按照国家规定的标准计提。另一种是国家(或企业年金计划)没有明确规定计提基础和计提比例的，如职工福利费等职工薪酬，企业应当根据历史经验数据和实际情况，合理预计当期应付职工薪酬。

非货币性职工薪酬的计量。企业以其自产产品作为非货币性福利发放给职工的，应当根据受益对象，按照该产品的公允价值，计入相关资产成本或当期损益，同时确认应付职工薪酬。

【案例 5-2】

【资料】 2010 年 6 月，AB 公司当月应发工资 10 000 000 元，其中：生产部门直接生产人员工资 5 000 000 元；生产部门管理人员工资 1 000 000 元；公司管理部门人员工资 1 800 000元；公司专设销售机构人员工资 500 000 元；建造厂房人员工资 1 700 000 元。根据当地政府规定，公司分别按照职工工资总额的 10%、12%、2%和 10.5%计提医疗保险、养老保险、失业保险和住房公积金，缴纳给当地社会保险经办机构和住房公积金管理机构。预计本月承担的职工福利费为工资总额的 14%，公司分别按照工资总额的 2%和 2.5%计提工会经费和职工教育经费。

【问题】

(1) 2010 年 6 月应计入生产成本、制造费用、管理费用、销售费用、在建工程成本的职工薪酬金额分别是多少?

(2) 2010 年 6 月应付的职工福利、应缴的社会保险费、住房公积金、工会经费和职工教育经费分别是多少?

分析：

(1) 2010 年 6 月应计入生产成本的职工薪酬金额：

5 000 000+5 000 000×(10%+12%+2%+10.5%+14%+2%+2.5%)=7 650 000(元)

2010 年 6 月应计入制造费用的职工薪酬金额：

1 000 000+1 000 000×(10%+12%+2%+10.5%+14%+2%+2.5%)=1 530 000(元)

2010 年 6 月应计入管理费用的职工薪酬金额：

1 800 000+1 800 000×(10%+12%+2%+10.5%+14%+2%+2.5%)=2 754 000(元)

2010 年 6 月应计入销售费用的职工薪酬金额：

500 000+500 000×(10%+12%+2%+10.5%+14%+2%+2.5%)=765 000(元)

2010 年 6 月应计入在建工程成本的职工薪酬金额：

1 700 000+1 700 000×(10%+12%+2%+10.5%+14%+2%+2.5%)=2 601 000(元)

(2) 2010 年 6 月应付的职工福利：10 000 000×14%=1 400 000(元)

2010 年 6 月应缴的社会保险费：10 000 000×(10%+12%+2%)=2 400 000(元)

2010 年 6 月应缴的住房公积金：10 000 000×10.5%=1050 000(元)

2010 年 6 月应缴的工会经费：10 000 000×2%=200 000(元)

2010 年 6 月应缴的职工教育经费：10 000 000×2.5%=250 000(元)

在资产负债表日，应付职工薪酬项目的账面价值根据“应付职工薪酬”账户的期末余额确定。同时企业应当在附注中披露与职工薪酬有关的下列信息：

(1) 应当支付给职工的工资、奖金、津贴和补贴及其期末应付未付金额。

(2) 应当为职工缴纳的医疗保险费、养老保险费、失业保险费、工伤保险费和生育保险费等社会保险费及其期末应付未付金额。

（3）应当为职工缴存的住房公积金及其期末应付未付金额。

（4）为职工提供的非货币性福利及其计算依据。

（5）应当支付的因解除劳动关系给予的补偿及其期末应付未付金额。

（6）其他职工薪酬。

3. 应交税费

应交税费是指企业按照税法等规定计算应交纳的各种税费，包括增值税、消费税、营业税、企业所得税、资源税、土地增值税、城市维护建设税、房产税、土地使用税、车船税、教育费附加、矿产资源补偿费等。

1）增值税

增值税是对销售货物或者提供加工、修理修配劳务以及进口货物的单位和个人就其实现的增值额征收的流转税[①]。增值税是以商品（或应税劳务）在流转过程中产生的增值额作为计税依据而征收的一种价外税[②]。

增值税纳税人按其经营规模及会计核算的健全程度分为一般纳税人[③]和小规模纳税人[④]。一般纳税人与小规模纳税人的认定由主管税务机关依照税法规定的标准确认。被认定为一般纳税人的企业可以使用增值税专用发票。小规模纳税人销售只能使用普通发票。

我国现行征收增值税的办法有两种："税款抵扣"法和"简易办法"。对于一般纳税人而言，一般采用"税款抵扣"的办法征收增值税，即纳税人根据销售商品或提供应税劳务的销售额，按规定的税率计算并向购买方收取的增值税额（即销项税额），然后扣除购进货物或者接受应税劳务（以下简称购进货物或者应税劳务）支付或者负担的增值税额，取得该商品或劳务时所支付的增值税款（即进项税额），其差额就是增值部分应交的税额。对小规模纳税人则采用"简易办法"征收增值税，即按照销售额和征收率计算应纳税额，其进项税不允许抵扣。

一般纳税人销售货物或者提供应税劳务，应纳税额为当期销项税额抵扣当期进项税额后的余额。当期销项税额小于当期进项税额而不足抵扣时，其不足部分可以结转下期继续抵扣。应纳税额计算公式如下：

$$应纳税额=当期销项税额-当期进项税额 \tag{5-1}$$

---

① 流转税又称流转课税、流通税，是指以纳税人商品生产、流通环节的流转额或者数量以及非商品交易的营业额为征税对象的一类税收。流转税是商品生产和商品交换的产物，主要包括增值税、消费税、营业税等，是政府财政收入的重要来源。

② 根据税收和价格的关系，税收可分为价内税和价外税。凡是商品价格中不包含应缴流转税税金，统称为价外税，如我国现行的增值税，价外税是由购买方承担税款，销售方取得的货款包括销售款和税款两部分。凡是商品价格中包含应缴流转税税金，统称为价内税，如我国现行的消费税和营业税，价内税是由销售方承担税款，销售方取得的货款就是其销售款，而税款由销售款来承担并从中扣除。

③ 一般纳税人是指年应征增值税销售额超过《中华人民共和国增值税暂行条例实施细则》规定的小规模纳税人标准的企业和企业性单位。

④ 小规模纳税人是指年销售额在规定标准以下，并且会计核算不健全，不能按规定报送有关税务资料的增值税纳税人。小规模纳税人的认定标准：生产型（货物生产或者提供应税劳务）纳税人年应征增值税销售额≤50万元；批发、零售等非生产型纳税人，年应征增值税销售额≤80万元；非企业性单位、不经常发生应税行为的企业。

$$当期销项税额=销售额\times税率 \tag{5-2}$$

$$当期进项税额=买价\times扣除率 \tag{5-3}$$

式中，销售额——纳税人销售货物或者应税劳务向购买方收取的全部价款和价外费用，但是不包括收取的销项税额，即为不含税的销售额。

【案例5-3】

【资料】 AB公司为增值税一般纳税人，2010年6月，公司发生涉及增值税的经济业务如下：

(1) 购入原材料一批，价款80 000元(不含税)，增值税税率为17%。该批原材料已验收入库，货款已用银行存款支付。

(2) 销售甲产品一批，增值税专用发票注明的价款200 000元(不含税)，增值税税率为17%。提货单和增值税专用发票已交购货方，货款已收存入银行。

【问题】

2010年6月本月应交增值税的金额是多少？

分析：2010年6月本月应交增值税=200 000×17%－80 000×17%=34 000－13 600=20 400(元)。

小规模纳税人销售货物或者应税劳务的应纳税额按照销售额和征收率计算。小规模纳税人购入货物时无论是否取得增值税专用发票，其支付的增值税额均不得抵扣，而是计入购入货物的成本。应纳税额计算公式如下：

$$应纳税额=销售额\times征收率 \tag{5-4}$$

式中，销售额——不含税的销售额；

征收率——小规模纳税人的增值税征收率为3%。

【案例5-4】

【资料】 KF公司为增值税小规模纳税人，2010年7月，公司发生涉及增值税的经济业务如下：

(1) 购入原材料一批，价税款合计58 500元。其中价款50 000元，增值税额为8 500元。该批原材料已验收入库，货款已用银行存款支付。

(2) 销售甲产品一批，增值税专用发票注明的价款100 000元(不含税)，增值税税率为3%。提货单和增值税专用发票已交购货方，货款已收存入银行。

【问题】 2010年7月本月应交增值税的金额是多少？

分析：2010年7月本月应交增值税=100 000×3%=3 000(元)。

2) 消费税

消费税对生产、委托加工、进口应税消费品征收的流转税。消费税是对特定消费品和消费行为征收的税种，国家在对所有货物普遍征收增值税的基础上选择部分消费品再征收消费税，主要是为了起到限制奢侈消费、调节消费产品结构和保障财政收入的作用。

消费税实行价内征收，消费税按应税消费品的不同分别采用从价定率、从量定额，或者从价定率和从量定额复合计税(以下简称复合计税)三种办法计算应纳税额。计算公式如下：

$$实行从价定率办法计算的应纳税额=销售额\times比例税率 \tag{5-5}$$

$$实行从量定额办法计算的应纳税额=销售数量\times定额税率 \tag{5-6}$$

$$实行复合计税办法计算的应纳税额=销售额\times比例税率+销售数量\times定额税率 \tag{5-7}$$

【案例 5－5】

【资料】 AB 公司为增值税一般纳税人，适用增值税税率为 17%，2010 年 7 月，公司销售应税消费品一批，价款(不含税)100 000 元，适用的增值税率 17%，消费税率 10%。该批消费品的成本为 50 000 元。产品已发出，货款尚未收到。

【问题】

(1) 2010 年 7 月本月应交消费税的金额是多少?

(2) 2010 年 7 月本月应交消费税的计提对报表中有何影响?

分析：

(1) 2010 年 7 月本月应交消费税＝100 000×10%＝10 000(元)。

(2) 2010 年 7 月本月应交消费税的计提导致资产负债表中“应交税费”项目的金额增加 10 000 元，利润表中的“营业税金及附加”项目的金额增加 10 000 元，在其他因素不变的情况下，利润减少增加 10 000 元。

3) 营业税

营业税是指对在我国境内提供应税劳务、转让无形资产或销售不动产的单位和个人，就其所取得的营业额而征收的一种流转税。从征税对象看，增值税、消费税以商品销售额为主要课税对象，营业税以非商品销售额为主要课税对象，对于一种货物或劳务而言，要么征收增值税，要么征收营业税。

营业税的应纳税额根据营业额和适用税率计算，企业计提的应交营业税会影响资产负债表中的“应交税费”项目，利润表中的“营业税金及附加”项目(提供应税劳务时)和“其他业务成本”项目(转让无形资产时)。

4) 企业所得税

企业所得税是指对企业和经营单位的生产经营所得和其他所得征收的一种税。企业应交的所得税应根据应纳税所得额①和所得税税率计算。计算公式如下：

应交所得税＝应纳税所得额×所得税税率 (5－8)

应纳税所得额＝税前会计利润＋纳税调整增加额②－纳税调整减少额③ (5－9)

税前会计利润是指根据会计准则的规定，通过财务会计的程序确认的、在扣减当期所得税费用之前的收益。应纳税所得额是根据国家税法及其实施细则的规定计算确定的收益，是企业申报纳税和国家税收机关核定企业应纳税额的依据。会计核算原则和税法的有关规定所包含的内容不同(即计算口径不同)和计算时期不同，导致税前会计利润与应纳税所得额之间存在差异。因此，企业计算应交所得税时，应按照税法的有关规定来确认。

【案例 5－6】

【资料】 CD 公司 2010 年度的税前会计利润为 5 000 000 元，其中包括本年收到的国债

---

① 企业每一纳税年度的收入总额，减除不征税收入、免税收入、各项扣除以及允许弥补的以前年度亏损后的余额。

② 纳税调整增加额主要包括税法允许扣除项目中，企业已计入当期费用但超过税法规定扣除标准的金额(如超过税法规定标准的工资、福利费、工会经费、职工教育经费、业务招待费等支出)，以及已计入当期损失但税法规定不允许扣除项目的金额(如税收滞纳金、罚款)等。

③ 纳税调整减少额主要包括税法规定允许弥补的亏损和准予免税的项目，如前 5 年内未弥补的亏损、国债利息收入等。

利息收入 20 000 元；全年实发工资 1 000 000 元，福利支出 200 000 元；所得税税率 25%。无其他纳税调整事项。

【问题】 CD 公司 2010 年度的应交所得税是多少？

分析：应纳税所得额＝税前会计利润＋纳税调整增加额－纳税调整减少额

＝5 000 000＋(200 000－1 000 000×14%)－20 000＝5 040 000(元)；

CD 公司 2010 年度的应交所得税＝5 040 000×25%＝1 260 000(元)。

5）城市维护建设税和教育费附加

城市维护建设税是对从事工商经营，缴纳消费税、增值税、营业税的单位和个人征收的一种税。主要是为了加强城市的维护建设，扩大和稳定城市维护建设资金的来源。

教育费附加是对缴纳增值税、消费税、营业税的单位和个人征收的一种附加费。主要是为了扶持教育事业的发展，用于教育的政府性基金。

应交城市维护建设税和应交教育费附加应根据实际缴纳的流转税和税率(或附加费率)计算。计算公式如下：

应交城市维护建设税＝实际缴纳的流转税(增值税＋营业税＋消费税)×适用税率 (5-10)

应交教育费附加＝实际缴纳的流转税(增值税＋营业税＋消费税)×教育费附加率 (5-11)

【案例 5-7】

【资料】 AB 公司为增值税一般纳税人，适用增值税税率为 17%，2010 年 8 月，公司实际缴纳的增值税为 37 400 元，消费税为 10 000 元。城市维护建设税税率为 7%，教育费附加的征收率为 3%。

【问题】 2010 年 8 月本月应交城市维护建设税、应交教育费附加的金额分别是多少？

分析：2010 年 8 月应交城市维护建设税＝(37 400＋10 000)×7%＝3 318(元)；

2010 年 8 月应交教育费附加＝(37 400＋10 000)×3%＝1 422(元)。

企业发生的各种税金费及附加费用并不是全部计入到“应交税费”项目，对于不需要预计应交数的税金，如企业交纳的契税、印花税、耕地占用税等，不通过“应交税费”科目核算，这些税金发生时，一方面使“管理费用”增加，另一方面使“库存现金”或“银行存款”减少。

“应交税费”项目反映企业期末未交、多交或未抵扣的各种税金。在资产负债表日，“应交税费”本项目应根据“应交税费”账户的期末贷方余额填列；如“应交税费”账户期末为借方余额，以“－”号填列。同时企业应当按照税费项目的内容在附注中披露与应交税费有关的信息。

4. 应付预收款项

企业在购买材料、商品和接受劳务时，由于交易时间和付款时间不一致而产生的负债有两种不同的表现形式：一种是买方企业与卖方企业长期合作，在相互信任的基础上存在的尚未结清的款项，通常以“应付账款”反映；另一种是买方企业以票据的形式书面承诺在未来某一时间支付该款项，通常以“应付票据”反映。

预收账款是指企业按照合同规定，向购货单位或接受劳务单位预收的款项。与应付账款不同，预收账款所形成的负债不是以货币偿还，而是以货物偿付。有些购销合同规定，销货企业可向购货企业预先收取一部分货款，待向对方发货后再收取其余货款。企业在发货前收取的货款，表明了企业承担了会在未来导致经济利益流出企业的应履行的义务，就成为企业的一项负债。

“应付账款”、“应付票据”、“预收款项”与前述的“应收账款”、“应收票据”、“预付款项”是购销双方不同立场而言，有关内容前面已述及，在此不再赘述。

5.1.3　实践活动

（1）阅读已下载的上市公司资产负债表短期借款项目、应付职工薪酬项目、应交税费项目及附注内容，思考以下问题：

① 该公司短期借款项目有哪些构成内容？金额各为多少？

② 该公司应付职工薪酬项目包括哪些内容？金额各为多少？当期增减变动的金额各为多少？

③ 该公司应交税费项目包括哪些内容？金额各为多少？

（2）阅读已下载的上市公司资产负债表应付款项目及附注内容，思考该公司应付款项目有哪些构成内容？金额各为多少？

5.1.4　任务自测

1. 判断题

（1）企业为职工缴纳的基本养老保险金、补充养老保险费，以及为职工购买的商业养老保险，均属于企业提供的职工薪酬。（　　）

（2）企业缴纳的各种税金，都通过“应交税费”科目核算。（　　）

（3）应付账款、应付票据、预收账款等应付款项的发生都与采购业务有关。（　　）

（4）会计实务中，流动负债是按未来偿付金额入账的。（　　）

（5）小规模纳税企业只要具有增值税专用发票，才能将支付的进项税额抵扣销项税。（　　）

2. 单项选择题

（1）某公司2010年7月1日向银行借入资金60万元，期限6个月，年利率为6%，到期还本，按月计提利息，按季付息。该企业7月31日应计提的利息为（　　）万元。

A. 0.3　　B. 0.6　　C. 0.9　　D. 3.6

（2）下列各项目中，不应根据职工提供服务的受益对象分配计入相关资产成本或费用的是（　　）。

A. 职工福利费　　B. 工会经费

C. 养老保险费　　D. 辞退福利

（3）某公司年末结账前“应收账款”科目所属明细科目中有借方余额50 000元，贷方余额20 000元；“预付账款”科目所属明细科目中有借方余额13 000元，贷方余额5 000元；“应付账款”科目所属明细科目中有借方余额50 000元，贷方余额120 000元；“预收账款”科目所属明细科目中有借方余额3 000元，贷方余额10 000元；“坏账准备”科目余额为0。

"应收账款"和"预收账款"明细科目相同，"应付账款"和"预付账款"明细科目相同，则年末资产负债表中"应收账款"项目和"应付账款"项目的期末数分别为(　　)。

A. 30 000 元和 70 000 元　　B. 53 000 元和 125 000 元

C. 63 000 元和 53 000 元　　D. 47 000 元和 115 000 元

(4) 企业对确实无法支付的应付账款，应转入的会计科目是(　　)。

A. 其他业务收入　　B. 资本公积

C. 盈余公积　　D. 营业外收入

(5) 下列不属于非流动负债的是(　　)。

A. 应付票据　　B. 应付债券　　C. 长期借款　　D. 长期应付款

(6) 某一般纳税企业采用托收承付结算方式从其他企业购入原材料一批，货款为 200 000 元，增值税为 34 000 元，对方代垫运杂费 6 000 元，该原材料已经验收入库。该购买业务所发生的应付账款的入账价值为(　　)。

A. 240 000　　B. 234 000

C. 206 000　　D. 200 000

3. 多项选择题

(1) 应作为职工薪酬计入相关资产成本或当期损益的有(　　)。

A. 为职工支付的补充养老保险

B. 因解除职工劳动合同支付的补偿款

C. 为职工进行健康检查而支付的体检费

D. 因向管理人员提供住房而支付的租金

E. 按照工资总额一定比例计提的职工教育经费

(2) 下列项目中，属于职工薪酬的有(　　)。

A. 职工福利费　　B. 住房公积金

C. 职工子女赡养福利　　D. 工伤保险

(3) 下列项目中，应通过"应付职工薪酬"科目核算的有(　　)。

A. 职工差旅费　　B. 职工教育经费

C. 职工医疗保险　　D. 失业保险

(4) 下列各项中，应作为应付职工薪酬核算的有(　　)。

A. 支付的工会经费　　B. 支付的职工教育经费

C. 为职工支付的住房公积金　　D. 为职工无偿提供的医疗保健服务

(5) 下列各项中，应列入资产负债表"应付利息"项目的有(　　)。

A. 计提的短期借款利息

B. 计提的一次还本付息的债券利息

C. 计提的分期付息到期还本债券利息

D. 计提的分期付息到期还本长期借款利息

(6) 下列税金中，应通过"应交税费"科目核算的有(　　)。

A. 应交城市维护建设税　　B. 应交消费税

C. 应交营业税　　D. 应交纳的印花税

任务2　非流动负债项目

5.2.1　任务导入

JH公司2009年12月31日合并资产负债表中非流动负债项目列示见表5-2。请问：

(1) 长期借款利息费用如何处理？

(2) 债券溢价和折价发行的原因？

表5-2　JH公司合并资产负债表

2009年12月31日　　单位：元

资　产	期末余额	年初余额	负债及所有者权益	期末余额	年初余额
……			流动负债：		
			……		
			非流动负债：		
			长期借款	678 500 800.00	490 814 000.00
			应付债券	0.00	0.00
			长期应付款	13 063 300.00	14 422 500.00
			……		

5.2.2　知识要点

非流动负债是指流动负债以外的负债，主要包括长期借款、应付债券、长期应付款等。非流动负债的偿还期在1年或者超过1年的一个营业周期以上。

1. 长期借款

长期借款是指企业从银行或其他金融机构借入的期限在1年以上(不含1年)的借款，一般用于固定资产的购建、改扩建工程、大修理工程、对外投资以及为了保持长期经营能力等方面。

长期借款按照借款用途的不同，可以分为基本建设借款、技术改造借款和生产经营借款三类。

长期借款按其偿还方式，可分为定期偿还和分期偿还。定期偿还的长期借款是指按规定的借款到期日一次还清全部本息；分期偿还的长期借款是指在借款期内按规定分期偿还本息。

长期借款的偿还方式、计息的利率、偿还期等都要在借款协议中明确规定。

1）长期借款入账

企业应设置“长期借款”科目，核算长期借款的借入、归还等情况。企业借入长期借款，应按实际收到的金额入账。

2）长期借款利息

长期借款利息费用应当在资产负债表日按照摊余成本和实际利率计算确定，实际利率与合同约定名义利率差异较小的，也可以采用合同约定的名义利率计算确定利息费用。

长期借款利息费用应当按以下原则计入相关资产成本或当期损益：属于筹建期间的，计入管理费用；属于生产经营期间的，计入财务费用。如果长期借款用于购建固定资产的，在固定资产尚未达到预定可使用状态前，所发生的应当资本化的利息支出数计入在建工程成本；固定资产达到预定可使用状态后发生的利息支出，以及按规定不予资本化的利息支出，计入财务费用。

在资产负债表日，企业计提长期借款利息，一方面使相关资产成本或当期损益金额增加，另一方面使“应付利息”金额增加。

想一想

企业将本期应予以资本化的长期借款利息费用计入了期间费用，会对资产负债表和利润表产生什么影响？

【案例5-8】

【资料】 AB公司为建造一幢厂房，于2009年1月1日借入期限为2年的长期专门借款1 500 000元，款项已存入银行。借款利率按市场利率确定为9%，每年付息一次，期满后一次还清本金。2009年初，该企业以银行存款支付工程价款共计900 000元，2010年初，又以银行存款支付工程费用600 000元，该厂房于2010年8月31日完工，达到预定可使用状态。假定不考虑闲置专门借款资金存款的利息收入或者投资收益。

【问题】

(1) 2009年应计入工程成本的利息费用为多少？

(2) 2010年应计入工程成本的利息费用为多少？应计入财务费用的利息为多少？

(3) AB公司该厂房的建造成本为多少？

(4) 利息费用资本化对AB公司有何影响？

分析：

(1) 2009年应计入工程成本的利息费用：1 500 000×9%=135 000(元)。

(2) 2010年应计入工程成本的利息费用：(1500 000×9%÷12)×8=90 000(元)。

2010年应计入财务费用的利息：(1 500 000×9%÷12)×4=45 000(元)。

(3) AB公司该厂房的建造成本：(900 000+600 000+135 000+90 000)=1 725 000(元)。

(4) 利息费用资本化，既影响资产负债表(相应增加企业的资产价值)，又影响利润表(相应减少当期的财务费用，进而增加当期利润)。对AB公司来说，2009年度资产负债表中资产增加135 000元，利润表中财务费用减少135 000元，进而增加当年利润135 000元；2010年度资产负债表中资产增加90 000元，利润表中财务费用减少90 000元，进而增加当年利润90 000元。

“长期借款”项目反映企业借入尚未归还的1年期以上(不含1年)的各期借款。资产负债表日，本项目应根据“长期借款”账户的期末余额减去1年内到期部分的金额填列。同时企业应当按照长期借款的种类在附注中披露与长期借款有关的信息。

2. 应付债券

企业债券是指企业为筹集生产与建设资金，依照法定程序发行，约定在一定期限内还本付息的债务凭证。按期限长短分，企业债券可分为长期债券、中期债券、短期债券三种。目前我国发行企业债券最短期限为 1 年，最长期限为 15 年。应付债券项目反映的是企业发行期限在一年以上的债券。

1）债券的基本要素

企业债券的基本要素主要由以下几个方面构成：债券面值、票面利率、还本期限、付息方式等。债券面值，即债券的票面价值，也是债券到期应偿还的本金。票面利率，即债券票面上给定的利率，一般固定不变，称为“票面利率”或“名义利率”。企业实际负担的利率称为“实际利率”，是债券发行时的市场利率。还本期限，即债券到期归还票面额的期限。付息方式，即债券付息方式。按付息方式分，企业债券可分为零息债券(到期一次还本付息)，附息债券(按年付息，到期一次还本)和贴现债券(利息在发行前扣除)三种。1998 年以前我国发行的企业债券基本上都是零息债券，在此以后发行的且期限在 5 年以上的债券基本都是附息债券。

2）债券的发行情况

企业债券发行价格的高低一般取决于债券面值、票面利率、发行当时的市场利率以及债券期限的长短因素。债券发行有面值发行、溢价发行和折价发行三种情况。企业债券按其面值出售的，称为面值发行。此外，债券还可能按低于或高于其面值的价格出售，即折价发行或溢价发行。折价发行是指债券以低于其面值的价格发行；而溢价发行则是指债券按高于其面值实务价格发行。债券是面值发行还是溢价或折价发行取决于债券发行时的市场利率：

当市场利率与债券票面利率一致时，则债券按面值发行，即债券发行价格＝债券面值；

当市场利率高于债券票面利率时，则债券按溢价发行，即债券发行价格＞债券面值；

当市场利率低于债券票面利率时，则债券按折价发行，即债券发行价格＜债券面值。

企业实际负担的债券利息是按市场利率计算，溢价发行和折价发行从本质上讲是对债券票面利息的调整。对于发行方来说，溢价是以后多支付利息而得到的补偿，折价是以后少支付利息而付出的代价。

3）债券利息及债券溢价(折价)摊销

发行应付债券的企业，应按期计提利息。对于按面值发行的债券，每期按票面利率计提利息；对于溢价或折价发行的债券，每期按实际利率计提利息，即债券溢价或折价部分应在债券存续期间内按实际利率法进行摊销。

实际利率法是指按应付债券的实际利率计算其摊余成本及各期利息费用的方法。应付债券各期利息费用及债券溢价(折价)摊销计算公式如下：

$$\text{当期利息费用}=\text{应付债券期初摊余成本}\times\text{实际利率} \tag{5-12}$$

$$\text{债券溢价摊销额}=\text{当期现金流出}-\text{当期利息费用} \tag{5-13}$$

$$\text{债券折价摊销额}=\text{当期利息费用}-\text{当期现金流出} \tag{5-14}$$

式中，当期利息费用——当期计入资产成本或损益的应付债券利息费用；

应付债券期初摊余成本——应付债券本期初摊余成本就是上期末摊余成本，而应付债券期末摊余成本＝应付债券期初摊余成本＋当期利息费用－当期现金流出；

当期现金流出——应付债券当期支付的票面利息，按债券面值×债券票面利率计算。

【案例 5-9】

【资料】 AB公司于2009年1月1日发行5年期的债券，用于公司的周转，面值为10 000 000元，票面利率为8%，每年末付息一次，期满后一次还清本金。如果市场利率为10%，债券的发行价格9 241 640元。如果市场利率为6%，债券的发行价格是10 842 920元。公司采用实际利率法摊销债券溢价(折价)。

【问题】

(1) 如折价发行债券，2009年、2010年的利息费用和摊销的折价额分别是多少？

(2) 如溢价发行债券，2009年、2010年的利息费用和摊销的溢价额分别是多少？

分析：

(1) 如折价发行债券，计算如下：

2009期初摊余成本＝9 241 640(元)；

2009年的利息费用＝9 241 640×10%＝924 164(元)；

2009年的应付利息＝10 000 000×8%＝800 000(元)；

2009年摊销的折价＝924 164－800 000＝124 164(元)；

2009期末摊余成本＝9 241 640＋924 164－800 000＝9 365 804(元)；

2010期初摊余成本＝9 365 804(元)；

2010年的利息费用＝9 365 804×10%＝936 580.4(元)；

2010年的应付利息＝10 000 000×8%＝800 000(元)；

2010年摊销的折价＝936 580.4－800 000＝136 580.4(元)；

2010期末摊余成本＝9 365 804＋936 580.4－800 000＝9 502 384.4(元)。

(2) 如溢价发行债券，计算如下：

2009期初摊余成本＝10 842 920(元)；

2009年的利息费用＝10 842 920×6%＝650 575.2(元)；

2009年的应付利息＝10 000 000×8%＝800 000(元)；

2009年摊销的溢价＝800 000－650 575.2＝149 424.8(元)；

2009期末摊余成本＝10 842 920＋650 575.2－800 000＝10 693 495.2(元)；

2010期初摊余成本＝10 693 495.2(元)；

2010年的利息费用＝10 693 495.2×6%＝641 609.7(元)；

2010年的应付利息＝10 000 000×8%＝800 000(元)；

2010年摊销的溢价＝800 000－641 609.7＝158 309.3(元)；

2010期末摊余成本＝10 693 495.2＋641 609.7－800 000＝10 535 104.9(元)。

想一想

溢价发行债券的利息费用，在存续期内是如何变化的？折价发行债券的利息费用，在存续期内是如何变化的？

债券利息应当按照与长期借款相一致的原则计入相关资产成本或当期损益。在资产负债表日，企业计提应付债券利息，一方面使相关资产成本或当期损益金额增加，另一方面使“应付债券”或“应付利息”金额增加。

“应付债券”项目反映企业尚未偿还的长期债券摊余价值。在资产负债表日，本项目根据“应付债券”账户期末余额减去一年内到期部分的金额填列。同时企业应当按照应付债券的种类在附注中披露与应付债券有关的信息。

5.2.3 实践活动

（1）阅读已下载的上市公司资产负债表长期借款项目及附注内容，思考以下问题：

① 该公司长期借款项目有哪些构成内容？金额各为多少？

② 长期借款利息的处理与短期借款利息处理有何不同？

③ 借款费用资本化应披露哪些内容？

（2）阅读已下载的上市公司资产负债表应付债券项目及附注内容，思考以下问题：

① 该公司应付债券项目有哪些构成内容？金额各为多少？

② 应付债券的利息、溢价和折价应如何处理？

（3）阅读已下载的上市公司资产负债表长期应付款项目及附注内容，思考该公司长期应付款项目有哪些构成内容？金额各为多少？

5.2.4 任务自测

1. 判断题

（1）对于溢价发行的分期付息债券，在采用实际利率法进行摊销时，各期确认的实际利息费用会逐期减少。（ ）

（2）对于债券发行方来说，溢价发行比折价发行有利。（ ）

（3）溢价和折价的摊销是发行债券企业在债券存续期间对利息费用的一种调整。（ ）

（4）采用实际利率法摊销应付债券的溢价，每期计入的费用是逐期增加的。（ ）

（5）采用实际利率法摊销应付债券的折价，每期计入的费用是逐期增加的。（ ）

（6）如果将应资本化的利息计入当期损益会导致当期资产少计费用多计。（ ）

2. 单项选择题

（1）A公司于2010年1月1日发行面值总额为2 000万元、期限为5年的债券，该债券票面利率为6%，每年年初付息、到期一次还本，发行价格总额为2 053.27万元，利息调整采用实际利率法摊销，实际利率为5%。2010年12月31日，该应付债券的账面余额为（ ）万元。

A. 2 000　　B. 2 120　　C. 2 035.93　　D. 2 190.86

（2）为建造固定资产而发生的长期借款费用，在固定资产交付使用后，应计入（ ）。

A. 当期损益　　B. 固定资产价值

C. 开办费　　D. 清算损益

（3）债券溢价发行是由于（ ）。

A. 债券票面利率高于市场利率　　B. 债券票面利率低于市场利率

C. 债券票面利率等于市场利率　　D. 债券发行量小

（4）债券折价发行是由于（ ）。

A. 债券票面利率高于市场利率　　B. 债券票面利率低于市场利率

C. 债券票面利率等于市场利率　　D. 债券发行量小

（5）甲公司于2010年1月1日从银行借入资金800万元，借款期限为2年，年利率为

6%，利息于每年年初支付，到期时归还本金及最后一年利息。所借款项已存入银行。2010年12月31日该长期借款的账面价值为(　　)万元。

A. 48　　B. 896　　C. 848　　D. 800

3. 多项选择题

(1) 借款费用主要包括(　　)。

A. 借款利息　　B. 借款本金　　C. 汇兑收益　　D. 借款手续费

(2) 发行债券的方式有(　　)。

A. 按溢价发行　　B. 按折价发行　　C. 按成本发行　　D. 按面值发行

(3) 对债券发行者来讲，采用实际利率法摊销债券溢折价时(不考虑相关交易费用)，以下正确的说法是(　　)。

A. 随着各期债券溢价的摊销，债券的摊余成本及利息费用应逐期地减少

B. 随着各期债券溢价的摊销，债券的摊余成本减少，利息费用应逐期地增加

C. 随着各期债券折价的摊销，债券的摊余成本及利息费用应逐期地增加

D. 随着各期债券溢价的摊销，债券的溢价摊销额应逐期地增加

(4) 下列各项中，影响固定资产清理净损益的有(　　)。

A. 清理固定资产发生的税费　　B. 清理固定资产的变价收入

C. 清理固定资产的账面价值　　D. 清理固定资产耗用的材料成本

任务3　所有者权益项目

5.3.1　任务导入

JH公司2009年12月31日合并资产负债表中所有者权益项目列示见表5-3。请问：

(1) 什么是实收资本?

(2) 资本公积包括哪些内容?

(3) 盈余公积包括哪些内容? 资本公积和盈余公积有何区别?

(4) 留存收益包括哪些内容?

表5-3　JH公司合并资产负债表

2009年12月31日　　单位：元

资产	期末余额	年初余额	负债及所有者权益	期末余额	年初余额
			……		
			所有者权益：		
			实收资本(或股本)	556 800 000.00	556 800 000.00
			资本公积	563 449 100.00	562 675 400.00
			盈余公积	190 197 730.00	177 868 700.00
			未分配利润	677 314 850.00	652 765 800.00
			……		

5.3.2 知识要点

所有者权益是指企业资产扣除负债后由所有者享有的剩余权益。它是企业所有者对资产的剩余索取权，是企业资产中扣除债权人权益后应由所有者享有的部分。所有者权益按形成渠道划分，可分为原始投入的资本(即投入资本)和经营中形成的资本(即留存收益)。

投入资本是指所有者(投资者)按照法律、法规、合同和章程的规定，实际投入企业的资金数额，进一步划分为资本金与资本公积。

留存收益是指企业从历年实现的利润中提取或形成的留存于企业的内部积累，来源于企业在经营中所实现的净利润，即由经营中(收益转化)形成的资本增值，主要包括盈余公积和未分配利润。

1. 实收资本(或股本)

我国有关法律规定，投资者设立企业首先必须投入资本。投资者投入资本的方式，可以是货币、实物资产或工业产权等无形资产。投入资本按照投入资产的形式不同，可以分为货币投资、实物投资和无形资产投资。投入资本按照所有者的性质不同，可以分为国家投入资本、法人投入资本、个人投入资本和外商投入资本。

由于企业组织形式不同，资本金在不同类型的企业中有不同的表现形式，在股份公司称为股本，表现为实际发行股票的面值总额。在其他企业，称为实收资本，表现为所有者在注册资本范围内的实际投入企业的资本额。实收资本(或股本)是投资者投入资本形成法定资本的价值。

实收资本的构成比例或股东的股份比例是确定所有者在企业所有者权益中所占的份额和参与企业财务经营决策的基础，也是企业进行利润分配或股利分配的依据，同时还是企业清算时确定所有者对净资产的要求权的依据。

我国企业法人登记管理条例中规定，除国家另有规定外，企业的注册资金应当与实收资本相一致，当实收资本比原注册资金增加或减少的幅度超过20%时，应持资金信用证明或者验资证明向原登记主管机关申请变更登记。如擅自改变注册资本或抽逃资金，要受到工商行政管理部门的处罚。

想一想

在什么情况下，投资者的投入资本不能全部作为企业的法定资本入账？

【案例5-10】

【资料】 AB公司委托证券公司代理发行股票10 000 000股，每股面值1元，发行价格5元，证券公司按发行总额的5%收取手续费。

【问题】

(1) 应计入股本中的金额是多少？

(2) AB公司发行股票实际所得金额是多少？

(3) AB公司发行股票的溢价如何处理？

分析：

(1) 应计入股本中的金额=10 000 000×1=10 000 000(元)。

(2) AB公司发行股票实际所得金额=10 000 000×5×(1-5%)=47 500 000(元)。

(3) AB公司发行股票的溢价应作为股本溢价计入到“资本公积”。

一般情况下，企业的实收资本应相对固定不变，但在某些特定情况下，实收资本也可能发生增减变化。企业增资的一般途径有：将资本公积转增资本；将盈余公积转增资本；由投资者追加投资。

在资产负债表日，“实收资本(股本)”项目应根据“实收资本(股本)”账户的期末余额填列。该项目的年初余额与年末余额，与所有者权益变动表中实收资本(股本)本年金额的上年年末余额与本年年末余额应一致。

2. 资本公积

资本公积是企业收到投资者的超出其在企业注册资本(或股本)中所占份额的投资，以及直接计入所有者权益的利得和损失等。资本公积包括资本溢价(或股本溢价)和直接计入所有者权益的利得和损失等。

资本溢价(或股本溢价)是企业收到投资者的超出其在企业注册资本(或股本)中所占份额的投资。形成资本溢价(或股本溢价)的原因有溢价发行股票、投资者超额缴入资本等。

直接计入所有者权益的利得和损失是指不应计入当期损益、会导致所有者权益发生增减变动的、与所有者投入资本或者向所有者分配利润无关的利得或者损失。

尽管资本公积与实收资本(或股本)都属于投入资本范畴，但两者又有区别。实收资本(或股本)一般是指投资者投入的、为谋求价值增值的原始投资，而且属于法定资本，与企业的注册资本相一致，因此，对实收资本的来源和金额都会有比较严格的限制。而资本公积在金额上并没有严格的限制，而且在来源上也相对比较多样。资本公积的主要用途是转增资本。

【案例5-11】

【资料】 根据案例5-10的资料：AB公司委托证券公司代理发行股票10 000 000股，每股面值1元，发行价格5元，证券公司按发行总额的5%收取手续费。

【问题】

(1) AB公司发行股票的溢价如何处理？

(2) 计入资本公积的金额是多少？

分析：

(1) AB公司发行股票的溢价应作为股本溢价计入到“资本公积”。

(2) 计入资本公积的金额$=10\ 000\ 000\times5\times(1-5\%)-10\ 000\ 000\times1=37500\ 000$(元)。

【案例5-12】

【资料】 新新商贸公司原注册资本400 000元，A投资者希望加入，为了占有新新商贸公司注册资本的20%的份额，投入25 000元现金和一台机器，该机器双方确认的价值为100 000元，新新商贸公司原投资者同意接纳A投资者加入，加入后注册资本为500 000元，将现金收存银行，并已对机器进行了验收。

【问题】

(1) A投资者总的投资额是多少？

(2) 为什么A投资者的投资额高于其在新新商贸公司中所占的投资份额？

(3) 资本溢价的金额是多少？

分析：

(1) A投资者总的投资额是125 000元(其中以现金投资25 000元，机器投资作价100 000元)。

(2) A 投资者的投资额是 125 000 元，其在新新商贸公司中所占的投资份额是 1 000 000 元(500 000×20%)。对于一般企业而言，在企业创立时，出资者认缴的出资额全部记入“实收资本”账户，因而不会出现资本溢价。但是，当新的投资者加入时，为了维护原投资者的利益，新加入的投资者的出资额并不一定全部作为实收资本处理。其原因主要有补偿原投资者在企业资本公积和留存收益中享有的权益补偿企业未确认的自创商誉。

(3) 资本溢价的金额是 25 000 元(125 000－100 000)。

在资产负债表日，“资本公积”项目应根据“资本公积”账户的期末余额填列，其中“库存股”按“库存股”账户余额填列。该项目的年初余额与年末余额，与所有者权益变动表中资本公积本年金额的上年年末余额与本年年末余额应一致。

3. 盈余公积

盈余公积是指企业按照有关规定从税后净利润中提取的公积金，包括法定盈余公积金和任意盈余公积金。

法定盈余公积金是公司按照税后利润 10%的比例提取。公司的法定公积金不足以弥补以前年度亏损的，在提取法定公积金之前，应当先用当年利润弥补亏损。公司法定公积金累计额为公司注册资本的 50%以上的，可以不再提取。法定公积金转为资本时，所留存的该项公积金不得少于转增前公司注册资本的 25%。

任意公积金是公司在法定盈余公积金之外，经股东会或者股东大会决议而从税后利润中提取的公积金，任意盈余公积金未规定具体的提取标准，因为任意盈余公积金是由公司自行决定是否提取。

盈余公积的主要用途用来弥补亏损、用来转增资本和用来扩大生产规模。

想一想

从资本公积和盈余公积的形成原因和用途来看，两者有哪些区别？

在资产负债表日，“盈余公积”项目应根据“盈余公积”账户的期末余额填列。该项目的年初余额与年末余额，与所有者权益变动表中盈余公积本年金额的上年年末余额与本年年末余额应一致。

4. 未分配利润

未分配利润是指留于以后年度分配的结存利润。包括期初未分配利润，加上本期实现的净利润，减去提取的各种盈余公积和分出利润后的余额。如果未分配利润出现负数时，即表示年末的未弥补的亏损，应由以后年度的利润或盈余公积来弥补。

$$\text{企业年初未分配利润}+\text{本年实现的净利润}=\text{可供分配的利润} \tag{5-15}$$

$$\text{可供分配的利润}-\text{本年净利润的分配数}=\text{年末未分配利润} \tag{5-16}$$

利润的分配不仅涉及股东的权益，也关系到企业的长远发展。因此，企业实现的净利润，应按照《中华人民共和国公司法》的有关规定进行分配，一般按照以下顺序进行：

(1) 弥补以前年度亏损(若存在 5 年内未弥补亏损的，可以税前弥补；否则应税后弥补亏损)。弥补亏损的途径主要有税前利润弥补亏损、税后利润弥补亏损、盈余公积弥补亏损。

(2) 提取盈余公积(法定盈余公积金和任意盈余公积金)。

(3) 向投资者分配利润或股利。

【案例 5-13】

【资料】 某企业年初有未弥补的亏损 200 000 元(弥补期限已超过 5 年),本年度税后利润 1 600 000 元,按 20%提取盈余公积。无其他利润分配事项。

【问题】

(1) 该企业本年可供分配的利润金额是多少?

(2) 该企业年末未分配利润的金额是多少?

分析:

(1) 该企业本年可供分配的利润=-200 000+1 600 000=1 400 000(元)。

(2) 该企业年末未分配利润=1 400 000-1 600 000×20%=1 080 000(元)。

"未分配利润"项目反映企业尚未分配的利润。在资产负债表日,本项目应根据"本年利润"账户和"利润分配"账户的期末余额计算填列,如为未弥补的亏损,在本项目内以"-"号填列。该项目的年初余额与年末余额,与所有者权益变动表中未分配利润本年金额的上年年末余额与本年年末余额应一致。

5.3.3 实践活动

(1) 阅读已下载的上市公司资产负债表所有者权益项目,并思考公司所有者权益包括哪些内容?

(2) 阅读已下载的上市公司所有者权益变动表,思考以下问题:

① 所有者权益各项目的变动情况如何?变动金额各为多少?

② 所有者权益变动表项目与资产负债表所有者权益项目有何勾稽关系?

5.3.4 任务自测

1. 判断题

(1) 企业用盈余公积弥补亏损,会导致留存收益减少。 ( )

(2) 资本溢价是指投资者实际缴付的出资额大于其资本金的差额。 ( )

(3) 投资者投入的资金全部构成实收资本或股本。 ( )

(4) 如果"利润分配—未分配利润"账户余额在借方,则表示历年积累的未分配利润。 ( )

(5) 资本公积和盈余公积都与投入资本有关。 ( )

(6) 资本公积只有在所有者投入企业的资金超过注册资本总额时才可能发生。 ( )

2. 单项选择题

(1) 中天股份有限公司委托某证券公司代理发行普通股 2 000 万股,每股面值 1 元,每股按 4 元的价格出售。按双方协议约定,证券公司从发行收入中扣取 2%的手续费,则中天公司计入资本公积的金额为( )万元。

A. 6 000　　B. 5 820　　C. 5 840　　D. 5 860

(2) 某企业经营第一年亏损 100 万元,第二年实现税前利润 300 万元,所得税税率为

15%，法定盈余公积的提取比例是10%，则该企业当年应提取的法定盈余公积为(　　)万元。

A. 30　　B. 25.5　　C. 17　　D. 15.5

(3) 下列各项中，会导致留存收益总额发生增减变动的是(　　)。

A. 资本公积转增资本　　B. 盈余公积补亏

C. 盈余公积转增资本　　D. 以当年净利润弥补以前年度亏损

(4) 某企业盈余公积年初余额为50万元，本年利润总额为600万元，所得税费用为150万元，按净利润的10%提取法定盈余公积，并将盈余公积10万元转增资本。该企业盈余公积年末余额为(　　)万元。

A. 40　　B. 85　　C. 95　　D. 110

(5) 某企业年初所有者权益160万元，本年度实现净利润300万元，以资本公积转增资本50万元，提取盈余公积30万元，向投资者分配现金股利20万元。假设不考虑其他因素，该企业年末所有者权益为(　　)万元。

A. 360　　B. 410　　C. 440　　D. 460

(6) 企业增资扩股时，投资者实际缴的出资额大于其按约定比例计算的其在注册资本中所占的份额部分，应作为(　　)。

A. 资本溢价　　B. 实收资本　　C. 盈余公积　　D. 营业外收入

(7) 下列各项，能够引起企业所有者权益减少的是(　　)。

A. 股东大会宣告派发现金股利　　B. 以资本公积转增资本

C. 提取法定盈余公积　　D. 提取任意盈余公积

3. 多项选择题

(1) 下列项目中，会引起企业盈余公积发生增减变动的有(　　)。

A. 企业提取职工奖励和福利费　　B. 用盈余公积弥补亏损

C. 按净利润的10%提取法定公积金　　D. 用盈余公积转增资本

(2) 下列各项中，不会引起留存收益总额发生增减变动的有(　　)。

A. 提取任意盈余公积　　B. 盈余公积弥补亏损

C. 以盈余公积分配现金股利　　D. 发放股票股利

E. 盈余公积转增资本

(3) 下列各项中，不会影响所有者权益总额变动的有(　　)。

A. 用盈余公积弥补亏损　　B. 用盈余公积转增资本

C. 股东大会批准宣告分配现金股利　　D. 企业发生净亏损

E. 发放股票股利

(4) 所有者权益的组成包括(　　)。

A. 资本公积　　B. 实收资本　　C. 盈余公积　　D. 未分配利润

(5) 盈余公积金主要用于(　　)。

A. 弥补亏损　　B. 转增资本　　C. 发放工资　　D. 职工困难补助

(6) 从利润中形成的所有者权益有(　　)。

A. 实收资本　　B. 资本公积　　C. 法定盈余公积　　D. 未分配利润

拓展学习

1. 合理避税

合理避税是指在法律允许的情况下，以合法的手段和方式来达到纳税人减少缴纳税款的经济行为。

企业合理避税是对税法中各种特殊条款、优惠政策及差别规定的合理利用，主要有以下几个方面。

1）纳税人定义上的可变通性

任何一种税都要对其特定的纳税人给予法律的界定。这种界定，理论上包括的对象和实际上包括的对象差别很大。因此，企业可利用纳税人定义的可变通性，说明自己不属于某税的纳税人，并且理由合理充分，就不用缴纳该种税，实现合理避税。

2）税率上的差别性

税制中不同税种有不同税率，同一税种中不同税目也可能有不同税率，这种广泛存在的差别性，为企业合理避税提供了条件。例如，税率有差异的相关联企业，通过转移定价①，使税率高的企业部分利润转移到税率低的企业，最终减少两家企业的纳税总额。

3）各种税收优惠政策

税收中一般都有优惠政策，以便扶持特殊的纳税人。特定企业的所得税优惠，如新办软件生产企业经认定后，自获利年度起，第一年和第二年免征企业所得税，第三年至第五年按照25%的法定税率减半征收企业所得税(简称企业所得税“两免三减半”优惠政策)。特殊行业的营业税优惠，如托儿所、幼儿园、养老院、残疾人福利机构提供的养育服务，医院、诊所和其他医疗机构提供的医疗服务等，可以免缴营业税。

4）课税对象金额的可调整性

税额计算的关键取决于两个因素：一是课税对象金额；二是适用税率。纳税人在既定税率的前提下，由课税对象金额派生的计税依据越小，税额就越少，纳税人税负就越轻。为此纳税人想方设法尽量调整课税对象金额使税基变小，如资产租赁的租金、负债的利息等可以从税前利润中扣减，减少应纳税所得额，以减少企业缴纳所得税。

5）起征点规定

起征点是课税对象金额最低征税额，低于起征点可以免征，而当超过起征点时，应全额征收，因此，企业的应纳税所得额在起征点以下也能避税。

2. 债务重组

债务重组又称债务重整，是指债权人按照其与债务人达成的协议或法院的裁决同意债务人修改债务条件的事项。也就是说，只要修改了原定债务偿还条件的，即债务重组时确定的债务偿还条件不同于原协议的，均作为债务重组。

解决债权人与债务人之间的债务纠纷通常有两种途径：一种是迫使债务人破产，通过清

---

① 转移定价是企业避税的基本方法之一，是指在经济活动中有关联的企业双方为了分摊利润或转移利润而在产品交换和买卖过程中，不是按照市场公平价格，而是根据企业间的共同利益而进行产品定价的方法。采用这种定价方法产品的转让价格可以高于或低于市场公平价格，以达到少纳税或不纳税的目的。

算财产清偿债务；另一种是债务重组，通过协商修改债务条件。通过债务重组解决债务纠纷更具积极意义，既可使债务人避免进入破产程序，又可使债权人的债权得到最大限度上的满足。

债务重组的方式包括以低于债务账面价值的现金清偿债务，以非现金资产(包括存货、金融资产、固定资产、无形资产等)清偿债务，债务转为资本，修改其他债务条件(包括延长还款期限、降低利率、免去应付未付的利息、减少本金等)清偿债务。

3. 借款费用

借款费用是指企业因借款而发生的利息及其他相关成本。包括借款利息、折价或者溢价的摊销、辅助费用以及因外币借款而发生的汇兑差额等。

企业发生的借款费用可直接归属于符合资本化条件的资产的购建或者生产的，应当予以资本化，计入相关资产成本；其他借款费用，应当在发生时根据其发生额确认为费用，计入当期损益。符合资本化条件的资产，是指需要经过相当长时间的购建或者生产活动才能达到预定可使用或者可销售状态的固定资产、投资性房地产和存货等资产。

知识归纳

(1) 流动负债的偿还期在1年(含1年)或者超过1年的一个营业周期内。在资产负债表中，流动负债项目包括短期借款、应付票据、应付账款、预收款项、应付职工薪酬、应交税费、应付股利、其他应付款等。

(2) 非流动负债的偿还期在1年或者超过1年的一个营业周期以上。在资产负债表中，非流动负债项目包括长期借款、应付债券、长期应付款等。非流动负债的借款利息、溢折价、辅助费用等借款费用，需按照借款费用资本化的原则，按期计提利息，分别计入资产成本或当期损益。

(3) 所有者权益是指企业资产扣除负债后由所有者享有的剩余权益。它是企业所有者对资产的剩余索取权，是企业资产中扣除债权人权益后应由所有者享有的部分。在资产负债表中，所有者权益包括实收资本、资本公积、盈余公积和未分配利润等项目。盈余公积和未分配利润是企业从税后利润中留存的内部积累，又称留存收益。

技能训练

训练1

(一) 目的：学会应付职工薪酬的计算。

(二) 资料：甲企业2010年全年应发工资580万元，其中生产人员工资400万元，车间管理人员工资100万元，行政人员工资30万元，销售人员工资30万元。企业按时列支职工福利费、工会经费和职工教育经费，列支标准分别为14%、2%、2.5%。公司分别按照职工工资总额的10%、12%、2%和12%计提医疗保险、养老保险、失业保险和住房公积金，缴纳给当地社会保险经办机构和住房公积金管理机构。

(三) 要求：

(1) 以上这些项目，哪些属于职工薪酬的范围？

(2) 企业2010年应付职工薪酬总额多少？各项目的金额多少？

训练 2

（一）目的：学会应交税费的计算。

（二）资料：甲企业 2010 年全年涉及应交税费的经济业务如下。

（1）购入原材料一批，增值税专用发票注明的价款 300 万元，增值税额为 51 万元。该批原材料已验收入库，货款已用银行存款支付。

（2）销售甲产品一批，增值税专用发票注明的价款 500 万元，增值税额为 85 万元。产品已发出，货款已收存入银行。

（3）销售不用的小轿车一辆，原值 20 万元，已计提折旧 10 万元，出售获得收入 8 万元，营业税税率 5%。

（4）城市维护建设税税率为 7%，教育费附加的征收率为 3%。

（三）要求：

（1）计算甲企业 2010 年应交增值税、应交营业税、应交城市维护建设税和应交教育费附加的金额。

（2）假定应交税费期初无余额，甲企业年末应交税费项目的金额是多少？

训练 3

（一）目的：学会借款费用资本化的计算。

（二）资料：乙企业 2008 年发生的长期借款和仓库建造业务如下。

（1）2008 年 1 月 1 日，为建造一幢仓库从银行取得长期借款 800 万元，期限 3 年，合同年利率 6%(合同利率等于实际利率)，不计复利，每年末计提并支付利息一次，到期一次还本。

（2）2008 年 1 月 1 日，开始建造仓库，当日用该借款购买工程物资 500 万元(不考虑增值税)，全部用于工程建设，同时支付工程款 300 万元。

（3）2008 年 12 月 31 日仓库工程完工并验收合格，达到预定可使用状态。仓库达到预定可使用状态前发生的借款利息全部予以资本化。该仓库预计使用年限为 20 年，预计净残值为 8 万元，采用年限平均法计算折旧。假定未发生其他建造支出。

（三）要求：

（1）计算利息资本化的金额。

（2）计算仓库完工交付使用时的入账价值。

（3）计算仓库 2009 年应计提的折旧额。

训练 4

（一）目的：学会计算和分析所有者权益项目。

（二）资料：甲企业年初所有者权益 160 万元，其中实收资本 80 万元，资本公积 80 万元。本年度实现净利润 300 万元。以资本公积转增资本 50 万元，提取盈余公积 30 万元，向投资者分配现金股利 20 万元，假设不考虑其他因素。

（三）要求：

（1）甲企业年末所有者权益的金额是多少？包括哪些项目？各项目的金额是多少？

（2）“以资本公积转增资本 50 万元，提取盈余公积 30 万元，向投资者分配现金股利 20 万元”这些经济业务对报表有何影响？

学习情景6 利润表项目

职业知识

1. 理解收入、费用、利得、损失、利润的含义。
2. 了解营业收入的含义和分类。
3. 明确营业收入的确认原则和方法。
4. 了解营业成本和期间费用的含义。
5. 掌握已售产品成本的计算方法。
6. 了解利得和损失的含义和内容。
7. 掌握营业利润、利润总额、净利润的含义和计算方法。

职业能力

1. 能读懂营业收入项目的注释。
2. 会计算已售产品成本。
3. 能读懂利得和损失项目的注释。
4. 会计算营业利润、利润总额、净利润。

职业素养

1. 树立财经法规意识。
2. 养成阅读分析习惯。
3. 提高应用分析能力。

任务1 收入项目

6.1.1 任务导入

JH公司2009年12月合并利润表中营业收入项目列示见表6-1。请问：

(1) 利润表中营业收入项目包括哪些内容?

(2) 营业收入确认的条件是什么?

(3) 如何确定营业收入的入账价值?

表 6－1　JH 公司合并利润表

2009 年 12 月　　单位：元

项　目	本期金额	上期金额
一、营业总收入	3 699 610 000.00	5 328 700 000.00
……		

6.1.2　知识要点

收入是指企业在日常活动中形成的、会导致所有者权益增加的、与所有者投入资本无关的经济利益的总流入。

日常活动是指企业为完成其经营目标所从事的经常性活动以及与之相关的活动。工业企业销售产品、商业企业销售商品、咨询公司提供咨询服务、软件开发企业为客户开发软件、安装公司提供安装服务、商业银行对外贷款、租赁公司出租资产等活动，均属于企业为完成其经营目标所从事的经常性活动，由此形成的经济利益的总流入构成收入。工业企业对外出售不需用的原材料、对外转让无形资产使用权、对外进行权益性投资(取得现金股利)或债权性投资(取得利息)等活动，虽不属于企业的经常性活动，但属于企业为完成其经营目标所从事的与经常性活动相关的活动，由此形成的经济利益的总流入也构成收入。

收入作为影响利润指标的重要因素，越来越受到企业、投资者和债权人等众多信息使用者的重视。

1. 收入的分类

收入可以按照企业经营业务的性质和企业经营业务的主次进行分类，见表 6－2。

表 6－2　收入分类

分类依据	分类项目	举例说明
按性质分类	销售商品收入	如工业企业销售产品、商业企业销售商品形成的收入等
	提供劳务收入	如咨询公司提供咨询服务、安装公司提供的安装服务形成的收入等
	让渡资产使用权收入	如使用费收入、租金收入等
按主次分类	主营业务收入	如销售商品收入、提供劳务收入等
	其他业务收入	如转让无形资产使用权、出售不需用原材料、出租闲置固定资产形成的收入等

主营业务收入是指企业主要经营活动所取得的收入。主营业务收入一般占企业总收入的比重较大，对企业的经济效益产生较大影响。不同行业企业的主营业务收入所包括的内容不同，如工业企业的主营业务收入主要包括销售商品、自制半成品、代制品、代修品，提供工业性劳务等实现的收入；商业企业的主营业务收入主要包括销售商品实现的收入。

其他业务收入是指除主营业务活动以外的其他经营活动实现的收入，其他业务收入一般占企业总收入的比重较小，包括出租固定资产、出租无形资产、出租包装物和商品、销售材料、用材料进行非货币性交换(非货币性资产交换具有商业实质且公允价值能够可靠计量)或债务重组等实现的收入。

想一想

AB公司收到投资者追加的投资款、变卖固定资产收到的款项、因客户违约没收其押金等经济活动，这些活动形成的经济利益的总流入属于企业的收入吗？

2. 销售商品收入

企业应当根据收入的性质，按照收入确认的原则，合理地确认和计量各项收入。

1）销售商品收入的确认条件

企业销售商品收入的确认必须同时满足五个条件，见表6-3。

表6-3 销售商品收入确认条件

收入名称	确认条件	说明
销售商品收入	①企业已将商品所有权上的主要风险和报酬转移给购货方	①采用交款提货方式销售商品，在开出发票收到货款时确认收入 ②采用预收款方式销售商品，在发出商品时确认收入 ③采用托收承付方式销售商品，在办理托收手续时确认收入 ④采用委托代销方式销售商品，在收到受托方开出的代销清单时，确认收入 ⑤合同中有退货的条款，且又不能确定退货的可能性，在退货期期满时确认收入 ⑥售出商品的需安装或检验工作，若安装或检验任务是销售合同的重要组成部分，在商品安装完毕并检验合格时确认收入；如果安装程序比较简单，在发出商品时确认收入
	②企业既没有保留通常与所有权相联系的继续管理权，也没有对已售出的商品实施控制	
	③收入的金额能够可靠地计量	
	④相关的经济利益很可能流入企业	销售商品价款收回的可能性超过50%
	⑤相关的已发生或将发生的成本能够可靠地计量	

2）销售商品收入的入账价值

销售商品的收入，应按照从购货方已收或应收的合同或协议金额确定其入账价值。由于存在商业折扣、销售折让，销售商品收入的入账价值应按以下原则计量：销售商品涉及现金折扣的，按照扣除现金折扣前的金额确定销售商品收入的金额，现金折扣在实际发生时计入当期损益；销售商品涉及商业折扣的，按照扣除商业折扣后的金额确定销售商品收入的金额；已确认销售商品收入的售出商品发生销售折让的，应在发生时冲减当期销售商品收入。

【案例 6－1】

【资料】 AB公司(一般纳税人)赊销一批商品，按价目表的价格计算，货款总计 40 000 元，适用增值税税率17%，代垫运杂费 1 000 元。假设有以下四种情况(每种情况各自独立，不相关)：按商品报价全价销售；按商品报价九折销售；规定付款条件为“2/10、*N*/30”；按商品报价八折销售，销售当月，购货方发现商品质量不符合，AB公司在价格上给予5%的折让。

【问题】

(1) 上述四种情况，哪种情况采用了现金折扣、商业折扣、销售折让的方式？

(2) 上述四种情况，如何分别确定商品销售收入的入账金额？

分析：

(1) 第二种情况采用了商业折扣；第三种情况采用了现金折扣；第四种情况采用了销售折让的方式。

(2) 第一种情况，即按商品报价全价销售，销售商品收入的入账金额为 40 000 元；

第二种情况，即按商品报价九折销售(存在商业折扣)，销售商品收入的入账金额为 36 000 元；

第三种情况，即规定付款条件为“2/10、*N*/30”(存在现金折扣)，销售商品收入的入账金额为 40 000 元；

第四种情况，按商品报价八折销售，销售当月，购货方发现商品质量不符合，AB 公司在价格上给予 5%的折让(存在销售折让)，销售实现时确认销售商品收入的金额为 32 000 元，发生折让时冲减销售商品收入的金额为 1 600 元，当月销售商品收入的金额为 30 400 元(32 000－1 600)。

3. 提供劳务收入

提供劳务收入是指以提供服务的形式满足客户需求而取得的收入，如咨询公司提供咨询服务、软件企业为客户开发软件、安装公司提供安装服务等。

企业提供劳务收入的确认原则因劳务完成时间的不同而不同。

1) 在同一会计期间内开始并完成的劳务

对于一次就能完成的劳务，或在同一会计期间内开始并完成的劳务，应在提供劳务交易完成时确认收入，确认的金额通常为从接受劳务方已收或应收的合同或协议价款，确认原则可参照销售商品收入的确认原则。

对于一次就能完成的劳务，企业应在提供劳务完成时确认收入及相关成本。对于持续一段时间但在同一会计期间内开始并完成的劳务，企业应在为提供劳务发生相关支出时确认劳务成本，劳务完成时再确认劳务收入，并结转相关劳务成本。

2) 劳务的开始和完成分属不同的会计期间

劳务的开始和完成分属不同的会计期间，且同时满足在资产负债表日提供劳务交易的结果能够可靠估计条件(收入的金额能够可靠地计量；相关的经济利益很可能流入企业；交易的完工进度能够可靠地确定；交易中已发生和将发生的成本能够可靠地计量)的，应采用完工百分比法(即提供劳务交易的完工进度)确认收入。企业确定提供劳务交易的完工进度，可选用下列方法：

(1) 已完工作的测量。

(2) 已经提供的劳务占应提供劳务总量的比例。

(3) 已经发生的成本占估计总成本的比例。

采用完工百分比法确认收入的计算公式如下：

本期劳务收入＝劳务总收入×完工进度－以前期间已确认的劳务收入 (6－1)

【案例 6－2】

【资料】 AB 公司 12 月 1 日接受一项设备安装任务，安装周期为 3 个月，合同总收入 600 000 元，至年底已发生的安装费用为 280 000 元，估计还会发生安装费用 120 000 元。

【问题】 假设 AB 公司采用完工百分比法确认收入，AB 公司本年度的劳务收入为多少？

采用完工百分比法计算如下：

完工进度＝280 000÷(280 000＋120 000)＝70％；

本期确认劳务收入＝600 000×70％－0＝420 000(元)。

企业对外提供劳务，如属于企业的主营业务，所实现的收入应作为主营业务收入处理，结转的相关成本应作为主营业务成本处理；如属于主营业务以外的其他经营活动，所实现的收入应作为其他业务收入处理，结转的相关成本应作为其他业务成本处理。

4. 让渡资产使用权收入

让渡资产使用权收入主要包括企业转让无形资产(商标权、专利权、专营权、软件、版权)等资产的使用权形成的使用费收入、企业对外出租闲置资产收取的租金。

企业进行债权投资收取的利息、进行股权投资取得的现金股利，也构成让渡资产使用权收入，有关的会计处理，参照金融工具确认和计量、长期股权投资等内容。

让渡资产使用权收入的确认条件：相关的经济利益很可能流入企业；收入的金额能够可靠地计量。

使用费收入和租金收入的金额，按照有关合同或协议约定的收费时间和方法计算确定。让渡资产使用权收入，一般作为其他业务收入处理。

企业应定期反映一定会计期间实现的收入情况，列示于利润表中“营业收入”项目，“营业收入”项目的金额根据“主营业务收入”和“其他业务收入”账户的发生额分析填列；同时在附注中披露与收入有关的下列信息：收入确认所采用的会计政策，包括确定提供劳务交易完工进度的方法；本期确认的销售商品收入、提供劳务收入、利息收入和使用费收入的金额。

6.1.3 实践活动

(1) 阅读已下载的上市公司财务报告关于收入项目的会计政策和会计估计说明，了解收入确认所采用的会计政策和确定提供劳务交易完工进度的方法。

(2) 阅读已下载的上市公司利润表中的营业收入项目及附注内容，并思考营业收入项目有哪些内容？各项目的金额是多少？

6.1.4 任务自测

1. 判断题

(1) 企业没收的押金收入属于企业的营业收入。 (　　)

(2) 现金折扣对于确认销售商品收入的入账金额无影响。 (　　)

(3) 企业在一定时期内实现的收入应与这一时期的现金流入相等。 ( )

(4) 企业收到股东的投资款，一方面资产增加，另一方面收入增加。 ( )

(5) 经济利益流入企业意味着收入的增加。 ( )

2. 单项选择题

(1) 甲企业销售A产品每件500元，若客户购买100件(含100件)以上可得到10%的商业折扣。乙公司于2010年8月5日购买该企业产品200件，款项尚未支付。按规定现金折扣条件为2/10，1/20，*n*/30。适用的增值税率为17%。该企业于8月23日收到该笔款项时，应给予客户的现金折扣为( )元。(假定计算现金折扣和商业折扣时不考虑增值税)

A. 2 000　　B. 1 800　　C. 1 000　　D. 900

(2) 企业对外销售商品时，若安装或检验任务是销售合同的重要组成部分，则确认该商品销售收入的时点是( )。

A. 发出商品时　　B. 开出销售发票账单时

C. 收到商品销售货款时　　D. 商品安装完毕并检验合格时

(3) 下列各项关于现金折扣会计处理的表述中，正确的是( )。

A. 现金折扣在实际发生时计入财务费用

B. 现金折扣在实际发生时计入销售费用

C. 现金折扣在确认销售收入时计入财务费用

D. 现金折扣在确认销售收入时计入销售费用

(4) 对于企业销售商品发生的销售折让，正确的会计处理是( )。

A. 增加销售费用　　B. 冲减主营业务收入

C. 增加主营业务成本　　D. 增加营业外支出

(5) 甲公司对A产品实行一个月内“包退、包换、包修”的销售政策。2010年4月共销售甲产品20件，售价总计100 000元，成本80 000元。根据以往经验，A产品包退的占4%，包换的占6%，包修的占10%。甲公司2010年4月份销售A产品的收入应确认为( )元。

A. 100 000　　B. 96 000　　C. 90 000　　D. 80 000

(6) 某企业2009年10月承接一项设备安装劳务，劳务合同总收入为200万元，预计合同总成本为140万元，合同价款在签订合同时已收取，采用完工百分比法确认劳务收入。2009年已确认劳务收入80万元，截至2008年12月31日，该劳务的累计完工进度为60%。2010年该企业应确认的劳务收入为( )万元。

A. 36　　B. 40　　C. 72　　D. 120

(7) 下列各项中，可采用完工百分比法确认收入的是( )。

A. 分期收款销售商品　　B. 在同一会计年度开始并完成的劳务

C. 委托代销商品　　D. 跨越一个会计年度才能完成的劳务

3. 多项选择题

(1) 利润表中的营业收入应根据( )之和来填列。

A. 主营业务收入　　B. 其他业务收入

C. 投资收益　　D. 营业外收入

E. 利息收入

(2) 关于下列交易或事项的收入确认方法，不正确的有(　　)。

A. 采用托收承付方式销售商品的，通常在发出商品时确认收入

B. 采用预收款方式销售商品的，在发出商品时确认收入，预收的货款应确认为负债

C. 采用委托代销方式销售商品的，在收到受托方开具的代销清单时确认收入

D. 资产负债表日，如果提供劳务交易的结果不能可靠估计的，企业应采用完工百分比法确认收入

(3) 其他业务收入包括(　　)。

A. 销售商品收入　　B. 销售材料收入

C. 租金收入　　D. 押金收入

(4) 下列项目中，应确认为收入的有(　　)。

A. 固定资产出售收入　　B. 设备出租收入

C. 罚款收入　　D. 销售商品收取的增值税

E. 投资性房地产出售收入

(5) 以下属于收入要素的包括(　　)。

A. 营业外收入　　B. 商品销售收入

C. 提供劳务收入　　D. 让渡资产使用权收入

任务2　费用项目

6.2.1　任务导入

JH公司2009年12月合并利润表中费用项目列示见表6-4。请问：

(1) 费用如何分类?

(2) 各费用项目的金额如何确定?

表6-4　JH公司合并利润表

2009年12月　　单位：元

项　目	本期金额	上期金额
……		
二、营业总成本		
其中：营业成本	3 190 260 000.00	4 679 510 000.00
营业税金及附加	16 018 200.00	21 392 700.00
销售费用	63 851 600.00	70 623 800.00
管理费用	275 616 000.00	300 881 000.00
财务费用	90 750 000.00	130 995 000.00
……		

6.2.2 知识要点

费用是指企业在日常活动中发生的、会导致所有者权益减少的、与向所有者分配利润无关的经济利益的总流出。

1. 费用的内容

费用主要包括营业成本、营业税金及附加、期间费用(销售费用、管理费用和财务费用)等。

(1) 营业成本是指企业销售商品、提供劳务等所发生的成本。营业成本按照其所销售商品或提供劳务在企业日常活动中所处的地位可以分为主营业务成本和其他业务成本。主营业务成本是企业销售商品、提供劳务等日常活动中所发生的成本。其他业务成本是企业除主营业务以外的其他经营活动所发生的成本。

想一想

以下能转入利润表列作主营业务成本的内容是(　　)。
A. 未完工产品成本　B. 已完工产品成本　C. 已售产品成本　D. 未售产品成本

(2) 营业税金及附加反映企业经营活动发生的营业税、消费税、城市维护建设税、资源税和教育费附加等相关税费。

(3) 期间费用是指与生产产品、提供劳务无直接关系，属于某一时期的费用。期间费用包括销售费用、管理费用和财务费用。

① 销售费用是指企业在销售商品和材料、提供劳务过程中发生的各项费用，包括企业在销售商品过程中发生的包装费、保险费、展览费和广告费商品维修费、预计产品质量保证损失、运输费、装卸费等费用，以及企业发生的为销售本企业商品而专设的销售机构的职工薪酬、业务费、折旧费、固定资产修理费等费用。

② 管理费用是指企业为组织和管理生产经营活动而发生的各种管理费用，包括企业在筹建期间发生的开办费、董事会和行政管理部门在企业的经营管理中发生的或者应由企业统一负担的公司经费(包括行政管理部门职工薪酬、物料消耗、低值易耗品摊销、办公费和差旅费等)、董事会费(包括董事会成员津贴、会议费和差旅费等)、聘请中介机构费、咨询费(含顾问费)、诉讼费、业务招待费、房产税、车船使用税、土地使用税、印花税、技术转让费、矿产资源补偿费、研究费用、排污费以及企业行政管理部门发生的固定资产修理费等。

③ 财务费用是指企业为筹集生产经营所需资金等而发生的筹资费用，包括利息支出(减息收入)、汇兑损益以及相关的手续费、企业发生或收到的现金折扣等。

2. 费用的确认

1) 营业成本确认

(1) 主营业务成本的确认。主营业务成本是企业销售商品产品、半成品以及提供工业性劳务等业务所形成的成本。按照收入与费用的配比原则，企业在确认销售商品、提供劳务等主营业务收入时，或在月末，应将已售商品的成本、已提供劳务的成本结转到“主营业务成本”中。工业企业已售产品的成本是指已售产品在生产过程中发生的成本(即生产成本或制造成本)，在永续盘存法下的计算公式见式(6－2)，在实地盘存法下的计算公式见式(6－3)。

主营业务成本＝产品销售数量×单位产品生产成本 (6－2)

主营业务成本＝期初库存产品成本＋本月入库产品成本－期末库存产品成本 (6－3)

【案例6－3】

【资料】 AB公司本月投入生产的产品1 000件全部完工入库，每件成本100元，期初产品库存为0，企业现有三种情况：全部产品未售出；售出600件；产品全部售出。

【问题】 三种情况下的主营业务成本分别是多少？涉及报表中的哪些项目？

分析：

第一种情况，全部产品未售出，则主营业务成本为0，未售出的产品成本(100 000元)列示于资产负债表的存货项目中；

第二种情况，售出600件，则售出600件产品的成本(60 000元)计入到利润表中的营业成本项目，未售出的400件产品的成本(40 000元)列示于资产负债表的存货项目中；

第三种情况，产品全部售出，则售出1 000件产品的成本(100 000元)计入到利润表中的营业成本项目，期末库存产品数量为0，成本也为0。

就销售产品而言，产品销售数量可直接在“库存商品明细账”上取得；单位产品生产成本可采用多种方法进行计算确定，如先进先出法、加权平均法、个别计价法等，但企业一经选定某一种方法后，不得随意变动，这是会计核算一贯性原则的要求。

(2) 其他业务成本的确认。其他业务是指除了产品销售等主营业务以外的其他销售或其他经营活动，如销售材料、出租固定资产、出租无形资产、出租包装物等。按照收入与费用的配比原则，企业在确认其他业务收入时，同一会计期间应确认相关的成本，如销售材料、出租固定资产、出租无形资产、出租包装物取得的收入应计入“其他业务收入”，销售材料的成本、出租固定资产的折旧额、出租无形资产的摊销额、出租包装物的成本或摊销额计入“其他业务成本”。

“主营业务成本”和“其他业务成本”的金额列示于利润表的“营业成本”项目中。

2) 营业税金及附加的确认

企业经营活动发生的营业税、消费税、城市维护建设税、资源税和教育费附加等相关税费，通过“营业税金及附加”反映。企业按照营业额及其适用的税率，计算应交的营业税，企业销售应税消费品，按照从价定率或从量定额，计算应交的消费税，一方面使“营业税金及附加”金额增加，另一方面使“应交税费”金额增加。

想一想

企业应交的房产税、土地使用税、车船使用税、矿产资源补偿费，计入“营业税金及附加”吗？

3) 期间费用的确认

期间费用发生时，直接计入当期损益，从当期收入中得到补偿。期间费用由于它不能提供明确的未来收益，按照谨慎性原则，在这些费用发生时采用立即确认的办法处理。例如，企业支付的广告费，究竟在今后哪个会计期间将获得收益，难以确定。即使期间费用与将来的某些会计期间的收益确有联系，但却不可能预期未来收益的多少，经此作为分摊期间费用的依据。因此，为简化会计工作，将期间费用立即确认较为合理。此外，期间费用直接与当期营业收入配比，从长期来看，由于各期的发生额比较均匀，对损益的影响不大。

6.2.3 实践活动

阅读已下载的上市公司利润表中的成本和费用项目及附注内容，并思考以下问题：

(1) 该公司成本费用项目包括哪些内容？金额各为多少？

(2) 该公司按照费用的性质分类披露了哪些信息？

(3) 该公司披露了资产减值损失哪些信息？

6.2.4 任务自测

1. 判断题

(1) 制造费用发生时应直接计入当期损益。 (　　)

(2) 任何制造企业在月份终了时，制造费用账户都无余额。 (　　)

(3) 生产费用和期间费用都是与产品生产有关的费用。 (　　)

(4) 发出存货计价方法的选择对于主营业务成本有影响。 (　　)

(5) 存货计价方法的选择不仅影响资产负债表而且影响利润表。 (　　)

(6) 管理费用的确认应遵循收入与费用的配比原则。 (　　)

2. 单项选择题

(1) 按照现行企业会计准则的规定，对于购货方实际享受的现金折扣，销售方应作的会计处理是(　　)。

A. 冲减当期主营业务收入　　B. 增加当期财务费用

C. 增加当期主营业务成本　　D. 增加当期管理费用

(2) 2010 年 5 月，甲公司销售商品实际应交增值税 38 万元，应交消费税 20 万元，提供运输劳务实际应交营业税 15 万元；适用的城市维护建设税税率为 7%，教育费附加为 3%。假定不考虑其他因素，甲公司当月应列入利润表“营业税金及附加”项目的金额为(　　)万元。

A. 7.3　　B. 38.5　　C. 42.3　　D. 80.3

(3) 某企业某月销售商品发生商业折扣 20 万元、现金折扣 15 万元、销售折让 25 万元。该企业上述业务计入当月财务费用的金额为(　　)万元。

A. 15　　B. 20　　C. 35　　D. 45

(4) 企业计提减值准备时，一方面记入相应资产的减值准备科目，另一方面记入(　　)科目。

A. 管理费用　　B. 财务费用　　C. 销售费用　　D. 资产减值损失

(5) 下列各项中，应列入利润表“管理费用”项目的是(　　)。

A. 计得的坏账准备　　B. 出租无形资产的摊销额

C. 支付中介机构的咨询费　　D. 处置固定资产的净损失

3. 多项选择题

(1) 下列项目中，应计入管理费用的有(　　)。

A. 工会经费　　B. 捐赠支出　　C. 辞退福利

D. 印花税　　E. 技术转让费

(2) 下列各项中，工业企业应将其计入财务费用的有(　　)。

A. 流动资金借款手续费　　B. 银行承兑汇票手续费

C. 给予购货方的商业折扣　　D. 计提的带息应付票据利息

E. 外币应收账款汇兑净损失

(3) 下列项目中，属于期间费用的有(　　)。

A. 管理费用　　B. 财务费用　　C. 销售费用　　D. 制造费用

(4) 下列各项中，应列入利润表“营业成本”项目的有(　　)。

A. 销售材料成本　　B. 无形资产处置净损失

C. 固定资产盘亏净损失　　D. 经营出租固定资产折旧费

(5) 下列各种税金中，可能通过“营业税金及附加”科目核算的有(　　)。

A. 增值税　　B. 消费税　　C. 城市维护建设税

D. 印花税　　E. 营业税

(6) 下列项目中，属于期间费用的有(　　)。

A. 直接材料　　B. 直接人工　　C. 制造费用　　D. 管理费用

(7) 营业成本项目，应根据(　　)填列。

A. 主营业务成本　　B. 其他业务成本

C. 销售费用　　D. 管理费用

任务3　利得和损失项目

6.3.1　任务导入

JH公司2009年12月合并利润表中利得和损失项目列示见表6-5。请问：

(1) 营业外收入包括哪些内容?

(2) 营业外支出包括哪些内容?

表6-5　JH公司合并利润表

2009年12月　　　　单位：元

项　目	本期金额	上期金额
……		
三、营业利润	3 190 260 000.00	4 679 510 000.00
加：营业外收入	14 393 900.00	66 941 400.00
减：营业外支出	8 219 650.00	11 482 200.00
……		

6.3.2　知识要点

1. 利得

利得分为两种：一种是直接计入当期利润的利得，另一种是直接计入所有者权益的利得。显然，这里指的是直接计入当期利润的利得。直接计入当期利润的利得，是指应当计入当期损益、会导致所有者权益增加、与所有者投入资本无关的利得，主要包括盘盈利得、政府补助、捐赠利得、处置非流动资产的利得、非货币性资产交换的利得、债务重组的利得等。一般计入当期利润的利得用“营业外收入”科目来核算，在利润表中通过“营业外收入”项目反映。

想一想

下列说法中正确的是（　　）。
A. 利得一定会影响所有者权益　　B. 利得一定会影响当期利润
C. 利得一定计入所有者权益　　D. 利得一定计入当期利润

2. 损失

损失分为两种：一种是直接计入当期利润的损失，另一种是直接计入所有者权益的损失。显然，这里指的是直接计入当期利润的损失。直接计入当期利润的损失是指应当计入当期损益、会导致所有者权益减少、与向所有者分配利润无关的损失，主要包括盘亏损失、非常损失、公益性捐赠支出、处置非流动资产的损失、非货币性资产交换的损失、债务重组的损失等。一般计入当期利润的损失用“营业外支出”科目来核算，在利润表中通过“营业外支出”项目反映。

【案例 6-4】

【资料】　AB公司2010年3月初向大众公司购入设备一台，实际支付买价50万元，增值税8.5万元，支付运杂费1万元，途中保险费5万元。该设备估计可使用4年，无残值。该企业固定资产折旧方法采用年数总和法。由于操作不当，该设备于2010年年末报废，责成有关人员赔偿2万元，收回变价收入1万元。

【问题】　该设备的报废净损失是多少？

分析：

设备的入账价值＝50＋1＋5＝56(万元)；

设备的年折旧率＝4÷(1＋2＋3＋4)＝40％；

已计提折旧＝56×40％×9÷12＝16.8(万元)；

设备的报废净损失＝56－16.8－(2＋1)＝36.2(万元)。

想一想

利得和收入有何联系与区别？损失与费用有何联系与区别？

利得和收入的联系：两者均是会导致所有者权益增加的、与所有者投入资本无关的经济利益的总流入。利得和收入的区别：利得是企业与其经营活动无直接关系的经济利益总流入，收入是企业在日常活动中形成的经济利益总流入。

损失与费用的联系：两者均是会导致所有者权益减少的、与向所有者分配利润无关的经济利益的总流出损失和费用的区别：损失是企业与其经营活动无直接关系的经济利益总流出，费用是企业在日常活动中发生的经济利益总流出。

6.3.3 实践活动

阅读已下载的上市公司利润表中的利得和损失项目及附注内容，并思考以下问题：
(1) 该公司利得项目包括哪些内容？金额各为多少？
(2) 该公司损失项目包括哪些内容？金额各为多少？

6.3.4 任务自测

1. 判断题

(1) 确认利得和损失时应遵循配比原则。 ( )
(2) 利得与收入的区别在于是否与企业日常活动有关。 ( )
(3) 损失与费用的发生都会导致所有者权益减少。 ( )
(4) 收到捐赠的资产，一方面企业的资产增加，另一方面企业的利得增加。 ( )

2. 单项选择题

(1) 某企业转让一台旧设备，取得价款 56 万元，发生清理费用 2 万元。该设备原值为 60 万元，已提折旧 10 万元。假定不考虑其他因素，出售该设备影响当期损益的金额为( )万元。

A. 4　　B. 6　　C. 54　　D. 56

(2) 某企业转让一项专利权，与此有关的资料如下：该专利权的账面余额 50 万元，已摊销 20 万元，计提资产减值准备 5 万元，取得转让价款 28 万元，应交营业税 1.4 万元。假设不考虑其他因素，该企业应确认的转让无形资产净收益为( )万元。

A. −2　　B. 1.6　　C. 3　　D. 8

(3) 下列项目中，属于利得的内容有( )。

A. 销售商品收入　　B. 销售材料收入
C. 出租租金收入　　D. 没收的押金收入

(4) 处置固定资产的损失应计入( )。

A. 营业外支出　　B. 管理费用　　C. 财务费用　　D. 销售费用

3. 多项选择题

(1) 下列交易或事项中，应确认为营业外支出的有( )。

A. 对外捐赠支出　　B. 债务重组损失
C. 计提的固定资产减值准备　　D. 出售无形资产发生的净损失
E. 交纳的矿产资源补偿费

(2) 下列项目中，应当作为营业外收入核算的有( )。

A. 接受捐赠收到的现金　　B. 出售无形资产的净收益
C. 盘盈固定资产　　D. 无法支付的应付款项

(3) 下列各项中，应计入营业外支出的有( )。

A. 无形资产处置损失　　B. 存货自然灾害损失
C. 固定资产清理损失　　D. 长期股权投资处置损失

(4) 下列各项中，属于利得的有(　　)。

A. 处置无形资产净收益　　B. 出租包装物取得的收入

C. 接受公益性捐赠利得　　D. 经营租出固定资产的折旧额

任务4　利润项目

6.4.1　任务导入

JH公司2009年12月合并利润表中利润项目列示见表6-6。请问：

(1) 影响营业利润的因素有哪些？

(2) 营业利润如何计算？

(3) 利润总额如何计算？

(4) 净利润如何计算？

表6-6　JH公司合并利润表

2009年12月　　单位：元

项　目	本期金额	上期金额
……		
三、营业利润	33 120 572.00	59 253 460.00
……		
四、利润总额	39 294 822.00	114 712 660.00
……		
五、净利润	92 456 822.00	79 225 160.00

6.4.2　知识要点

1. 营业利润

营业利润是指企业在销售商品、提供劳务等日常活动中所产生的利润，它是企业利润的主要来源。营业利润计算公式如下：

营业利润＝营业收入－营业成本－营业税金及附加－销售费用－
管理费用－财务费用－资产减值损失＋
公允价值变动收益(－公允价值变动损失)＋
投资收益(－投资损失)　　(6-4)

1) 资产减值损失

资产减值损失是指因资产的账面价值高于其可收回金额而造成的损失。企业应当对所有资产减值损失及时加以确认和计量，但由于资产的性质不同，适用的具体准则不尽相同，如对子公司、联营企业和合营企业的长期股权投资、固定资产、无形资产、商誉等的资产减值损失，适用《企业会计准则第8号——资产减值》；存货等资产减值损失，适用其他相应准则。

固定资产、无形资产、商誉等资产减值损失一经确认后，在以后会计期间不得转回。一方面是这些资产价值回升的可能性较小，通常是永久性减值；另一方面是为了消除一些企业通过计提秘密准备来调节利润的可能，限制利润的人为波动。

在资产负债表日，企业经过对资产的测试，判断资产的账面价值高于可收回金额，应计提资产减值准备，并确认相应资产减值损失。也即企业依据相关准则确定应收款项、存货、长期股权投资、持有至到期投资、固定资产、无形资产等资产减值时，一方面“资产减值损失”增加，另一方面“坏账准备”、“存货跌价准备”、“长期股权投资减值准备”、“持有至到期投资减值准备”、“固定资产减值准备”、“无形资产减值准备”增加。

2）公允价值变动收益(损失)

公允价值变动收益(损失)是指企业以公允价值计量且其变动计入当期损益的资产或负债①，因公允价值变动所形成的利得或损失。例如，在资产负债表日“交易性金融资产”的公允价值高于其账面价值，其差额应确认为“公允价值变动收益”；反之，其公允价值低于其账面价值，其差额应确认为“公允价值变动损失”。

3）投资收益(损失)

投资收益是指企业对外投资在一定的会计期间所取得的回报。投资收益按其所属的时间划分，大体上可分为两类：一类是持有期间收益，如分得的利润、股利、利息；另一类是处置收益，如投资到期收回或处置投资得到的款项高于账面价值部分等。投资活动也可能遭受损失，如投资到期收回或处置投资的所得款项低于账面价值部分，即为投资损失。

【案例 6-5】

【资料】 AB公司2010年营业收入为6 000万元，营业成本为5 000万元，营业税金及附加为60万元，销售费用为200万元，管理费用为300万元，财务费用为70万元，资产减值损失为20万元，交易性金融资产公允价值变动收益为20万元，可供出售金融资产公允价值变动收益为20万元，投资收益为40万元，营业外收入为5万元，营业外支出为3万元。

【问题】 AB公司2010年营业利润为多少?

分析：影响营业利润的因素有营业收入、营业成本、营业税金及附加、销售费用、管理费用、财务费用、资产减值损失、交易性金融资产公允价值变动收益以及投资收益。

AB公司2010年营业利润为6 000－5 000－60－200－300－70－20＋20－40＝330(万元)。

2. 利润总额

利润总额又称税前利润，是指企业在一定期间内经营活动在所得税前的总成果。当利润总额大于零时，就是通常所说的企业盈利；当利润总额为负时，就是通常所说的企业发生亏损。利润总额包括营业利润、直接计入当期利润的利得和损失，计算公式如下：

利润总额＝营业利润＋营业外收入－营业外支出　　(6-5)

【案例 6-6】

【资料】 参见案例6-5。

【问题】 AB公司2010年利润总额为多少?

分析：AB公司2010年利润总额为330＋5－3＝332(万元)。

① 如交易性金融资产，交易性金融负债，以及采用公允价值模式计量的投资性房地产、衍生工具、套期保值业务等。

3. 净利润

净利润又称税后利润，是指利润总额减去所得税费用后的金额。净利润是一个企业经营的最终成果，是衡量一个企业经营效益的主要指标，净利润多，企业的经营效益就好；净利润少，企业的经营效益就差。净利润计算公式如下：

净利润＝利润总额－所得税费用　　(6-6)

如前所述，企业当期应交所得税是依据税法规定，以应纳税所得额为基础计算的所得税款；而企业所得税费用是依据会计准则规定，以税前利润为基础计算的所得税费用。由于会计规定和税法规定的差异，导致资产和负债的账面价值与计税基础有差异(称为暂时性差异①)，使得当期所得税费用和当期应交所得税不一致，需要进行调整，所以有下面的公式：

所得税费用＝当期应交所得税－递延所得税资产②＋递延所得税负债③　　(6-7)

会计和税法在当期处理上的差异，通过递延所得税调整。递延所得税分为递延所得税资产和递延所得税负债。

【案例6-7】

【资料】　参见案例6-5。假定公司所得税率为25%，本年度无纳税调整事项，不考虑递延所得税。

【问题】　AB公司2010年净利润为多少？

分析：

AB公司2010年所得税费用为332×25%＝83(万元)；

AB公司2010年净利润为332－83＝249(万元)。

6.4.3 实践活动

(1) 阅读已下载的上市公司财务报告关于所得税项目的会计政策和会计估计说明，了解该公司确认所得税资产的依据。

(2) 阅读已下载的上市公司利润表中公允价值变动收益项目、投资收益项目及附注内容，并思考以下问题：

① 该公司公允价值变动收益项目的金额是多少？披露了哪些信息？

② 该公司投资收益项目的金额？产生投资收益的来源有哪些？

(3) 阅读已下载的上市公司利润表中所得税费用项目及附注内容，并思考以下问题：

① 该公司所得税费用有哪几部分组成？

② 该公司所得税费用与会计利润之间有什么关系？

(4) 阅读已下载的上市公司利润表中利润项目及附注内容，并思考以下问题：

① 该公司营业利润项目、利润总额项目、净利润项目的金额是多少？

② 影响营业利润项目的因素有哪些？

---

① 参见拓展学习“暂时性差异”。

② 参见拓展学习“递延所得税资产”。

③ 参见拓展学习“递延所得税负债”。

6.4.4　任务自测

1. 判断题

(1) 本期未实现销售，收入为0，则利润也为0。　　(　　)

(2) 企业收到投资者投入的设备，该业务不会影响到企业的利润项目。　　(　　)

(3) 在其他因素不变的情况下，企业发生损失会导致企业的利润减少。　　(　　)

(4) 利润不仅受收入费用的影响，也受利得和损失的影响。　　(　　)

2. 单项选择题

(1) 甲上市公司2010年营业收入为6 000万元，营业成本为4 000万元，营业税金及附加为60万元，销售费用为200万元，管理费用为300万元，财务费用为70万元，资产减值损失为20万元，投资收益为60万元，营业外收入为5万元，营业外支出为3万元。甲上市公司2010年营业利润为(　　)万元。

A. 1 370　　B. 1 360　　C. 1 410　　D. 1 430

(2) 下列交易或事项中，不影响股份有限公司利润表中营业利润金额的是(　　)。

A. 计提存货跌价准备　　B. 出售原材料并结转成本

C. 按产品数量支付专利技术转让费　　D. 清理管理用固定资产发生的净损失

(3) 某企业2010年1月1日所有者权益构成情况如下：实收资本1500万元，资本公积100万元，盈余公积300万元，未分配利润200万元。2010年度实现利润总额为600万元，企业所得税税率为25%。假定不存在纳税调整事项及其他因素，该企业2010年12月31日可供分配利润为(　　)万元。

A. 600　　B. 650　　C. 800　　D. 1 100

(4) 甲上市公司2010年营业收入为6 000万元，营业成本为4 000万元，营业税金及附加为60万元，销售费用为200万元，管理费用为300万元，财务费用为70万元，资产减值损失为20万元，投资损失为60万元，营业外收入为5万元，营业外支出为3万元。甲上市公司2010年利润总额为(　　)万元。

A. 1 370　　B. 1 292　　C. 1 412　　D. 1 430

(5) 某企业于2010年9月接受一项产品安装任务，安装期6个月，合同总收入20万元，年度预收款项4万元，余款在安装完成时收回，当年实际发生成本6万元，预计还将发生成本4万元。则该企业2010年度利润为(　　)万元。

A. 14　　B. 12　　C. 10　　D. 6

3. 多项选择题

(1) 下列各项中，影响企业当期营业利润的有(　　)。

A. 所得税费用　　B. 固定资产减值损失

C. 销售商品收入　　D. 投资收益

(2) 下列各项中，影响企业营业利润的有(　　)。

A. 出售原材料损失　　B. 计提无形资产减值准备

C. 公益性捐赠支出　　D. 出售交易性金融资产损失

(3) 企业弥补亏损的途径主要有(　　)。

A. 税前利润弥补　　B. 税后利润弥补

C. 盈余公积补亏　　D. 资本公积补亏

(4) 下列各项中，影响企业当期营业利润的有(　　)。

A. 制造费用　　B. 管理费用　　C. 销售费用　　D. 财务费用

拓展学习

1. 暂时性差异

暂时性差异，顾名思义就是暂时存在的差异，分为应纳税暂时性差异和可抵扣暂时性差异两方面。

1) 应纳税暂时性差异

当资产的账面价值大于其计税基础或者负债的账面价值小于其计税基础，产生应纳税暂时性差异。例如，交易性金融资产的公允价值增加。按照企业会计准则规定，交易性金融资产期末应以公允价值计量，公允价值的变动计入当期损益。如果按照税法规定，交易性金融资产在持有期间公允价值变动不计入应纳税所得额，即其计税基础保持不变，则产生了交易性金融资产的账面价值与计税基础之间的差异。

想一想

CD公司持有一项交易性金融资产，成本为100万元，期末公允价值为150万元，请问，资产负债表日，公司交易性金融资产的计税基础为多少？应纳税暂时性差异为多少？

2) 可抵扣暂时性差异

当资产的账面价值小于其计税基础或者负债的账面价值大于其计税基础，产生可抵扣暂时性差异。可抵扣暂时性差异的本质是税法上不允许会计当期扣除，允许以后在税前扣除。可抵扣暂时性差异主要是会计上多计提了费用或者少确认了收入，如会计多计提了折旧、会计计提了资产减值等。

想一想

CD公司应收账款100万元，计提了5万元坏账准备，并计入当期损益。按照税法规定，资产减值损失只有在实际发生时准予税前扣除。请问，在资产负债表日，公司应收账款的计税基础为多少？可抵扣暂时性差异为多少？

2. 递延所得税资产

递延所得税资产是指本期已纳税、但本期尚未确认的所得税费用。可抵扣暂时性差异是将来应该收回的资产，与递延所得税资产相对应。在资产负债表日，企业应当按照可抵扣暂时性差异与适用所得税税率，计算递延所得税资产，即：

$$\text{递延所得税资产}=\text{可抵扣暂时性差异}\times\text{所得税率} \tag{6-8}$$

3. 递延所得税负债

递延所得税负债是指本期未纳税、但本期已确认过的所得税费用。应纳税暂时性差异是将来应该清偿的负债，与应递延所得税负债相对应。在资产负债表日，企业应当按照应纳税暂时性差异与适用所得税税率，计算递延所得税负债，即：

$$递延所得税负债=应纳税暂时性差异\times所得税率 \tag{6-9}$$

【案例 6-8】

【资料】 12月31日，CD公司资产负债表中账面价值及其计税基础有差异的项目见表6-7。假定该公司适用的所得税税率为25%；按照税法规定计算确定的应交所得税为60万元；递延所得税资产和递延所得税负债期初余额为0。

表 6-7 CD 公司资产负债表中差异项目

单位：万元

项 目	账面价值	计税基础	暂时性差异	
			应纳税暂时性差异	可抵扣暂时性差异
交易性金融资产	150	100	50	
应收账款	95	100		5
合计			50	5

【问题】

(1) 公司递延所得税资产和递延所得税负债各为多少？

(2) 公司本年所得税费用为多少？

分析：

递延所得税资产为5×25%=1.25(万元)；

递延所得税负债为50×25%=12.5(万元)；

本年所得税费用为60－1.25＋12.5=71.25(万元)。

知识归纳

(1) 收入是指企业在日常活动中形成的、会导致所有者权益增加的、与所有者投入资本无关的经济利益的总流入。按照收入性质分类，收入可以分为商品销售收入、提供劳务收入和让渡资产使用权收入。

(2) 费用是指企业在日常活动中发生的、会导致所有者权益减少的、与向所有者分配利润无关的经济利益的总流出。在利润表上，费用项目的主要内容有营业成本、营业税金及附加、销售费用、管理费用、财务费用等。

(3) 直接计入当期利润的利得是指应当计入当期损益、会导致所有者权益增加、与所有者投入资本无关的利得。直接计入当期利润的损失是指应当计入当期损益、会导致所有者权益减少、与向所有者分配利润无关的损失。

(4) 利润是指企业在一定会计期间的经营成果。在利润表上，利润分为三个层次：营业利润、利润总额和净利润。营业利润是指企业在销售商品、提供劳务等日常活动中获得的经营成果，是企业利润的主要的组成部分。利润总额又称税前利润，包括营业利润和、直接计入当期利润的利得和损失。净利润又称税后利润，是指缴纳所得税费用后的利润。

技能训练

训练 1

（一）目的：学会主营业务收入、主营业务成本的计算。

（二）资料：甲公司为增值税一般纳税人，增值税税率为 17%。商品销售价格不含增值税，在确认销售收入时逐笔结转销售成本。假定不考虑其他相关税费。

2010 年 6 月甲公司发生如下业务：

(1) 6 月 2 日，向乙公司销售 A 商品 1 600 件，标价总额为 800 万元(不含增值税)，商品实际成本为 480 万元。为了促销，甲公司给予乙公司 15%的商业折扣并开具了增值税专用发票。甲公司已发出商品，并向银行办理了托收手续。

(2) 6 月 10 日，因部分 A 商品的规格与合同不符，乙公司退回 A 商品 800 件。当日，甲公司按规定向乙公司开具增值税专用发票(红字)，销售退回允许扣减当期增值税销项税额，退回商品已验收入库。

(3) 6 月 25 日，甲公司收到丙公司来函。来函提出，2008 年 5 月 10 日从甲公司所购 B 商品不符合合同规定的质量标准，要求甲公司在价格上给予 10%的销售折让。该商品售价为 600 万元，增值税额为 102 万元，货款已结清。经甲公司认定，同意给予折让并以银行存款退还折让款，同时开具了增值税专用发票(红字)。除上述资料外，不考虑其他因素。

（三）要求：

(1) 计算甲公司 6 月主营业务收入总额。

(2) 计算甲公司 6 月主营业务成本总额。

训练 2

（一）目的：学会已售产品成本的计算。

（二）资料：新新公司 2010 年 12 月份生产完工甲产品 2 000 套和乙产品 1 000 套。甲产品的单位成本和总成本各为 147 元和 294 000 元，乙产品的单位成本和总成本各为 215.60 元和 215 600 元。期初库存甲产品 2 000 套，单位成本 153 元，总成本 306 000 元；期初库存乙产品 1 000 套，单位成本 200 元，总成本 200 000 元。本月销售甲产品 3 000 套，乙产品 1 500套。

（三）要求：

(1) 如果采用先进先出法计价，本月甲产品和乙产品的销售成本分别是多少？期末甲产品和乙产品的金额分别是多少？如何列示在报表中？

(2) 如果采用月末一次加权平均法计价，本月甲产品和乙产品的销售成本分别是多少？期末甲产品和乙产品的金额分别是多少？如何列示于报表中？

(3) 以甲产品为例，说明计价方法的选择对本月利润的有何影响，对本月存货有何影响？

训练 3

（一）目的：学会编制利润表。

（二）资料：AB 公司属于工业企业，为增值税一般纳税人，适用 17%的增值税税率，售价中不含增值税。2010 年 1 月至 11 月 30 日累计发生额情况：主营业务收入 1 550 万元、其他业务收入 16 万元、投资收益 21 万元、营业外收入 50 万元；主营业务成本 1 085 万元、营业税金及附加 15 万元、其他业务成本 10 万元、销售费用 34 万元、管理费用 19 万元、财务费用 52 万元、资产减值损失 2 万元、营业外支出 20 万元。

2010 年 12 月发生如下经济业务：

(1) 销售商品一批，增值税专用发票上注明的售价 50 万元，增值税 8.5 万元，款项已收到并存入银行。该批商品的实际成本为 37.5 万元。

(2) 本月发生应付工资 176 万元，其中生产工人工资 120 万元，车间管理人员工资 10 万元，厂部管理人员工资 16 万元，销售人员工资 30 万元。假定不考虑当月计提职工福利费。

(3) 本月计提存货跌价准备 1 万元。

(4) 本月摊销自用无形资产成本 64 万元。

(5) 本月应交城市维护建设税 5 万元、教育费附加 0.5 万元。

(6) 适用所得税税率为 25%。假定该企业本年无纳税调整事项。

(三) 要求：

(1) 计算 AB 公司 2010 年 12 月份营业收入项目、营业成本、营业税金及附加、管理费用、销售费用、所得税费用的金额；

(2) 编制 AB 公司 2010 年度利润表。

训练 4

(一) 目的：学会利润表项目及所有者权益项目的计算。

(二) 资料：甲公司为一家从事机械制造的增值税一般纳税企业。2010 年 1 月 1 日所有者权益总额为 5 400 万元，其中实收资本 4 000 万元，资本公积 400 万元，盈余公积 800 万元，未分配利润 200 万元。

2010 年度甲公司发生如下经济业务：

(1) 经批准，甲公司接受乙公司投入不需要安装的设备一台并交付使用，合同约定的价值为 3 500 万元(与公允价值相符)，增值税税额为 595 万元；同时甲公司增加实收资本 2 000 万元，相关法律手续已办妥。

(2) 出售一项专利技术，售价 25 万元，款项存入银行，不考虑相关税费。该项专利技术实际成本 50 万元，累计摊销售额 38 万元，未计提减值准备。

(3) 结转固定资产清理净收益 50 万元。

(4) 除上述经济业务外，甲公司当年实现营业收 10 500 万元，发生营业成本 4 200 万元、营业税金及附加 600 万元、销售费用 200 万元、管理费用 300 万元、财务费用 200 万元。

按税法规定当年准予税前扣除的职工福利费 120 万元，实际发生并计入当年利润总额的职工福利费 150 万元。除此之外，不存在其他纳税调整项目，也未发生递延所得税。所得税税率为 25%。

(5) 确认并结转全年所得税费用。

(6) 年末将“本年利润”科目贷方余额结转至未分配利润。

(7) 年末按净利润的 10%提取法定盈余公积，提取任意盈余公积 360 万元。

(8) 年末将“利润分配——提取法定盈余公积”、“利润分配——提取任意盈余公积”明细科目余额结转至未分配利润。

假定除上述资料外，不考虑其他相关因素。

（三）要求：

(1) 计算甲公司2010年度的“营业利润”、“利润总额”、“所得税费用”和“净利润”项目的金额。

(2) 计算甲公司2010年12月31日资产负债表中“实收资本”、“资本公积”、“盈余公积”、“未分配利润”项目的期末余额。（金额单位用万元表示）

学习情景7 财务报表分析

职业知识

1. 掌握水平分析、垂直分析和趋势分析原理。
2. 熟悉偿债能力、营运能力、盈利能力财务比率指标。
3. 了解发展能力比率指标。
4. 掌握因素分析法。
5. 掌握杜邦体系分析法。
6. 了解其他财务综合分析方法。

职业能力

1. 会运用Excel软件编制比较财务报表和总体结构财务报表。
2. 能利用比较财务报表和总体结构财务报表信息撰写会计分析报告。
3. 会计算偿债能力、营运能力、盈利能力、发展能力比率指标。
4. 会进行偿债能力、营运能力、盈利能力、发展能力的分析评价。
5. 会因素分析计算。
6. 会运用杜邦体系分析法进行财务综合分析。

职业素养

1. 培养团队协作精神。
2. 培养信息处理能力。
3. 培养阅读分析能力。
4. 提高文字表达能力。

任务1 财务报表会计分析

7.1.1 任务导入

JH公司2009年、2008年、2007年、2006年合并资产负债表、合并利润表和合并现金流量表数据分别见表7-1、表7-2和表7-3。要求：

(1) 对JH公司财务状况、经营业绩以及现金流量变动情况进行分析。

(2) 查找JH公司财务报表中的重要项目，并进行分析。

(3) 对JH公司财务状况、经营业绩以及现金流量的变化趋势进行分析。

表 7-1　合并资产负债表

单位：元

资　　产	2009 年 12 月 31 日年末余额	2008 年 12 月 31 日年末余额	2007 年 12 月 31 日年末余额	2006 年 12 月 31 日年末余额
流动资产：				
货币资金	354 596 000.00	161 171 000.00	149 033 000.00	123 543 000.00
交易性金融资产	7 238 920.00	17 331 200.00	0.00	21 120 200.00
应收票据	337 680 000.00	216 724 000.00	180 384 000.00	193 200 000.00
应收账款	51 915 700.00	93 646 000.00	69 432 600.00	83 802 600.00
预付款项	183 339 000.00	169 628 000.00	171 336 000.00	101 991 000.00
应收利息	0.00	0.00	0.00	0.00
应收股利	0.00	0.00	0.00	0.00
其他应收款	50 360 200.00	294 912 000.00	52 857 200.00	52 686 900.00
存货	154 799 000.00	240 752 000.00	265 597 000.00	217 605 000.00
1 年内到期的非流动资产	0.00	0.00	0.00	0.00
其他流动资产	0.00	419 148.00	0.00	0.00
流动资产合计	1 139 928 820.00	1 194 583 348.00	888 639 800.00	793 948 700.00
非流动资产：				
可供出售金融资产	0.00	0.00	0.00	228 122.00
持有至到期投资	0.00	0.00	0.00	0.00
长期应收款	0.00	0.00	0.00	0.00
长期股权投资	164 538 000.00	191 213 000.00	61 082 000.00	42 997 500.00
投资性房地产	16 980 800.00	17 689 300.00	18 628 600.00	19 644 900.00
固定资产	2 428 350 000.00	2 341 390 000.00	2 744 580 000.00	2 579 140 000.00
在建工程	191 435 000.00	327 278 000.00	246 893 000.00	205 028 000.00
工程物资	2 731 950.00	3 445 600.00	0.00	54 300 100.00
固定资产清理	0.00	0.00	0.00	0.00
无形资产	137 525 000.00	151 784 000.00	135 351 000.00	76 418 600.00
开发支出	0.00	0.00	0.00	0.00
商誉	1 921 080.00	1 921 080.00	1 921 080.00	0.00
长期待摊费用	4 112 000.00	4 626 000.00	0.00	2 771 580.00
递延所得税资产	11 442 400.00	17 225 900.00	8 629 630.00	9 311 640.00
其他非流动资产	0.00	0.00	0.00	0.00
非流动资产合计	2 959 036 230.00	3 056 572 880.00	3 217 085 310.00	2 989 840 442.00
资产总计	4 098 965 050.00	4 251 156 228.00	4 105 725 110.00	3 783 789 142.00

续表

负债和所有者权益(或股东权益)	2009年12月31日年末余额	2008年12月31日年末余额	2007年12月31日年末余额	2006年12月31日年末余额
流动负债:				
短期借款	810 486 000.00	960 548 000.00	792 514 000.00	405 000 000.00
交易性金融负债	117 950.00	0.00	0.00	0.00
应付票据	68 575 900.00	210 719 600.00	63 604 500.00	203 501 000.00
应付账款	143 248 049.00	121 323 068.00	220 837 900.00	183 379 500.00
预收款项	36 535 100.00	29 308 600.00	38 802 300.00	80 557 000.00
应付职工薪酬	24 443 900.00	12 929 500.00	7 630 120.00	38 515 832.00
应交税费	12 633 600.00	54 886 200.00	42 511 500.00	32 262 100.00
应付利息	3 512 740.00	3 227 460.00	3 217 320.00	2 523 360.00
应付股利	0.00	0.00	0.00	0.00
其他应付款	28 040 800.00	30 281 600.00	32 694 000.00	40 229 800.00
1年内到期的非流动负债	200 474 000.00	256 914 500.00	223 828 000.00	197 415 000.00
其他流动负债	0.00	0.00	0.00	0.00
流动负债合计	1 328 068 039.00	1 680 138 528.00	1 425 639 640.00	1 183 383 592.00
非流动负债:				
长期借款	678 500 800.00	490 814 000.00	644 344 000.00	759 701 000.00
应付债券	0.00	0.00	0.00	0.00
长期应付款	13 063 300.00	14 422 500.00	20 210 100.00	15 810 100.00
专项应付款	0.00	0.00	0.00	0.00
预计负债	0.00	0.00	0.00	0.00
递延所得税负债	74 431.00	0.00	0.00	1 620 250.00
其他非流动负债	21 324 300.00	21 739 800.00	29 273 400.00	4 460 400.00
非流动负债合计	712 962 831.00	526 976 300.00	693 827 500.00	781 591 750.00
负债合计	**2 041 030 870.00**	**2 207 114 828.00**	**2 119 467 140.00**	**1 964 975 342.00**
所有者权益(或股东权益):				
实收资本(或股本)	556 800 000.00	556 800 000.00	556 800 000.00	556 800 000.00
资本公积	563 449 100.00	562 675 400.00	550 075 200.00	549 798 000.00
减:库存股	0.00	0.00	0.00	0.00
盈余公积	190 197 730.00	177 868 700.00	159 671 000.00	136 463 200.00
未分配利润	677 314 850.00	652 765 800.00	639 174 070.00	510 770 500.00
归属于母公司股东权益合计	1 987 761 680.00	1 950 109 900.00	1 905 720 270.00	1 753 831 700.00
少数股东权益	70 172 500.00	93 931 500.00	80 537 700.00	64 982 100.00
所有者权益(或股东权益)合计	2 057 934 180.00	2 044 041 400.00	1 986 257 970.00	1 818 813 800.00
负债和所有者权益(或股东权益)总计	4 098 965 050.00	4 251 156 228.00	4 105 725 110.00	3 783 789 142.00

表 7-2 合并利润表

单位：元

项目	2009 年度	2008 年度	2007 年度	2006 年度
一、营业总收入	3 699 610 000.00	5 328 700 000.00	5 202 210 000.00	3 937 100 000.00
其中：营业收入	3 699 610 000.00	5 328 700 000.00	5 202 210 000.00	3 937 100 000.00
二、营业总成本	3 648 618 000.00	5 262 291 000.00	5 045 403 500.00	3 820 235 800.00
其中：营业成本	3 190 260 000.00	4 679 510 000.00	4 541 680 000.00	3 380 340 000.00
营业税金及附加	16 018 200.00	21 392 700.00	23 287 500.00	19 514 000.00
销售费用	63 851 600.00	70 623 800.00	80 132 500.00	45 600 400.00
管理费用	275 616 000.00	300 881 000.00	274 493 000.00	277 794 000.00
财务费用	90 750 000.00	130 995 000.00	108 665 000.00	79 655 200.00
资产减值损失	12 122 200.00	58 888 500.00	17 145 500.00	17 332 200.00
加：公允价值变动收益(损失以“—”号填列)	179 772.00	−6 152 690.00	−4 909 860.00	16 432 800.00
投资收益(损失以“—”号填列)	−18 051 200.00	−1 002 850.00	15 998 700.00	3 253 770.00
其中：对联营企业和合营企业的投资收益	−28 654 800.00	−2 209 740.00	124 490.00	488 771.00
三、营业利润(亏损以“—”号填列)	33 120 572.00	59 253 460.00	16 789 5340.00	136 550 770.00
加：营业外收入	14 393 900.00	66 941 400.00	80 731 700.00	73 145 100.00
减：营业外支出	8 219 650.00	11 482 200.00	7 813 560.00	4 794 330.00
其中：非流动资产处置损失	4 349 730.00	6 746 330.00	1 521 100.00	1 558 030.00
四、利润总额(亏损总额以“—”号填列)	39 294 822.00	114 712 660.00	240 813 480.00	204 901 540.00
减：所得税费用	−53 162 000.00	35 487 500.00	28 364 300.00	31 672 100.00
五、净利润(净亏损以“—”号填列)	92 456 822.00	79 225 160.00	212 449 180.00	173 229 440.00
归属于母公司股东的净利润	92 555 800.00	87 468 800.00	207 287 000.00	163 020 300.00
少数股东损益	−98 978.00	−8 243 640.00	5 162 180.00	10 209 140.00
六、每股收益：				
(一)基本每股收益	0.166	0.157	0.372	0.293
(二)稀释每股收益	0.166	0.157	0.372	0.293

表 7－3　合并现金流量表

单位：元

项　　目	2009 年度	2008 年度	2007 年度	2006 年度
一、经营活动产生的现金流量：				
销售商品、提供劳务收到的现金	4 440 770 000.00	6 248 590 000.00	6 046 430 000.00	4 740 230 000.00
收到的税费返还	30 600 100.00	5 345 490.00	9 023 590.00	7 939 350.00
收到其他与经营活动有关的现金	64 148 400.00	153 973 000.00	153 386 000.00	188 385 000.00
经营活动现金流入小计	4 535 518 500.00	6 407 908 490.00	6 208 839 590.00	4 936 554 350.00
购买商品、接受劳务支付的现金	3 573 530 000.00	5 003 900 000.00	4 986 100 000.00	3 726 030 000.00
支付给职工以及为职工支付的现金	276 460 000.00	316 881 000.00	377 243 000.00	294 576 000.00
支付的各项税费	151 899 000.00	237 125 000.00	224 466 000.00	198 648 000.00
支付其他与经营活动有关的现金	177 926 000.00	213 792 000.00	167 112 000.00	157 339 000.00
经营活动现金流出小计	4 179 815 000.00	5 771 698 000.00	5 754 921 000.00	4 376 593 000.00
经营活动产生的现金流量净额	355 703 500.00	636 210 490.00	453 918 590.00	559 961 350.00
二、投资活动产生的现金流量：				
收回投资收到的现金	110 770 000.00	41 992 900.00	55 770 500.00	86 145 400.00
取得投资收益收到的现金	846 548.00	2 626 200.00	1 082 590.00	4 501 040.00
处置固定资产、无形资产和其他长期资产收回的现金净额	253 545 000.00	60 945 100.00	3 968 840.00	1 679 680.00
处置子公司及其他营业单位收到的现金净额	0.00	0.00	0.00	0.00
收到其他与投资活动有关的现金	13 598 000.00	57 346 500.00	5 000 000.00	0.00
投资活动现金流入小计	378 759 548.00	162 910 700.00	65 821 930.00	92 326 120.00
购建固定资产、无形资产和其他长期资产支付的现金	221 396 000.00	449 702 000.00	561 737 000.00	832 902 000.00

续表

项　　目	2009 年度	2008 年度	2007 年度	2006 年度
投资支付的现金	126 318 000.00	94 655 900.00	42 500 400.00	13 388 000.00
取得子公司及其他营业单位支付的现金净额	0.00	8 800 000.00	11 043 600.00	0.00
支付其他与投资活动有关的现金	12 000 000.00	72 809 600.00	1 200 000.00	7 900 000.00
投资活动现金流出小计	359 714 000.00	625 967 500.00	616 481 000.00	854 190 000.00
投资活动产生的现金流量净额	19 045 548.00	−463 056 000.00	−550 659 100.00	−761 863 800.00
三、筹资活动产生的现金流量：				
吸收投资收到的现金	4 410 000.00	16 200 000.00	11 400 000.00	570 000.00
其中：子公司吸收少数股东投资收到的现金	4 410 000.00	0.00	11 400 000.00	570 000.00
取得借款收到的现金	2 341 820 000.00	2 383 950 000.00	1 991 560 000.00	1 820 820 000.00
发行债券收到的现金	0.00	0.00	0.00	0.00
收到其他与筹资活动有关的现金	9 700 000.00	0.00	0.00	0.00
筹资活动现金流入小计	2 355 930 000.00	2 400 150 000.00	2 002 960 000.00	1 821 390 000.00
偿还债务支付的现金	2 360 640 000.00	2 346 360 000.00	1 698 990 000.00	1 515 700 000.00
分配股利、利润或偿付利息支付的现金	157 886 000.00	201 838 000.00	176 994 000.00	190 414 000.00
其中：子公司支付给少数股东股利、利润	2 860 900.00	0.00	8 242 850.00	663 466.00
支付其他与筹资活动有关的现金	1 359 510.00	37 550 000.00	0.00	3 237 210.00
筹资活动现金流出小计	2 519 885 510.00	2 585 748 000.00	1 875 984 000.00	1 709 351 210.00
筹资活动产生的现金流量净额	−163 955 510.00	−185 590 000.00	126 980 000.00	112 040 000.00
四、汇率变动对现金及现金等价物的影响	509 430.00	5 925 420.00	11 407 100.00	4 998 400.00
五、现金及现金等价物净增加额	211 302 968.00	−6 510 090.00	41 646 590.00	−84 864 050.00
加：期初现金及现金等价物余额	124 482 450.00	130 992 540.00	89 345 950.00	174 210 000.00
六、期末现金及现金等价物余额	335 785 418.00	124 482 450.00	130 992 540.00	89 345 950.00

7.1.2　知识要点

企业财务会计报告由财务报表和财务报表附注构成。如何将财务会计报告中大量的数据和文字资料转换成有助于决策的有用信息，必须依照一定的步骤进行财务分析。财务报表的会计分析既能揭示会计信息的质量，又是财务分析的基础，并为财务分析的可靠性提供保证。

财务报表的会计分析重点是对财务报表进行比较，通常采用水平分析法、垂直分析法和趋势分析法。

1. 水平分析法

水平分析法是将反映企业报告期的财务状况、经营成果、现金流量的信息与反映企业前期的财务状况、经营成果、现金流量的信息进行对比，据以分析企业财务状况、经营业绩以及现金流量变动情况的一种财务分析方法。

水平分析法的基本要点是将不同时期财务报表中的同项数据进行比较，旨在发现变动异常的项目，揭示可能存在的问题。运用该方法进行比较分析时，最好是既计算报表项目的增减变动额(绝对值)，又计算报表项目的增减变动率(相对值)，这样可以有效地避免分析结果的片面性，有关计算公式如下：

增减变动额＝报告期报表项目实际数－前一期同报表同项目实际数　　(7－1)

增减变动率(%)＝增减变动额÷前一期同报表同项目实际数×100%　　(7－2)

在进行比较分析时，除了针对单个项目进行分析外，还可以针对特定项目之间的关系进行分析，以揭示出隐藏的问题。例如，如果发现营业收入增长12%时，营业成本增长了18%，也就是说成本比收入增加的更快，这与我们通常的假设是相悖的。我们通常假设，在产品和原材料价格不变时，营业收入和营业成本同比例增长。现在出现了这种差异，一般有三种可能：一是产品价格下降，二是原材料价格上升，三是生产效率降低。要想确定具体的原因，这就需要借助其他方法和资料作进一步的分析。

水平分析法所进行的对比，一般而言，不是指单指标对比，而是对报表反映某方面情况的全面、综合对比分析。按上述方法编制的报表形式可称为比较财务报表。

【案例7－1】

【资料】　参见表7－1。

【要求】

(1) 编制2009年相对2008年的比较资产负债表。

(2) 分析资产负债表变动异常的项目，说明变动原因及注意事项。

比较资产负债表见表7－4。

从资产方面分析：2009年年末总资产约减少1.52亿元，减少幅度为3.58%。说明公司经营规模有所缩减。其中：非流动资产约减少0.975亿元，减少幅度3.19%；流动资产约减少0.547亿元，减少幅度为4.58%。

在非流动资产中，在建工程减少了约1.36亿元，减少幅度为41.51%，但固定资产增加了约0.87亿元，增长幅度为3.71%。一方面表明有大量的在建工程完工，而新增项目投资有所减少，另一方面表明公司的生产能力进一步增加。长期股权投资减少了约0.267亿元，减少幅度为13.95%，表明公司对外投资正在收缩。

在流动资产中，货币资金增加了约1.934亿元，增长幅度为120.01%，表明公司持有大量的货币资金，应进一步查明其来源。其他应收款减少了2.446亿元，减少幅度为82.92%，表明货币资金的增加与大量的其他应收款收回有关，但这些其他应收款是怎么形成还有待进一步考察。存货减少了约0.86亿元，在生产能力增长的同时，存货却在减少，故需进一步了解存货减少的原因。应收票据约增加1.21亿元，而应收账款约减少了0.417亿元，一方面表明公司销售采用商业汇票结算方式增多，另一方面也表明公司采购采用票据背书转让支付货款的减少。

从权益方面分析：2009年末股东权益约增加0.139亿元，增加幅度为0.68%；负债约减少1.66亿元，减少幅度为7.52%。其中，流动负债约减少3.52亿元，减少幅度为20.95%；非流动负债约增加1.86亿元，增加幅度为35.29%。

股东权益的增加主要是由盈余公积和未分配利润增加引起的。

流动负债的减少主要是由短期借款约减少1.5亿元、应付票据约减少1.42亿元、一年内到期的非流动负债约减少0.56亿元引起。应付票据减少是因为公司减少了项目投资和存货的储备。另外，应交税费的明显减少也有待作进一步了解。

非流动负债增加主要是由长期借款约增加1.88亿元引起的。表明公司正在进行长、短期借款的调整，以减轻短期偿债的压力。

表7-4　比较资产负债表

单位：元

资　　产	2009年12月31日年末余额	2008年12月31日年末余额	增减变动	
			增减变动额	增减变动率
流动资产：				
货币资金	354 596 000.00	161 171 000.00	193 425 000.00	120.01%
交易性金融资产	7 238 920.00	17 331 200.00	−10 092 280.00	−58.23%
应收票据	337 680 000.00	216 724 000.00	120 956 000.00	55.81%
应收账款	51 915 700.00	93 646 000.00	−41 730 300.00	−44.56%
预付款项	183 339 000.00	169 628 000.00	13 711 000.00	8.08%
应收利息	0.00	0.00	0.00	—
应收股利	0.00	0.00	0.00	—
其他应收款	50 360 200.00	294 912 000.00	−244 551 800.00	−82.92%
存货	154 799 000.00	240 752 000.00	−85 953 000.00	−35.70%
1年内到期的非流动资产	0.00	0.00	0.00	—
其他流动资产	0.00	419 148.00	−419 148.00	−100.00%
流动资产合计	1 139 928 820.00	1 194 583 348.00	−54 654 528.00	−4.58%
非流动资产：				
可供出售金融资产	0.00	0.00	0.00	—
持有至到期投资	0.00	0.00	0.00	—

续表

资　　产	2009年12月31日年末余额	2008年12月31日年末余额	增减变动	
			增减变动额	增减变动率
长期应收款	0.00	0.00	0.00	—
长期股权投资	164 538 000.00	191 213 000.00	−26 675 000.00	−13.95%
投资性房地产	16 980 800.00	17 689 300.00	−708 500.00	−4.01%
固定资产	2 428 350 000.00	2 341 390 000.00	86 960 000.00	3.71%
在建工程	191 435 000.00	327 278 000.00	−135 843 000.00	−41.51%
工程物资	2 731 950.00	3 445 600.00	−713 650.00	−20.71%
固定资产清理	0.00	0.00	0.00	—
无形资产	137 525 000.00	151 784 000.00	−14 259 000.00	−9.39%
开发支出	0.00	0.00	0.00	—
商誉	1 921 080.00	1 921 080.00	0.00	0.00%
长期待摊费用	4 112 000.00	4 626 000.00	−514 000.00	−11.11%
递延所得税资产	11 442 400.00	17 225 900.00	−5 783 500.00	−33.57%
其他非流动资产	0.00	0.00	0.00	—
非流动资产合计	2 959 036 230.00	3 056 572 880.00	−97 536 650.00	−3.19%
资产总计	4 098 965 050.00	4 251 156 228.00	−152 191 178.00	−3.58%

负债和所有者权益（或股东权益）	2009年12月31日年末余额	2008年12月31日年末余额	增减变动	
			增减变动额	增减变动率
流动负债：				
短期借款	810 486 000.00	960 548 000.00	−15 006 2000.00	−15.62%
交易性金融负债	117 950.00	0.00	117 950.00	—
应付票据	68 575 900.00	210 719 600.00	−142 143 700.00	−67.46%
应付账款	143 248 049.00	121 323 068.00	21 924 981.00	18.07%
预收款项	36 535 100.00	29 308 600.00	7 226 500.00	24.66%
应付职工薪酬	24 443 900.00	12 929 500.00	11 514 400.00	89.06%
应交税费	12 633 600.00	54 886 200.00	−42 252 600.00	−76.98%
应付利息	3 512 740.00	3 227 460.00	285 280.00	8.84%
应付股利	0.00	0.00	0.00	—
其他应付款	28 040 800.00	30 281 600.00	−2 240 800.00	−7.40%
1年内到期的非流动负债	200 474 000.00	256 914 500.00	−56 440 500.00	−21.97%
其他流动负债	0.00	0.00	0.00	—

续表

负债和所有者权益(或股东权益)	2009年12月31日年末余额	2008年12月31日年末余额	增减变动	
			增减变动额	增减变动率
流动负债合计	1 328 068 039.00	1 680 138 528.00	−352 070 489.00	−20.95%
非流动负债：				
长期借款	678 500 800.00	490 814 000.00	187 686 800.00	38.24%
应付债券	0.00	0.00	0.00	—
长期应付款	13 063 300.00	14 422 500.00	−1 359 200.00	−9.42%
专项应付款	0.00	0.00	0.00	—
预计负债	0.00	0.00	0.00	—
递延所得税负债	74 431.00	0.00	74 431.00	—
其他非流动负债	21 324 300.00	21 739 800.00	−415 500.00	−1.91%
非流动负债合计	712 962 831.00	526 976 300.00	185 986 531.00	35.29%
负债合计	**2 041 030 870.00**	**2 207 114 828.00**	−166 083 958.00	−7.52%
所有者权益(或股东权益)：				
实收资本(或股本)	556 800 000.00	556 800 000.00	0.00	0.00%
资本公积	563 449 100.00	562 675 400.00	773 700.00	0.14%
减：库存股	0.00	0.00	0.00	—
盈余公积	190 197 730.00	177 868 700.00	12 329 030.00	6.93%
未分配利润	677 314 850.00	652 765 800.00	24 549 050.00	3.76%
归属于母公司股东权益合计	1 987 761 680.00	1 950 109 900.00	37 651 780.00	1.93%
少数股东权益	70 172 500.00	93 931 500.00	−23 759 000.00	−25.29%
所有者权益(或股东权益)合计	2 057 934 180.00	2 044 041 400.00	13 892 780.00	0.68%
负债和所有者权益(或股东权益)总计	4 098 965 050.00	4 251 156 228.00	−152 191 178.00	−3.58%

应当指出，对会计要素的确认、计量、报告，存在着可供会计人员选择的会计政策、会计估计、会计披露，选择不同的会计政策和会计估计对企业财务报告有很大影响，从而为管理者操纵报告企业财务状况和经营业绩提供了机会。因此，对同一个企业在两个时点或不同企业间的财务状况、经营业绩等进行比较，仅仅看报表的数字，而不考虑数字背后的方法将可能得出错误结论或错误判断。在比较财务报表时，一定要考虑企业采取的主要会计政策、会计估计等，对由于会计政策、会计估计等原因引起的会计信息变动，应加以说明或调整。

2. 垂直比较分析法

垂直比较分析法也称纵向分析法，其基本要点是通过计算财务报表中各项目占总体的比重，得出各项目在总体中的位置、重要性以及变动情况。运用这种方法进行比较分析，能消除不同时期、不同企业之间规模差异的影响，除可用于同一企业不同时期财务状况等的纵向比较，还可用于不同企业之间的横向比较。

垂直分析法用于同一企业纵向比较时的一般步骤如下：

第一，计算出报表中各项目在总体中所占的比重(一般以百分比表示)。对资产负债表进行垂直分析，通常以资产总额或负债及所有者权益总额为总体，以分析资产构成结构和资产来源结构；对利润表进行垂直分析，通常以营业(总)收入作为总体，分析其他各项目在营业(总)收入中所占的比重；对现金流量表进行垂直分析时，如果为了了解现金流量净额来源的主要活动，就以现金及现金等价物净增加额为总体；如果为了了解现金流入的重点来源，就以现金流入总额为总体；如果为了了解现金流出的重点去向，就以现金流出总额为总体。

第二，通过各项目的比重，分析判断各项目在报表中所处地位，在企业经营中的重要性。财务报表经过垂直分析法处理之后，也称同度量报表、总体结构报表、共同比报表。

【案例7-2】

【资料】 参见表7-3。

【要求】

(1) 编制2009年总体结构现金流量表。

(2) 分析经营活动、投资活动、筹资活动现金流入、流出及现金流量净额结构情况。

总体结构现金流量表见表7-5。

对现金流量净额来源分析：2009年公司经营活动产生的现金流量净额占168.34%，一方面表明公司的现金流量净额主要依靠自身经营活动实现，另一方面也说明经营活动现金流量净额还弥补了其他活动(筹资活动)负现金流量净额，经营活动产生现金流量很强。

对现金流入量的分析：2009年公司经营活动产生现金流入占62.38%，筹资活动产生现金流入占32.41%，表明公司的现金流入主要来源于经营活动和筹资活动。经营活动产生的现金流入主要来自销售商品、提供劳务；筹资活动产生的现金流入主要来自借款。

对现金流出量的分析：2009年公司经营活动产生现金流出占59.21%，筹资活动产生现金流出占35.70%，表明公司的现金流出主要去向于经营活动和筹资活动。经营活动产生的现金流出主要去向购买商品、接受劳务；筹资活动产生的现金流出主要是偿还到期债务。

表7-5 总体结构现金流量表

单位：元

项　目	2009年度	2009年现金流量净额结构	2009年现金流入量结构	2009年现金流出量结构
一、经营活动产生的现金流量：				
销售商品、提供劳务收到的现金	4 440 770 000.00		61.08%	
收到的税费返还	30 600 100.00		0.42%	
收到其他与经营活动有关的现金	64 148 400.00		0.88%	
经营活动现金流入小计	4 535 518 500.00		62.38%	

续表

项　　目	2009 年度	2009 年现金流量净额结构	2009 年现金流入量结构	2009 年现金流出量结构
购买商品、接受劳务支付的现金	3 573 530 000.00			50.62%
支付给职工以及为职工支付的现金	276 460 000.00			3.92%
支付的各项税费	151 899 000.00			2.15%
支付其他与经营活动有关的现金	177 926 000.00			2.52%
经营活动现金流出小计	4 179 815 000.00			59.21%
经营活动产生的现金流量净额	355 703 500.00	168.34%		
二、投资活动产生的现金流量：				
收回投资收到的现金	110 770 000.00		1.52%	
取得投资收益收到的现金	846 548.00		0.01%	
处置固定资产、无形资产和其他长期资产收回的现金净额	253 545 000.00		3.49%	
处置子公司及其他营业单位收到的现金净额	0.00		0.00%	
收到其他与投资活动有关的现金	13 598 000.00		0.19%	
投资活动现金流入小计	378 759 548.00		5.21%	
购建固定资产、无形资产和其他长期资产支付的现金	221 396 000.00			3.14%
投资支付的现金	126 318 000.00			1.79%
取得子公司及其他营业单位支付的现金净额	0.00			0.00%
支付其他与投资活动有关的现金	12 000 000.00			0.17%
投资活动现金流出小计	359 714 000.00			5.10%
投资活动产生的现金流量净额	19 045 548.00	9.01%		
三、筹资活动产生的现金流量：				
吸收投资收到的现金	4 410 000.00		0.06%	
其中：子公司吸收少数股东投资收到的现金	4 410 000.00		0.06%	
取得借款收到的现金	2 341 820 000.00		32.21%	
发行债券收到的现金	0.00		0.00%	
收到其他与筹资活动有关的现金	9 700 000.00		0.13%	
筹资活动现金流入小计	2 355 930 000.00		32.41%	

续表

项　　目	2009 年度	2009 年现金流量净额结构	2009 年现金流入量结构	2009 年现金流出量结构
偿还债务支付的现金	2 360 640 000.00			33.44%
分配股利、利润或偿付利息支付的现金	157 886 000.00			2.24%
其中：子公司支付给少数股东股利、利润	2 860 900.00			0.04%
支付其他与筹资活动有关的现金	1 359 510.00			0.02%
筹资活动现金流出小计	2 519 885 510.00			35.70%
筹资活动产生的现金流量净额	-163 955 510.00	-77.59%		
四、汇率变动对现金及现金等价物的影响	509 430.00	0.24%		
五、现金及现金等价物净增加额	211 302 968.00	100%		
现金流入量合计	7 270 208 048.00		100%	
现金流出量合计	7 059 414 510.00			100%

垂直分析法与水平分析法结合，编制总体结构比较财务报表，即将各项目的比重与前期同项目的比重进行比较，还能了解结构变动情况。

3. 趋势分析法

只比较分析一年的财务报表数据往往不够全面，因为可能受该年偶然事项的影响，该年报表数据不能代表企业的真实情况。趋势分析法是通过对连续多期财务报表的相同项目进行定基对比和环比对比，得出它们的增减变动方向、数额和幅度，以揭示企业财务状况、经营情况和现金流量变化趋势的一种分析方法。因此，运用趋势分析法进行比较分析，便于考察企业发展趋势，预测企业发展前景。

趋势分析法的一般步骤如下：

第一，计算定基比率或环比比率，有关计算公式为

定基比率＝分析期报表项目的实际数÷基期同报表同项目的实际数×100%　(7-3)

环比比率＝分析期报表项目的实际数÷前期同报表同项目的实际数×100%　(7-4)

第二，根据定基比率或环比比率，评价与判断报表项目的变动趋势及其合理性。

第三，预测企业未来的发展趋势。

财务报表经过趋势分析法处理之后，称为长期比较财务报表。长期比较财务报表的优点是可以提醒使用者排除各年非常或偶然事项的影响，将企业若干年的财务报表按时间序列加以分析，能更准确地看出企业发展的总体趋势，有助于更好地预测未来。

【案例 7-3】

【资料】　参见表 7-2。

【要求】

(1) 编制长期比较利润表。

(2) 分析收入、成本费用及利润的变化趋势。

比较利润表(定基动态比率)见表 7-6。从表 7-6 可以看出：公司 2009 年以前营业收入稳定增长，但 2009 年营业收入严重滑坡，低于 2006 年的营业收入。

公司的营业成本随着营业收入的增加而增加，减少而减少，比较正常。

公司销售费用在 2007 年有突变增加，以后有所回落，在 2009 年营业收入严重滑坡的情况下，销售费用仍明显高于 2006 年的销售费用。表明公司产品市场竞争的加剧，在销售环节付出了更大的代价。

公司管理费用比较平稳，没有较大的变动。

公司财务费用在 2009 年以前快速增长，2009 年显著回落。

公司资产减值损失在 2008 年成倍增加，到 2009 年又急剧回落到 2006 年的水平以下。

公司公允价值变动收益在 2007 年和 2008 年连续两年发生损失，2009 年也只有 2006 年的 1%。

公司投资收益在 2007 年成倍增加，但 2008 年和 2009 年连续两年发生投资损失，且 2009 年发生了严重损失。

公司营业利润在 2007 年以后急剧下滑。2008 年营业利润不足 2006 年的一半，原因是营业成本的上升快于营业收入的增长、财务费用的快速增加以及资产减值损失的成倍增加；2009 年营业利润不足 2006 年的 1/4，原因是营业收入严重滑坡、销售费用控制不力、投资的严重损失。

公司营业外收入在 2007 年以后持续下降，而营业外支出在 2009 年以前是快速增加。

公司利润总额在 2007 年以后急剧下滑。2009 年的利润总额不足 2006 年的 1/5，原因是营业利润的下降、营业外收入的减少和营业外支出增加的影响。

公司所得税费用波动很大，从 2008 年较高的所得税费用下降到 2009 年的所得税费用出现负数。

公司的净利润发生了一定的波动。由于 2008 年和 2009 年所得税费用的波动，导致 2009 年的净利润反而超过了 2008 年的净利润。

表 7-6　比较利润表(定基动态比率)

项　　目	2006 年(基年)	2007 年定基比率	2008 年定基比率	2009 年定基比率
一、营业总收入	100	132	135	94
其中：营业收入	100	132	135	94
二、营业总成本	100	132	138	96
其中：营业成本	100	134	138	94
营业税金及附加	100	119	110	82
销售费用	100	176	155	140
管理费用	100	99	108	99
财务费用	100	136	164	114
资产减值损失	100	99	340	70
加：公允价值变动收益(损失以“—”号填列)	100	—30	—37	1

续表

项　　目	2006年(基年)	2007年定基比率	2008年定基比率	2009年定基比率
投资收益(损失以"—"号填列)	100	492	−31	−555
其中：对联营企业和合营企业的投资收益	100	25	−452	−5863
三、营业利润(亏损以"—"号填列)	100	123	43	24
加：营业外收入	100	110	92	20
减：营业外支出	100	163	239	171
其中：非流动资产处置损失	100	98	433	279
四、利润总额(亏损总额以"—"号填列)	100	118	56	19
减：所得税费用	100	90	112	−168
五、净利润(净亏损以"—"号填列)	100	123	46	53
归属于母公司股东的净利润	100	127	54	57
少数股东损益	100	51	−81	−1
六、每股收益				
(一)基本每股收益	100	127	54	57
(二)稀释每股收益	100	127	54	57

7.1.3 实践活动

(1) 下载上市公司财务报表，运用Excel软件编制该公司比较财务报表和总体结构财务报表。

(2) 三人一组，在讨论的基础上撰写公司财务报表会计分析报告，重点分析财务报表增减变动和结构变动异常项目，说明资产、利润、现金流量变动原因及应注意问题。

(3) 分组汇报实践活动成果。某一组汇报完毕，其他小组提问，老师点评。

7.1.4 任务自测

1. 判断题

(1) 偿还债务所支付的现金属于经营活动的现金流量。 (　　)

(2) 购买固定资产、无形资产发生的现金流出属于经营活动的现金流量。 (　　)

(3) 进行财务报表水平分析，需要计算报表项目变动额及变动率两个指标。 (　　)

2. 单项选择题

(1) 现金流量表的编制基础是(　　)。
A. 收付实现制　　B. 权责发生制　　C. 配比原则　　D. 实现原则

(2) 下列不属于现金流量表反映内容的是(　　)。
A. 经营活动的现金流量　　B. 投资活动的现金流量
C. 筹资活动的现金流量　　D. 分配活动的现金流量

(3) 以下不属于财务报表会计分析方法的是(　　)。
A. 水平分析法　　B. 趋势分析法　　C. 因素分析法　　D. 垂直分析法

3. 多项选择题

(1) 下列经济事项中，能够产生现金流量的有(　　)。
A. 出售固定资产　　B. 从银行提现
C. 将库存现金送存银行　　D. 接受现金投资

(2) 企业的下列报表中，属于对外报表的是(　　)。
A. 资产负债表　　B. 利润表
C. 现金流量表　　D. 商品产品成本表

(3) 趋势分析法计算环比比率要用到(　　)。
A. 分析期报表项目实际数　　B. 基期同报表同项目实际数
C. 前一期同报表同项目实际数　　D. 后一期同报表同项目实际数

任务 2　财务比率分析

7.2.1　任务导入

JH 公司 2009 年、2008 年、2007 年、2006 年合并资产负债表、合并利润表和合并现金流量表数据分别见表 7-1、表 7-2 和表 7-3。要求：对 JH 公司的偿债能力、营运能力、盈利能力等作出分析评价。

7.2.2　知识要点

财务比率分析法是企业财务报表分析中运用最多的一种方法。财务比率分析的重点是对风险和收益的比较，一般用偿债能力、营运能力、盈利能力三个方面的比率来衡量风险和收益的关系。其中，偿债能力反映企业偿还到期债务的能力；营运能力反映企业利用资金的效率；盈利能力反映企业获取利润的能力。这三个方面是相互关联的。例如，资产运营的效率又会影响盈利能力和偿债能力，而盈利能力会影响偿债能力。

1. 偿债能力比率

企业生存的基本条件之一是到期偿债。企业如果不能偿还到期债务，就有可能破产。因此，企业的投资者、债权人、管理者都非常重视企业偿债能力。偿债能力包括短期偿债能力和长期偿债能力。

1）短期偿债能力比率

短期偿债能力是指企业偿还短期债务的能力。短期偿债能力不足，不仅会影响企业的资信，增加今后融资的成本与难度，而且还可能使企业陷入财务危机，甚至破产。一般而言，偿还流动负债的资产来源于企业的流动资产，而不应靠变卖固定资产等非流动资产，所以用流动资产与流动负债的数量关系来衡量短期偿债能力，计算公式如下：

流动比率＝流动资产÷流动负债　　(7-5)

企业流动比率低，意味着企业可能不能按时支付货款、发放工资、交纳税金，无法以现金分配利润。企业流动比率下降可能是企业财务状况出现困难的一个信号。企业流动比率高，一般表明企业短期偿债能力较强，但如果流动比率过高，则会影响企业资金的使用效率和获利能力。一般而言，该比率在2左右较好，但企业所处行业和经营特点不同，对流动性有不同要求，应结合实际情况具体分析。

流动比率仅表示清偿1元流动负债，有多少流动资产作保证，但如果有存货积压、应收款增多等不合理的资金占用，即使该比率高，也不能说明有足够的短期偿债能力。为了弥补流动比率分析短期偿债能力的不足，可以用速动比率和现金比率辅助进行分析，计算公式如下：

速动比率＝速动资产÷流动负债　　(7-6)

现金比率＝现金类资产÷流动负债　　(7-7)

式中，速动资产——不需要变现或变现过程较短的流动资产，一般是流动资产减去存货以后的差额；

现金类资产——包括货币资金及现金等价物，现金等价物一般为交易性金融资产和应收票据。

速动比率较流动比率能够更加准确、可靠地评价企业偿还短期负债的能力。一般认为速动比率为1比较安全。该比率过高，意味着企业有较多不能盈利的货币资金和应收款；该比率过低，则又表示支付能力不足。但是由于企业所处行业和经营特点不同，应结合实际情况具体分析，如采用现金交易的零售企业可以保持较低的速动比率，而采用赊销方式的企业，则应保持较高的速动比率。

速动比率表示清偿1元流动负债，有多少能迅速变现的流动资产作保证，但会受应收账款坏账的影响。为此，采用更加保险的现金比率来衡量企业短期偿债能力。由于货币资金及现金等价物的变现能力最强，现金比率能反映企业即时即刻的偿债能力。现金比率以适度为好，既要保证短期债务偿还的需要，也要尽量降低持有不能盈利的货币资金。

【案例7-4】

【资料】　JH公司所处行业2009年短期偿债能力指标的平均值分别为流动比率＝0.804，速动比率＝0.705，现金比率＝0.066，其余资料见表7-1。

【要求】

(1) 计算JH公司2009年年末、2008年末短期偿债能力指标。

(2) 分析JH公司的短期偿债能力。

短期偿债能力指标计算结果见表7-7。

与2008年年末相比，公司2009年年末的流动比率、速动比率、现金比率都明显提高，表明公司的短期偿债能力得到了提升。

与行业平均值相比，公司2009年速动比率高于行业平均值，表明公司支付能力高于行业平均水平；现金比率大大高于行业平均值，一方面表明公司即刻偿债能力很强，另一方面也表明公司持有不能盈利的现金类资产过多。

总之，公司的短期偿债能力很强。

表 7-7 短期偿债能力指标计算结果

短期偿债能力指标	2009 年年末	2008 年年末	2009 年行业平均值
流动比率	0.858	0.711	0.804
速动比率	0.742	0.568	0.705
现金比率	0.527	0.235	0.066

2）长期偿债能力比率

企业长期偿债能力与企业获利能力及企业资本结构有关。利用负债能调节所有者权益资金收益，因此，对负债的利用称之为财务杠杆。合理运用财务杠杆能给企业所有者权益资金带来额外收益，即财务杠杆利益。但由于企业经营受多种因素的影响，在获得财务杠杆利益的同时，也伴随着不可估量的财务风险。通常以资产负债率、产权比率、权益乘数、所有者权益比率、已获利息倍数等比率指标反映长期偿债能力，计算公式如下：

$$资产负债率=负债总额\div资产总额\times100\% \quad (7-8)$$

$$产权比率=负债总额\div所有者权益总额 \quad (7-9)$$

$$权益乘数=资产总额\div所有者权益总额=1\div(1-资产负债率) \quad (7-10)$$

$$所有者权益比率=所有者权益总额\div资产总额\times100\%=1-资产负债率 \quad (7-11)$$

$$已获利息倍数=息税前利润\div利息费用 \quad (7-12)$$

式中，息税前利润——未扣除利息费用和所得税费用之前的利润，息税前利润＝利润总额＋利息费用；

利息费用——本期发生的全部应付利息，不仅包括财务费用中的利息费用，还应包括计入固定资产成本的资本化利息。

资产负债率是指企业负债在资产总额中所占的比重，它从企业资金来源结构反映债权人权益受保护的程度，以及企业举借新资金的能力和承担的财务风险程度等。因此，从债权人的角度看，资产负债率越低，其利益保障程度就越高，风险就越小；从企业经营者的角度看，资产负债率越高，财务杠杆越大，可能带来的财务杠杆利益也越大，但要承担的财务风险也越大，但资产负债率越低，财务杠杆越小，体现其经营业绩的所有者权益资金收益率就越低，故要求资产负债率必须适度，以兼顾风险和收益的平衡。资产负债率一般在 50%左右为好，但应结合行业、企业的具体情况作具体分析。

产权比率是企业负债总额与所有者权益总额之比，一般应该小于 1。该比率越大，财务杠杆越大，可能带来的财务杠杆利益也越大，但要承担的财务风险也越大。

权益乘数是企业资产总额与所有者权益总额之比，应该大于 1。该比率越大，财务杠杆越大，可能带来的财务杠杆利益也越大，但要承担的财务风险也越大。

所有者权益比率是企业所有者权益总额与资产总额之比，应该小于 100%。该比率越大，财务杠杆越小，可能带来的财务杠杆利益也越小，同时承担的财务风险也越小。

已获利息倍数是企业一定时期的息税前利润与债务利息之比，重点是衡量企业支付利息的能力，它从企业经营活动的获利能力方面分析企业偿付借款利息的保证程度。该指标越大，企业偿债能力越强。如果该指标小于1，表明企业的获利能力无法承担举债经营的利息支出。为了分析企业偿付利息能力强弱，可以与同行业该指标的平均水平进行对比，也可以将企业若干年份的该指标进行比较。

【案例7-5】

【资料】 JH公司所处行业2009年长期偿债能力指标的平均值分别为资产负债率=62.30%，已获利息倍数=1.4。其余资料见表7-1和表7-2。

【要求】

(1) 计算JH公司2009年末长期偿债能力指标。

(2) 分析JH公司的长期偿债能力。

长期偿债能力指标计算结果见表7-8。

表7-8　长期偿债能力指标计算结果

长期偿债能力指标	2009年年末	2008年年末	2009年行业平均值
资产负债率	49.79%	51.92%	62.3%
产权比率	0.9918	1.0798	
权益乘数	1.9918	2.0798	
所有者权益比率	50.21%	48.08%	
已获利息倍数	1.433	1.8757	1.4

与2008年相比，公司2009年的资产负债率、已获利息倍数都有所下降，说明公司减少了对负债的利用，公司获利偿付利息的保证程度有所下降。

与行业平均值相比，公司2009年资产负债率低于行业平均值，表明公司对负债的利用比较谨慎；已获利息倍数略高于行业平均值，表明公司获利偿付利息的保证程度略好于行业平均水平。总之，公司长期偿债能力较强。

2. 运营能力比率

营运能力是以企业各项资产的周转速度来衡量。企业资产周转速度越快，表明企业的各项资产进入生产、销售等经营环节的速度越快，那么其形成收入和利润的周期就越短，经营效率自然就越高。因此，企业营运能力的大小对企业获利能力的持续提升与偿债能力的不断提高有很大影响。

按照企业资产的构成，与营业收入有关的资产主要包括流动资产、固定资产以及总资产，流动资产主要由应收账款和存货构成。因此，营运能力评价指标主要包括流动资产周转率、应收账款周转率、存货周转率、固定资产周转率、总资产周转率等，且资产在一定时期的周转速度可采用周转次数和周转天数表示。

1) 流动资产周转率

流动资产周转率计算公式如下：

$$\text{流动资产周转率(次数)}=\text{营业收入}\div\text{流动资产平均余额} \tag{7-13}$$

$$\text{流动资产周转天数}=360\div\text{流动资产周转率(次数)} \tag{7-14}$$

式中，营业收入——某期间(一般是1年)的营业收入(以下同)，在一般报表分析或与其他单位比较时为利润表中“营业收入”(以下同)；

流动资产平均余额——与某期间(一般是指 1 年)营业收入相对应的期初、期末流动资产的平均占用额。

流动资产周转次数越多，周转天数越短，说明流动资产周转速度越快，利用效率越高，就相当于扩大流动资产投入，增强企业的盈利能力；反之，流动资产周转次数越少，周转天数越长，说明流动资产周转速度越慢，利用效率越低，会增加新的流动资产的投入，从而降低企业的盈利能力。该指标可以通过对同行业和企业不同时期的对比，分析流动资产管理的成效。

企业流动资产运营能力既要从流动资产总体的周转情况分析，也要对构成流动资产的主要内容，如存货、应收账款的周转情况进行分析，以全面了解流动资产经营效率高低的原因。

2) 应收账款周转率

应收账款周转率计算公式如下：

应收账款周转率(次数)＝赊销收入÷应收账款平均余额　(7-15)

应收账款回收期＝360÷应收账款周转率(次数)　(7-16)

式中，赊销收入——某期间(一般是 1 年)的营业收入减去该期间的现销收入后的余额，由于企业赊销资料是商业机密不对外公布，所以在一般报表分析或与其他单位比较时，为利润表中“营业收入”；

应收账款平均余额——与某期间(一般是 1 年)的赊销收入相对应的期初、期末应收账款(包括资产负债表中应收账款、应收票据以及附注中反映计提的坏账准备)的平均占用额。

应收账款周转率表示年内应收账款转为现金的平均次数，应收账款回收期表示从取得应收账款到收回款项转换为现金所需要的天数。

企业应收账款周转次数和回收期可以反映企业应收账款管理的信息。应收账款是企业采用信用政策的结果，如果企业的信用政策比较宽松，其应收账款就比较多；反之，企业的信用政策比较紧，其应收账款就比较少。一般而言，企业信用政策紧，应收账款周转次数多，回收期短，表示应收账款回收速度快，可以减少和避免坏账损失。但应收账款周转次数过多，回收期过短，可能是企业信用政策过紧造成的，反而会使企业失去很多销售机会，影响企业的获利能力。企业应收账款管理成效可以通过该指标与同行业先进企业的对比，比较本企业不同时期的指标值来进行。

3) 存货周转率

存货周转率计算公式如下：

存货周转率(次数)＝营业成本÷存货平均余额　(7-17)

存货周转天数＝360÷存货周转率(次数)　(7-18)

式中，营业成本——某期间(一般是 1 年)的营业成本(以下同)，在一般报表分析或与其他单位比较时，为利润表中“营业成本”(以下同)；

存货平均余额——与某期间(一般是 1 年)的营业成本相对应的期初、期末存货(包括资产负债表中存货以及附注中反映计提的存货跌价准备)的平均占用额。

存货周转率表示年内存货从购买到销售转为应收款的平均次数，存货周转天数表示从存货购买到销售换为应收款所占用的天数。

企业存货周转次数和周转天数可以反映企业存货管理的信息。一般而言，存货周转次数多，周转天数短，说明存货周转速度快，利用效率也高。但存货周转率过高，有可能是存货太少或库存经常不足所致，如果是原料缺货，会延误生产，或者为了不缺货，频繁采购，增加采购成本；如果是产品或商品脱销，会失去销售机会。在实际工作中，企业存货管理成效，应结合行业先进企业及企业过往情况作出正确评价。

一般而言，存货在企业的流动资产中占有较大比重，存货的流动性，将直接影响企业流动资产的变现能力。

在对存货周转进行分析时，为了从不同的角度和环节找出存货管理中的问题，有必要对存货的结构进行分析。因而人们通常要分别计算原材料、在产品、产成品这三类存货各自的周转率，以确定它们对存货总周转率的影响。

4）固定资产周转率

固定资产周转率计算公式如下：

$$固定资产周转率(次数)=营业收入\div固定资产平均余额 \tag{7-19}$$

$$固定资产周转天数=360\div固定资产周转率(次数) \tag{7-20}$$

式中，营业收入——同前；

固定资产平均余额——与某期间（一般是1年）的营业收入相对应的期初、期末固定资产（包括资产负债表中固定资产以及附注中反映累计折旧、计提的固定资产减值准备）的平均占用额。

企业固定资产周转次数和周转天数可以反映企业固定资产的利用效率。一般而言，固定资产周转次数多，周转天数短，说明固定资产周转速度快，利用效率高，表明企业用同样的固定资产占用实现了更多的收入。在实际工作中，企业固定资产利用效率，应结合行业先进企业及企业过往情况作出正确评价。

5）总资产周转率

总资产周转率计算公式如下：

$$总资产周转率=营业收入\div总资产平均余额 \tag{7-21}$$

$$总资产周转天数=360\div总资产周转率(次数) \tag{7-22}$$

式中，营业收入——同前；

总资产平均余额——与某期间（一般是1年）的主营业务收入相对应的期初、期末总资产的平均占用额。

企业总资产周转次数和周转天数可以反映企业总资产的利用效率。一般而言，总资产周转次数多，周转天数短，说明总资产周转速度快，利用效率高，企业能有效地运用资产创造收入。在实际工作中，企业总资产利用效率，应结合行业先进企业及企业过往情况作出正确评价。

上述的这些周转率指标的分子、分母分别来自资产负债表和利润表，而资产负债表数据是某一时点的静态数据，利润表数据则是整个报告期的动态数据，所以为了使分子、分母在时间上具有一致性，就必须将取自资产负债表上的数据折算成整个报告期的平均额。

【案例7-6】

【资料】 JH公司所处行业2009年运营能力指标的平均值分别为流动资产周转率=1.8次，应收账款周转率=7.6次，存货周转率=6.2次，总资产周转率=0.6次。其余资料见表7-1和表7-2。

【要求】

(1) 计算JH公司2009年资产运营能力指标。

(2) 分析JH公司的资产营运能力。

资产营运能力指标计算结果见表 7-9。

与 2008 年相比，公司 2009 年流动资产周转率、应收账款周转率、存货周转率、固定资产周转率、总资产周转率都有所下降，表明公司的资产周转速度变慢，利用效率在下降。

与行业平均值相比，公司 2009 年的流动资产周转率、应收账款周转率明显高于行业平均值；存货周转率大大高于行业平均值；总资产周转率高于行业平均值。表明公司 2009 年的资产营运能力高于行业平均水平。

表 7-9　资产运营能力指标计算结果

资产营运能力指标	2009 年	2008 年	2009 年行业平均值
流动资产周转率(周转天数)	3.169 5 次(114 天)	5.115 8 次(70 天)	1.8 次(200 天)
应收账款周转率(周转天数)	10.570 8 次(34 天)	19.024 7 次(19 天)	7.6 次(47 天)
存货周转率(周转天数)	16.130 7 次(22 天)	18.483 3 次(19.5 天)	6.2 次(58 天)
固定资产周转率(周转天数)	1.551 3 次(232 天)	2.095 5 次(172 天)	
总资产周转率(周转天数)	0.886 1 次(406 天)	1.275 次(282 天)	0.6 次(600 天)

3. 盈利能力指标

盈利能力是企业各利益相关者关心的核心，也是企业成败的关键，只有长期盈利，企业才能真正做到持续经营。一般企业的盈利能力分别从销售、耗费、资产利用以及自有资金投入等方面衡量，因此，反映盈利能力的指标也分成相应的几个方面，主要包括营业利润率、成本费用利润率、资产利润率、自有资金利润率等。另外，由于企业赚取的利润又有多个层次，所以各方面的盈利能力指标又有多种表现形式。

1）营业利润率

营业利润率以营业收入为基础衡量获利能力，主要使用两种表现形式，包括营业毛利率、营业净利润率，计算公式如下：

营业毛利率=(营业收入−营业成本)÷营业收入×100%　　(7-23)

营业净利润率=净利润÷营业收入×100%　　(7-24)

营业毛利率反映了百元营业收入获得的毛利情况。毛利是企业营业利润的基础，没有足够大的毛利率，企业便不能盈利。企业要获得较高的营业毛利率，只有在增加营业收入和降低营业成本两方面做好管理工作。

一般而言，营业利润率高，说明企业销售工作做得好或者成本费用控制得好。

2）成本费用利润率

成本费用利润率是从耗费角度衡量获利能力，反映企业所得与所耗的关系，一般计算公式如下：

成本费用利润率=利润总额÷成本费用总额×100%　　(7-25)

式中，成本费用总额=营业成本+营业税金及附加+销售费用+管理费用+财务费用+资产减值损失。

该指标越高，表明企业为取得收益所付出的代价越小，企业成本费用控制得越好，企业的获利能力越强。

3）总资产利润率

总资产利润率以总资产或所有者和债权人共同投入资金为基础衡量获利能力，主要使用两种表现形式，包括总资产净利率、总资产报酬率，计算公式如下：

$$\begin{aligned}\text{总资产净利率} &= \text{净利} \div \text{总资产平均余额} \times 100\% \\ &= \text{营业净利率} \times \text{总资产周转率}\end{aligned} \tag{7-26}$$

$$\text{总资产报酬率} = \text{息税前利润} \div \text{总资产平均余额} \tag{7-27}$$

总资产利润率也称投资报酬率，能反映企业投入的全部资金的盈利能力。要提高企业总资产的盈利能力，不仅要提高营业利润率，而且还要提高总资产的周转速度。当企业无法提高总资产周转速度时，就要设法提高营业利润率。

总资产利润率指标的意义在于帮助企业提高存量资产的使用效率，帮助企业制定财务策略，帮助企业内部业绩评价与考核。该指标越高，说明企业盈利能力越强。

4）自有资金利润率

自有资金利润率从所有者投入资金角度衡量获利能力，主要的使用形式是自有资金净利率，也称净资产收益率，计算公式如下：

$$\begin{aligned}\text{自有资金净利率} &= \text{净利} \div \text{所有者权益平均余额} \times 100\% \\ &= \text{营业净利率} \times \text{总资产周转率} \times \text{权益乘数}\end{aligned} \tag{7-28}$$

自有资金利润率能反映所有者投入资本的盈利能力。要提高所有者投入资本的盈利能力，不仅要提高营业利润率，而且还要提高总资产的周转速度，并合理安排企业的财务杠杆。

自有资金利润率是所有者最为关心的内容，它与财务杠杆有关，如果总资产利润率相同，则财务杠杆越高的企业自有资金利润率也越高，所有者用较少的资金实现了同等的收益。但是，只有在总资产报酬率大于债务利率时，才能通过财务杠杆提高自有资金利润率。

【案例7－7】

【资料】 JH公司所处行业2009年盈利能力指标的平均值分别为销售净利润率＝7.7%，成本费用利润率＝4.0%，总资产报酬率＝3.2%，自有资金净利率＝4.4%。其余资料见表7－1和表7－2。

【要求】

(1) 计算JH公司2009年盈利能力能力指标。

(2) 分析JH公司的盈利能力。

盈利能力指标计算结果见表7－10。

与2008年相比，公司2009年成本费用利润率、总资产报酬率下降了，但营业净利率、自有资金净利率上升了。表明公司消耗获利能力及全部资产的获利能力在下降，但营业收入、自有资金的盈利能力提升了。说明公司的成本费用控制削弱及总资产周转速度放慢，而销售工作提升。

与行业平均值相比，公司2009年营业净利润率、成本费用利润率显著低于行业平均值；总资产报酬率略低于行业平均值；净资产收益率略高于行业平均值。

总之，公司2009年的盈利能力大致处于行业平均水平。

表 7-10　盈利能力指标计算结果

资产营运能力指标	2009 年	2008 年	2009 年行业平均值
营业净利率	2.499 1%	1.486 8%	7.7%
成本费用利润率	1.077 0%	2.180 0%	4.0%
总资产报酬率	3.114 8%	5.880 4%	3.2%
自有资金净利率	4.507 9%	3.931 5%	4.4%

4. 上市公司主要财务比率

按照我国上市公司信息披露的有关规定，衡量上市公司盈利能力的主要财务指标包括：每股收益、每股净资产和净资产收益率。

1）每股收益

每股收益是指普通股每股的税后利润。在中国证券监督管理委员会发布的《公开发行证券的公司信息披露编报规则第 9 号——净资产收益率和每股收益的计算及披露》中，要求上市公司披露基本每股收益和稀释每股收益情况。基本每股收益是衡量上市公司每股收益的基本指标。

基本每股收益的计算，按照归属于普通股股东的当期净利润除以当期实际发行在外普通股的加权平均数计算确定，计算公式如下：

$$基本每股收益 = P \div S \tag{7-29}$$

式中，P——归属于公司普通股股东的净利润，即公司编制和披露合并报表的不含少数股东损益金额；

S——公司发行在外普通股的加权平均数，S=（期初发行在外普通股股数＋报告期因公积金转增股本或股票股利分配等增加股份数＋报告期因发行新股或债转股等增加股份数×增加股份下一月起至报告期期末的月数÷报告期月数－报告期因回购等减少股份数×减少股份下一月起至报告期期末的月数÷报告期月数－报告期缩股数）。

因为当期发生公积金转增股本或利润分配而引起的股本变动并不影响所有者权益金额，也不改变企业的盈利能力，在计算发行在外普通股的加权平均数时无需考虑该新增股份的时间因素。

基本每股收益考虑的是当期实际发行在外的普通股股份，反映目前的股本结构下的盈利水平。

【案例 7-8】

【资料】　AA 公司 2010 年度归属于普通股股东的净利润为 25 000 万元。2009 年年末的股本为 8 000 万股，2010 年 2 月 8 日，经公司 2009 年度股东大会决议，以截至 2009 年年末公司总股本为基础，向全体股东每 10 股送红股 10 股，工商注册登记变更完成后本公司总股本变为 16 000 万股。2010 年 11 月 29 日发行新股 6 000 万股。

【要求】　计算该公司 2010 年的基本每股收益。

因为公司 2009 年度分配每 10 股送 10 股导致股本增加 8 000 万股，送红股是将公司以前年度的未分配利润对投资者进行分配，并不影响公司的所有者权益，所以新增的这 8 000 万股不需要按照实际增加的月份加权计算，直接计入分母；而公司发行新股 6 000 万股，这部分股份由于在 11 月底增加，对全年的利润贡献只有 1 个月，因此应该按照 1/12 的权数进行加权计算。即

基本每股收益＝25 000÷(8 000＋8 000＋6 000×1÷12)＝1.52(元/股)

每股收益的局限性在于，由于不同股票的每一份额在经济上不等量，如含有的净资产、市价不等，即每股收益的投入量是不同的，所以单纯以每股收益指标在公司间进行比较会作出片面的判断；即使资本规模、净利相同的公司，因普通股股数的不同，每股收益也不同，但不能说每股收益低的公司盈利能力低；另外，每股收益高并不意味着多分红。因此，使用每股收益指标要同时计算市盈率、股利支付率等指标。

市盈率代表投资者为获得的每一元钱利润所愿意支付的价格，计算公式如下：

市盈率＝普通股每股市价÷普通股每股收益　　(7-30)

在每股市价一定的情况下，每股收益越低，市盈率越高，说明股票风险较大；反之，每股收益越高，市盈率越低，说明股票风险较小。而在每股收益一定的情况下，每股市价越低，市盈率越低，说明股票风险较小；反之，每股市价越高，市盈率越高，说明股票风险较大。

公司市盈率是市场投资者对公司共同期望的结果，如果公司有很高的市盈率，说明投资者普遍看好公司的发展前景，愿意花高价购买其股票。由于市盈率将股价与公司的盈利能力结合起来，其高低能反映股票价格水平是否合理。一般来说，正常的市盈率介于10～20倍。市盈率高于20倍的股票意味着被市场投资者看好，但也存在着过热的风险；市盈率低于10倍的股票意味着被市场投资者冷落，但不会有过热的风险。

股利支付率是指净收益中股利所占的比重，计算公式如下：

股利支付率＝普通股每股股利÷普通股每股收益×100%
＝普通股现金股利总额÷归属于普通股股东净利　　(7-31)

式中，普通股每股股利＝(现金股利总额－优先股股利)÷年末普通股股数。

股利支付率反映了公司的股利分配政策和股利支付能力。对普通股股东来说，该指标反映普通股股东从每股的获利中分到手的部分，与每股收益相比，该指标更能直接体现当前利益。

股利支付率的高低没有具体的衡量标准，而且企业与企业之间也没有什么可比性。因为这要依据各企业对资金需要量的具体状况而定，股东对股利的要求也不一致。

2) 每股净资产

每股净资产又称每股账面价值，是指公司净资产与发行在外的普通股股份数之间的比值，计算公式如下：

每股净资产＝年末普通股股东的净资产÷年末发行在外的普通股股数　　(7-32)

该项指标显示了发行在外的每一普通股股份代表的公司账面净资产的价值。每股净资产越大，表明公司每股股票代表的财富越雄厚，通常创造利润的能力和抵御外来因素影响的能力越强。

每股净资产指标反映每一股份于会计期末在公司账面上到底值多少钱，是支撑股票市价的重要基础，理论上，股票市价不应低于每股净资产。

对于投资者来说，每股净资产是进行投资决策的重要参考依据。利用该指标进行横向和纵向对比，可以衡量公司的发展状况的好坏和发展潜力的大小，估计股票的合理市价，判断股票投资风险的大小。例如，在公司性质相同、股票市价相近的条件下，某公司每股净资产越高，则公司发展潜力与其股票的投资价值越大，投资者所承担的投资风险越小。

3) 净资产收益率

净资产收益率又称股东权益报酬率、净资产利润率，是衡量上市公司盈利能力的重要指标，按全面摊薄法的计算公式如下：

$$净资产收益率^{①}=P\div E \tag{7-33}$$

式中，P——归属于公司普通股股东的净利润，即公司编制和披露合并报表的不含少数股东损益金额；

E——归属于公司普通股股东的期末净资产，即公司编制和披露合并报表的不含少数股东权益金额。

净资产收益率用来衡量公司对股东投入资本的利用效率，体现了自有资本获得净收益的能力。该指标越高，说明股东投资带来的收益越高；净资产收益率越低，说明股东投资的获利能力越弱。

【案例7-9】

【资料】 JH公司2009年年初股份总计556 800 000份，该年度公司未有增发新股、回购股份，公司也无优先股，其余资料见表7-1和表7-3。

【要求】 计算JH公司2009年的基本每股收益、每股净资产及全面摊薄净资产收益率指标。

因为归属于母公司股东的净利润为92 555 800.00元，年末股东权益(不含少数股东权益)为1 987 761 680.00元，所以

基本每股收益=92 555 800.00÷556 800 000=0.166(元/股)

每股净资产=1 987 761 680.00÷556 800 000=3.57(元/股)

全面摊薄净资产收益率=92 555 800.00÷1 987 761 680.00=4.66%

7.2.3 实践活动

(1) 下载上市公司财务报表，计算该公司偿债能力、营运能力、盈利能力财务比率指标。

(2) 查找同年公司所在行业偿债能力、营运能力、盈利能力财务比率指标行业平均值，并对公司偿债能力、营运能力、盈利能力作出分析评价。

7.2.4 任务自测

1. 判断题

(1) 流动比率是衡量企业短期偿债能力的一个重要财务指标，这个比率越高，说明企业偿还流动负债的能力越弱。 (　　)

(2) 市盈率是指普通股每股市价与每股收益(EPS)的比值。 (　　)

(3) 营业毛利率是指企业营业毛利与营业成本的比值。 (　　)

(4) 营业净利率是指利润总额占营业收入的百分比。 (　　)

(5) 从债权人角度看，负债总额与股东权益比率越高，风险性就越大，因此，该比率越低越好。 (　　)

2. 单项选择题

(1) 某企业年初应收账款230万元，年末应收账款250万元，本年营业收入为1 200万元，本年营业成本为1 000万元，则该企业应收账款回收期为(　　)。

A. 72天　　B. 75天　　C. 84天　　D. 90天

---

① 《公开发行证券的公司信息披露编报规则第9号——净资产收益率和每股收益的计算及披露》(2010年修订)要求：上市公司自2009年年度报告起编制和披露按加权平均法计算的净资产收益率。

(2) 如果资产负债率大于50%，则下列结论中成立的是(　　)。

A. 短期偿债能力很强　　B. 长期偿债能力很强

C. 产权比率大于1　　D. 财务风险很低

(3) 成本费用利润率中的成本费用不包括(　　)。

A. 财务费用　　B. 销售费用　　C. 管理费用　　D. 制造费用

(4) 债权人是企业财务信息的使用者之一，其最关心的是(　　)。

A. 投资收益率　　B. 资本保值增值率　　C. 债权的安全　　D. 总资产收益率

(5) 某公司年初流动比率为2.1，速动比率为0.9，而年末流动比率下降为1.8，速动比率为1.1，则说明(　　)。

A. 当年存货增加　　B. 当年存货减少

C. 应收账款的回收速度加快　　D. 现销增加，赊销减少

3. 多项选择题

(1) 衡量企业短期偿债能力的主要指标是(　　)。

A. 流动比率　　B. 资产负债率

C. 利息保障倍数　　D. 速动比率

(2) 财务比率指标主要有(　　)。

A. 偿债能力比率指标　　B. 营运能力比率指标

C. 盈利能力比率指标　　D. 定基比率指标

(3) 分析企业长期偿债能力的指标有(　　)。

A. 资产负债率　　B. 利息保障倍数

C. 产权比率　　D. 权益乘数

(4) 现金等价物应具备的特点有(　　)。

A. 期限短　　B. 流动性强

C. 易于转换为已知金额的现金　　D. 价值变动风险小

(5) 企业的存货周转率恶化，可能是由于(　　)。

A. 低效率的生产　　B. 企业存在不适当的营销政策

C. 存货的过度购买　　D. 存货的滞销或过时

任务3 财务综合分析

7.3.1 任务导入

JH公司2009年、2008年、2007年、2006年合并资产负债表、合并利润表和合并现金流量表分别见表7-1、表7-2和表7-3。要求：对JH公司的财务状况、经营状况等作出综合评价分析。

7.3.2 知识要点

财务综合分析是将企业营运能力、偿债能力和盈利能力等方面的分析纳入到一个有机的

分析系统之中，全面地对企业财务状况、经营状况等进行解剖和分析，从而对企业经济效益作出较为准确的评价与判断。财务综合分析的方法主要有两种：杜邦财务分析体系法和沃尔比重评分法。

1. 杜邦财务分析体系法

杜邦财务分析体系法(简称杜邦分析法)是利用各个主要财务比率指标之间的内在联系来综合分析企业财务状况、经营状况的一种方法。这种方法系由美国杜邦公司最先采用的，故称杜邦分析法。利用这种方法可把各种财务指标间的关系绘制成杜邦分析图，如图 7.1 所示。

杜邦分析图中，包含以下几种主要的指标关系：

权益资本净利率＝总资产净利率×权益乘数

总资产净利率＝营业净利率×总资产周转率

营业净利率＝净利润÷营业收入×100％

总资产周转率＝营业收入÷资产总额

权益乘数＝资产总额÷所有者权益总额＝1÷(1－资产负债率)

杜邦分析图可以提供下列主要的财务指标关系：

(1) 权益资本净利率是一个综合性最强的财务比率，是杜邦系统的核心。财务管理的目标是使所有者财富最大化，权益资本净利润率反映所有者投入资金的获利能力，反映企业筹资、投资、资产运营等活动的效率，提高权益资本净利润率是所有者财富最大化的基本保证。所以，所有者、经营者都十分关心这一财务指标，权益资本净利润率的高低，取决于总资产净利率和负债比率。

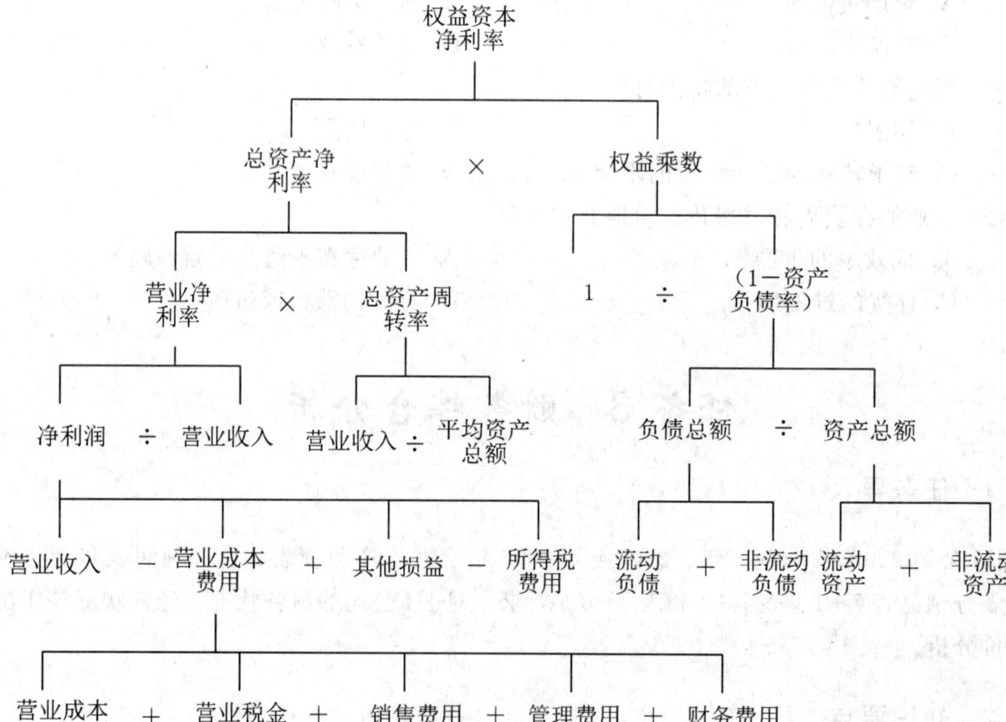

图 7.1 杜邦分析图

(2) 总资产净利率也是一个重要的财务比率，综合性也较强，它是营业净利率和总资产周转率的乘积，因此，要进一步从营业成果和资产运营两方面来分析。

(3) 营业净利率反映了企业利润与营业收入的关系，从这个意义上看，提高营业净利率是提高企业盈利能力的关键所在。要想提高营业净利率，一是要扩大营业收入，二是要降低成本费用。

扩大营业收入具有重要的意义，它首先有利于提高营业净利率，同时它也是提高总资产周转率的必要前提。

降低成本费用是提高营业净利率的另一重要因素，利用杜邦分析图可以研究企业成本费用的结构是否合理，从而加强成本控制。其中，分析利息费用要联系资本结构，如果企业承担的利息费用太多，就需要查明企业的负债比率是否过高，防止资本结构不合理影响企业所有者的收益。

(4) 在资产营运方面，要联系营业收入分析企业资产的使用是否合理，流动资产和非流动资产的比例安排是否恰当。企业资产的营运能力和流动性既关系到企业的获利能力，又关系到企业的偿债能力。如果企业持有的现金超过业务需要，就可能影响企业的获利能力；如果企业占用过多的存货和应收账款，则既会影响获利能力，又会影响偿债能力。这就要进一步分析各项资产的占用数额和周转速度。

(5) 权益乘数反映股东权益同企业总资产的关系。在总资产需要量既定的前提下，企业适当开展负债经营，相对减少股东权益所占的份额，就可使此项财务比率提高。因此，企业既要合理使用全部资产，又要妥善安排资本结构，这样才能有效地提高权益资本利润率。

从杜邦分析图中可以看出，权益资本利润率与企业的销售规模、成本水平、资产营运、资本结构有着密切的联系，这些因素构成一个相互依存的系统。只有把这个系统内各个因素的关系安排好、协调好，才能使权益利润率达到最大，才能实现股东财富最大化的理财目标。

【案例 7-10】

【资料】 参见表 7-1、表 7-2 以及案例 7-5、案例 7-6 和案例 7-7。

【要求】 编制 JH 公司 2009 年的杜邦分析图，并进行财务综合分析。

JH 公司 2009 年的杜邦分析图，如图 7.2 所示。

图 7.2 中的权益乘数、资产负债率是按公司 2009 年年初和年末的资产、负债及所有者权益的平均余额计算。如前所述，与 2008 年相比，公司 2009 年的权益资本净利率有一定提高。通过杜邦分析图可以得出以下结论：

因为 2009 年公司的权益乘数略有下降，所以权益资本净利率提高是总资产净利率提高的结果；又因为 2009 年公司的总资产周转率有所下降，所以总资产净利率提高是营业净利率提高的结果。影响公司营业净利率的因素很多，如毛利率、期间费用、非经常收益、所得税费用等，进一步分析见案例 7-11。

总之，公司 2009 年权益资本净利率提高不是依靠财务杠杆的利用程度、资产周转速度的提高，而是营业收入获利提高的结果。

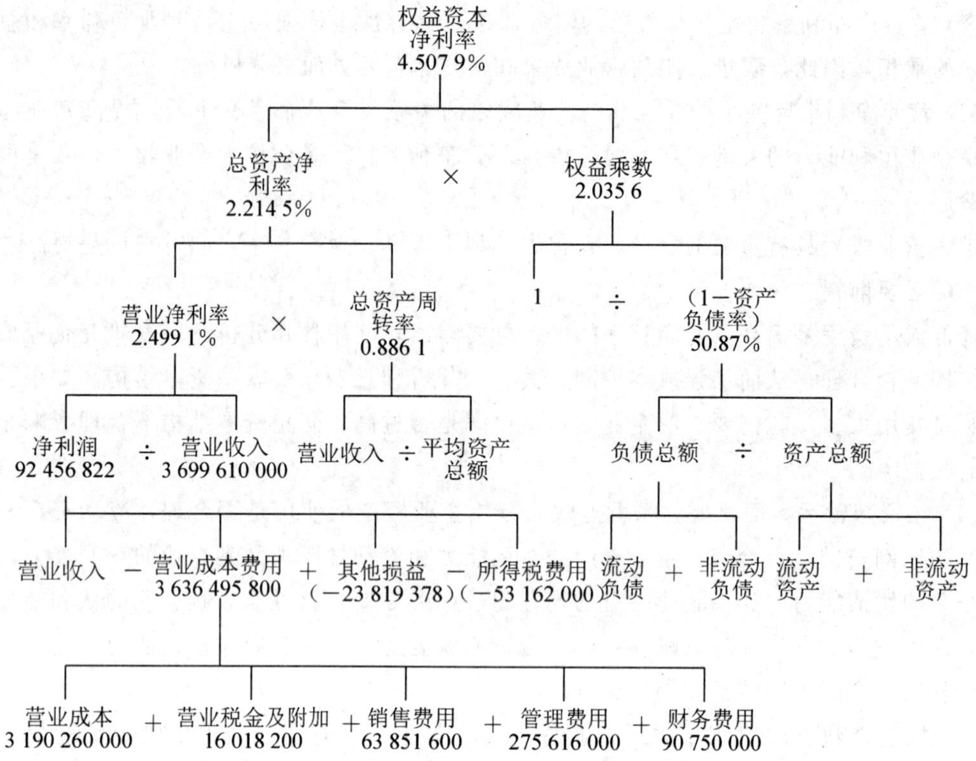

图 7.2　JH 公司 2009 年的杜邦分析图

2. 沃尔比重评分法

沃尔比重评分法是通过企业财务指标实际值与标准值的对比，以评出每项指标的得分，最后得出全部指标综合分，从而对企业的财务状况和经营状况作出评价的一种财务综合分析法。

沃尔比重评分法的基本步骤如下所述。

1）选择评价指标并分配指标权重

选择的评价指标应涵盖企业营运能力、偿债能力和盈利能力等方面，且应注意评价指标的正向性，对于负向性的指标应进行正向化处理或是选择其他替代指标，如资产负债率就可以用其倒数的值来代替。

指标权重根据指标的重要程度来确定，越重要的权重越大，越不重要的权重越小。但所有指标的权重合计应等于 100。财政部《企业效绩评价操作细则(修订)》中的企业效绩评价指标的基本指标和各评价指标的权数，见表 7 - 11 的第 2 列、第 3 列。

表 7 - 11　企业效绩评价指标(基本指标)

评价内容	评价指标	权　数	标准值
一、财务效益(盈利能力)状况	净资产收益率 (净利润÷平均净资产×100%)	25	0.6%
	总资产报酬率 (息税前利润总额÷平均资产总额×100%)	13	0.3%

续表

评价内容	评价指标	权数	标准值
二、资产营运状况	总资产周转率(次) (营业收入÷平均资产总额)	9	0.7
	流动资产周转率(次) (营业收入÷平均流动资产总额×100%)	9	0.8
三、偿债能力状况	资产负债率 (负债总额÷资产总额×100%)	12	63.5%
	已获利息倍数 (息税前利润总额÷利息支出)	8	0.8
四、发展能力状况	营业增长率 (本年营业收入增长额÷上年营业收入总额×100%)	12	6.0%
	资本积累率 (本年所有者权益增长额÷年初所有者权益×100%)	12	100.5%
合计		100	

2）确定各项评价指标的标准值

财务指标的标准值一般可以行业平均数、企业历史先进数、国家有关标准或者国际公认数为基准来加以确定。表7-11中的标准值是根据《企业绩效评价标准值(2009)》日用和化学产品制造业全行业平均值填列的。

3）计算企业在一定时期各项指标的实际值(略)

4）对各项评价指标计分并计算综合分数

各项评价指标的计分和综合分数的计算公式如下：

$$\text{各项评价指标的得分}=\text{各项指标的权重}\times(\text{指标的实际值}\div\text{指标的标准值}) \quad (7-34)$$

$$\text{综合分数}=\sum\text{各项评价指标的得分} \quad (7-35)$$

5）形成评价结果

在最终评价时，如果综合得分大于100，则说明企业的财务状况比较好；反之，则说明企业的财务状况低于同行业平均水平或者本企业历史先进水平。

【案例7-11】

【资料】 参见表7-1、表7-2以及案例7-5、案例7-6和案例7-7。

【要求】 采用沃尔评分法对JH公司2009年的财务进行综合分析。

按表7-11选择评价指标和分配指标权重，按案例7-5、案例7-6和案例7-7 JH公司的行业平均值作为评价指标的标准值。JH公司2009年各项指标的实际值参见案例7-5、案例7-6和案例7-7，各项指标计分及综合分数的计算见表7-12。

表7-12 计算表

评价指标	权重	指标标准值	指标实际值	指标得分
	(1)	(2)	(3)	(4)=(1)×(3)÷(2)
一、财务效益(盈利能力)状况	38			
净资产收益率	25	4.4%	4.507 9%	25.61
总资产报酬率	13	3.2%	3.114 8%	12.65

续表

评价指标	权　　重	指标标准值	指标实际值	指标得分
	(1)	(2)	(3)	(4)=(1)×(3)÷(2)
二、资产营运状况	18			
总资产周转率(次)	9	0.6	0.886 1	13.29
流动资产周转率(次)	9	1.8	3.169 5	15.85
三、偿债能力状况	20			
资产负债率	12	62.3%	49.79%	15.02*
已获利息倍数	8	1.4	1.433	8.19
四、发展能力状况	24			
营业增长率	12	10.9%	−30.57%	−33.66
资本积累率	12	103.9%	0.679 7%	0.08
合计	100	—	—	57.03

*是利用其倒数作同向化处理后的结果，因为资产负债率与其他指标的评价方向不一致。

因为JH公司2009年的综合分数小于100，说明其财务状况及经营状况低于同行业2009年的平均水平。公司资产营运状况得分大大高于行业平均得分，财务效益(盈利能力)状况、偿债能力状况得分略高于行业平均水平，但公司的发展能力得分为负。

沃尔评分法的关键在于指标的选定、权重的分配以及标准值的确定等。沃尔评分法有利于报表分析者评价公司在市场竞争中的优劣地位。

7.3.3　实践活动

(1) 下载上市公司财务报表，编制该公司连续2年的杜邦分析图。

(2) 以该公司上年数据信息为比较基准，对公司该年权益资本净利率的变动进行综合分析评价。

7.3.4　任务自测

1. 判断题

(1) 采用沃尔比重评分法一般可以行业平均数、企业历史先进数、国家有关标准或者国际公认数作为财务指标的标准。　(　　)

(2) 依据杜邦分析原理，在其他因素不变的情况下，提高权益乘数，将提高权益资本利润率。　(　　)

(3) 权益资本利润率就是自有资金利润率。　(　　)

2. 单项选择题

(1) 在杜邦财务分析体系中，起点指标是(　　)。

A. 权益资本净利率　　B. 总资产净利率

C. 总资产周转率　　D. 营业净利率

（2）杜邦分析法主要用于（　　）。

A. 变现能力分析　　B. 资产管理能力分析

C. 财务状况综合分析　　D. 长期偿债能力分析

（3）在杜邦财务分析体系中，假设其他情况相同，下列说法中错误的是（　　）。

A. 权益乘数大则财务风险大　　B. 权益乘数大则权益资本净利率大

C. 权益乘数等于所有者权益比率的倒数　　D. 权益乘数大则总资产净利率大

（4）某企业 2007 年和 2008 年的营业净利率分别为 7%和 8%，总资产周转率分别为 2 和 1.5，两年的资产负债率相同，与 2007 年相比，2008 年的权益资本净利率变动趋势为（　　）。

A. 上升　　B. 下降　　C. 不变　　D. 无法确定

3. 多项选择题

（1）沃尔评分法的关键在于（　　）。

A. 财务指标的选定　　B. 财务指标权重的分配

C. 财务指标得分计算　　D. 财务指标标准的确定

（2）财务综合分析方法主要有（　　）。

A. 杜邦财务分析法　　B. 因素分析法

C. 趋势分析法　　D. 沃尔比重评分法

（3）企业权益资本利润率与（　　）有密切联系。

A. 销售规模　　B. 成本费用水平

C. 资产营运　　D. 资本结构

拓展学习

1. 企业发展能力指标

发展能力是企业在生存的基础上，扩大规模、壮大实力的潜在能力。分析发展能力主要考察以下八项指标。

1）营业收入增长率

营业收入增长率是企业本年营业收入增长额与上年营业收入总额的比率，反映了企业的成长状况和发展能力，是衡量企业经营状况和市场占有能力、预测企业经营业务拓展趋势的重要标志，也是企业扩张资本的重要前提。其计算公式如下：

$$\text{营业收入增长率}=(\text{本年营业收入增长额}\div\text{上年营业收入总额})\times100\% \quad (7-36)$$

式中，本年营业收入增长额＝本年营业收入总额－上年营业收入总额。

营业收入增长率大于零，表明企业本年营业收入有所增长。该指标值越高，表明企业营业收入的增长速度越快，企业市场前景越好。

为防止营业收入短期波动对指标产生的影响，分析时还应同时计算营业收入三年平均增长率。

2）营业收入三年平均增长率

营业收入三年平均增长率表明企业营业收入连续三年的增长情况，反映企业的持续发展态势和市场扩张能力。其计算公式如下：

$$\text{营业收入三年平均增长率}=[(\text{本年营业收入}\div\text{前年营业收入})^{1/3}-1]\times100\% \quad (7-37)$$

一般认为，营业收入三年平均增长率越高，表明企业营业持续增长势头越好，市场扩张能力越强。

3）资本保值增值率

资本保值增值率是企业扣除客观因素后的本年末所有者权益总额与年初所有者权益总额的比率，反映企业当年资本在企业自身努力下实际增减变动的情况。其计算公式如下：

资本保值增值率=(扣除客观因素后的本年末所有者权益总额÷年初所有者权益总额)×100% (7-38)

资本保值增值率等于100%，为资本保值；资本保值增值率大于100%，为资本增值。一般认为，资本保值增值率越高，表明企业的资本保全状况越好，所有者权益增长越快，债权人的债务越有保障。

4）资本积累率

资本积累率是企业本年所有者权益增长额与年初所有者权益的比率，反映企业当年资本的积累能力。其计算公式如下：

资本积累率=(本年所有者权益增长额÷年初所有者权益)×100% (7-39)

式中，本年所有者权益增长额=年末所有者权益总额－年初所有者权益总额。

资本积累率越高，表明企业的资本积累越多，应对风险、持续发展的能力越强。

在实务中分析企业资本积累率应同时计算资本三年平均增长率。

5）资本三年平均增长率

资本三年平均增长率表示企业资本连续三年的积累情况，在一定程度上反映了企业的持续发展水平和发展趋势。其计算公式如下：

资本三年平均增长率=[(本年末所有者权益总额÷前年末所有者权益总额)$^{1/3}$－1]×100% (7-40)

一般认为，该指标越高，表明企业所有者权益的保障程度越大，企业可以长期使用的资金越充足，抗风险和保持连续发展的能力越强。

6）总资产增长率

总资产增长率是企业本年总资产增长额同年初资产总额的比率，反映企业本期资产规模的增长情况。其计算公式如下：

总资产增长率=(本年总资产增长额÷年初资产总额)×100% (7-41)

式中，本年总资产增长额=年末资产总额－年初资产总额。

总资产增长率越高，表明企业一定时期内资产经营规模扩张的速度越快。但在分析时，需要关注资产规模扩张的质和量的关系，以及企业的后续发展能力，避免盲目扩张。

7）营业利润增长率

营业利润增长率是企业本年营业利润增长额与上年营业利润总额的比率，反映企业营业利润的增减变动情况。其计算公式如下：

营业利润增长率=(本年营业利润增长额÷上年营业利润额)×100% (7-42)

式中，本年营业利润增长额=本年营业利润额－上年营业利润额。

8）技术投入比率

技术投入比率是企业本年科技支出(包括用于研究开发、技术改造、科技创新等方面的支出)与本年营业收入的比率，反映企业在科技进步方面的投入，在一定程度上可以体现企业的发展潜力。其计算公式如下：

技术投入比率=(本年科技支出合计÷本年营业收入)×100% (7-43)

2. 因素分析法

因素分析法是依据分析指标与其影响因素的关系，从数量上确定各因素对分析指标影响方向和影响程度的一种方法。因素分析法既可以全面分析各因素对某一经济指标的影响，又可以单独分析某个因素对经济指标的影响，在财务分析中应用颇为广泛。常见的因素分析法有连环替代法和差异分析法两种。

1）连环替代法

连环替代法是将分析指标分解为各个可以计量的因素，并根据各个因素之间的依存关系，顺次用各因素的比较值(通常即实际值)替代基准值(通常为标准值或计划值)，据以测定各因素对分析指标的影响。

连环替代法的基本步骤如下所述。

(1) 列出分析指标的因素分解关系式。假设影响分析指标 H 的因素分别为 A、B、C，则分析指标的因素分解关系式如下：

$$H=A\times B\times C$$

假设各因素的基准值为 A_0、B_0、C_0，则

$$H_0=A_0\times B_0\times C_0$$

(2) 按照从左到右的顺序依次替代每个因素，获得各因素变动后的结果。

因为影响分析指标 H 的因素有三个，所以要进行三次替代，并且后一次替代是在前一次替代的基础上进行的。假设各因素的实际值分别 A_1、B_1、C_1，则

第一次替代，因素 A 变动后的结果：$H_1=A_1\times B_0\times C_0$；

第二次替代，因素 A、B 变动后的结果：$H_2=A_1\times B_1\times C_0$；

第三次替代，因素 A、B、C 变动后的结果：$H_3=A_1\times B_1\times C_1$。

(3) 分析各因素对分析指标的影响方向和影响程度。将因素逐次替代后的分析指标值与每次替代前的值相比较，得出各因素变动对分析指标的影响程度，根据差额的正负确定影响方向。

因素 A 变动的影响程度和影响方向：$H_1-H_0=(A_1-A_0)\times B_0\times C_0>0$，正作用；反之，负作用。

因素 B 变动的影响程度和影响方向：$H_2-H_1=A_1\times(B_1-B_0)\times C_0>0$，正作用；反之，负作用。

因素 C 变动的影响程度和影响方向：$H_3-H_2=A_1\times B_1\times(C_1-C_0)>0$，正作用；反之，负作用。

(4) 验证各因素影响程度计算的正确性。分析指标变动差异应该等于各因素共同的影响程度。其中，分析指标变动差异：H_3-H_0；各因素共同影响程度：$\sum$ 各因素影响程度。

2）差额分析法

差额分析法是连环替代法的一种简化形式，是利用各个因素的比较值与基准值之间的差额来计算各因素对分析指标的影响程度和影响方向。

差额分析法的基本步骤如下所述。

(1) 列出分析指标的因素分解关系式。假设影响分析指标 H 的因素分别为 A、B、C，则分析指标的因素分解关系式如下：

$$H=A\times B\times C$$

假设各因素的基准值为 A_0、B_0、C_0，则

$$H_0 = A_0 \times B_0 \times C_0$$

(2) 分析各因素对分析指标的影响方向和影响程度。

因素 A 变动的影响程度和影响方向：$H_1 - H_0 = (A_1 - A_0) \times B_0 \times C_0 > 0$，正作用；反之，负作用。

因素 B 变动的影响程度和影响方向：$H_2 - H_1 = A_1 \times (B_1 - B_0) \times C_0 > 0$，正作用；反之，负作用。

因素 C 变动的影响程度和影响方向：$H_3 - H_2 = A_1 \times B_1 \times (C_1 - C_0) > 0$，正作用；反之，负作用。

【案例 7-12】

【资料】 参见表 7-1、表 7-2 以及案例 7-5、案例 7-6 和案例 7-7。

【要求】 采用差额分析法对 JH 公司净资产收益率的变动(2009 年与 2008 年比较)原因进行分析。

因素分解关系式：净资产收益率＝营业净利率×总资产周转率×权益乘数

2008 年净资产收益率＝1.486 8%×1.275 3×2.073 5＝3.932%

2009 年净资产收益率＝2.499 1%×0.886 1×2.035 6＝4.508%

净资产收益率变动＝4.508%－3.932%＝0.576%

营业净利率变动的影响程度和影响方向：

(2.499 1%－1.486 8%)×1.275 3×2.073 5＝2.677%＞0，有助于净资产收益率的提高

总资产周转率的影响程度和影响方向：

2.499 1%×(0.886 1－1.275 3)×2.073 5＝－2.017%＜0，不利于净资产收益率的提高

权益乘数的影响程度和影响方向：

2.499 1%×0.886 1×(2.035 6－2.073 5)＝－0.084%＜0，不利于净资产收益率的提高

三者的共同影响：

2.677%＋(－2.017%)＋(－0.084%)＝0.576%＞0

因此，JH 公司净资产收益率的提高是由营业净利率增加所致。营业净利率增加的原因有毛利率增加、期间费用减少、非经营收益增加、所得税费用减少。有关计算见表 7-13。

表 7-13 案例 7-12 计算表

项 目	2009 年	2008 年	增长率	是否起作用
毛利率	13.77%	12.18%	13.05%	是
销售费用	63 851 600	70 623 800	－9.59%	是
管理费用	275 616 000	300 881 000	－8.40%	是
财务费用	90 750 000	130 995 000	－30.72%	是
资产减值损失	12 122 200	58 888 500	－79.42%	是
公允价值变动收益	179 772	－6 152 690	102.922%	是
投资收益	－18 051 200	－1 002 850	－1 699.99%	否

续表

项　　目	2009 年	2008 年	增长率	是否起作用
营业外收入	14 393 900	66 941 400	－78.50％	否
营业外支出	8 219 650	11 482 200	－28.41％	是
所得税费用	－53 162 000	35 487 500	－249.81％	是

可见，公司 2009 年营业净利率增加，主要是因为毛利率的提高、期间费用的减少和所得税费用的大幅减免。

知识归纳

(1) 财务报表的会计分析是财务分析的基础，会计分析的重点是对财务报表进行比较，通常采用的方法有水平分析法、垂直分析法和趋势分析法。按水平分析法要求处理后的报表称为比较财务报表；按垂直分析法要求处理后的报表称为总体结构报表；按趋势分析法要求处理后的报表称为长期比较财务报表。

(2) 财务比率分析法是企业财务报表分析中运用最多的一种方法。财务比率分析的内容主要包括偿债能力分析、营运能力分析和盈利能力分析和发展能力分析。

(3) 财务报表的综合分析方法主要有杜邦财务分析体系法和沃尔比重评分法等。财务综合分析的目的是为了全面地分析、解剖企业的财务状况和经营成果，对企业的经济效益作出客观的评价与判断。

技能训练

训练 1

(一) 目的：会财务比率指标计算。

(二) 资料：东大公司 2010 年的营业收入为 568 000 万元，营业成本为 425 000 万元，存货周转次数为 5 次，年末存货是年初存货的 1.5 倍，年末应收账款等于年初应收账款，年末流动比率为 2，年末产权比率为 0.85。公司 2010 年 12 月 31 日未完成的资产负债表简表见表 7－14。

表 7－14　东大公司未完成的资产负债表简表

单位：万元

资　　产	金　　额	负债及所有者权益	金　　额
货币资金	30 000	流动负债	
应收账款		非流动负债	
存货			
固定资产	330 000	所有者权益	300 000
资产总计		负债及所有者权益总计	

(三) 要求：

(1) 根据上述资料填列公司资产负债表。

(2) 计算本年应收账款回收期。

训练 2

(一) 目的：会财务比率指标计算。

（二）资料：得飞公司 2008 年、2009 年、2010 年财务报表列示的数据见表 7－15。

表 7－15　得飞公司财务数据

单位：万元

项　　目	2008 年	2009 年	2010 年
营业收入	520 221	532 870	369 961
营业利润	16 789	5 925	3 312
资产总额	年初：378 379 年末：410 573	年初：410 573 年末：425 116	年初：425 116 年末：409 897
所有者权益总额	年初：181 881 年末：198 626	年初：198 626 年末：204 404	年初：204 404 年末：205 793

（三）要求：计算得飞公司 2010 年发展能力指标，并作出评价。

训练 3

（一）目的：会财务比率指标计算。

（二）资料：D 公司和 E 公司均属于工业制造类企业，2010 年年末两家公司资产负债表资料见表 7－16。

表 7－16　D 公司和 E 公司资产负债表资料

单位：万元

资　　产	D 公司	E 公司	负债所有者权益	D 公司	E 公司
货币资金	1 000	500	应付账款	2 000	4 000
应收账款	1 000	2 000	长期负债	2 000	5 000
存货	2 000	3 000	实收资本	2 200	1 500
固定资产	4 000	6 500	留存收益	1 800	1 500
资产总计	8 000	12 000	负债及所有者权益总计	8 000	12 000

补充资料：

（1）2010 年 D 公司和 E 公司的平均应收账款周转天数（一年按 360 天计算）分别为 18 天、30 天；营业毛利率分别为 30％和 28％。

（2）2010 年 D 公司和 E 公司应收账款的年初数分别为 900 万元、1 800 万元。

（3）2010 年 D 公司和 E 公司存货的年初数分别为 2 000 万元和 3 000 万元。

（4）2010 年 D 公司和 E 公司资产总计的年初数分别为 7 400 万元和 11 500 万元。

（5）2010 年 D 公司和 E 公司净利润分别为 3 350 万元、3 750 万元。

（三）要求：

（1）计算两家公司的流动比率、速动比率、现金比率。

（2）计算两家公司的营业收入、营业成本、营业净利润率。

（3）计算两家公司的存货周转天数、营业周期。

（4）比较两家公司的财务数据和比率，哪家公司有更好的短期偿债能力、盈利能力？

学习情景 8　会计电算化入门

职业知识

1. 了解会计信息系统及会计软件的发展。
2. 了解企业资源计划系统及 ERP 软件的发展。
3. 了解会计软件、ERP 软件的总体结构。
4. 了解 ERP 软件的使用流程。
5. 了解 ERP 软件系统管理知识。
6. 了解 ERP 软件总账系统知识。
7. 了解 ERP 软件报表系统知识。

职业能力

1. 会典型 ERP 软件系统管理的基本操作。
2. 会典型 ERP 软件总账的基本操作。
3. 会典型 ERP 软件报表的基本操作。

职业素养

1. 培养团队协作精神。
2. 树立终身学习的理念。

任务 1　会计信息系统与企业资源计划系统

8.1.1　任务导入

王某大学毕业后应聘到阳光公司工作。最近，公司正在开展管理信息化的普及培训工作。通过培训，王展对以下问题有所了解：

(1) 什么是会计信息系统？会计软件与会计信息系统是什么关系？

(2) 什么是企业资源计划系统？会计信息系统与企业资源计划系统是什么关系？

(3) 商品化会计软件的子系统及功能。

(4) 商品化 ERP 软件的总体结构。

8.1.2 知识要点

1. 会计信息系统与会计软件

1）会计信息系统

会计信息系统是指为经济组织的利益相关者提供经济决策所需会计信息的信息系统。按数据处理手段的不同，分为手工会计信息系统和计算机会计信息系统。计算机会计信息系统通常称为电算化会计信息系统，它是一个人机结合的系统，从构成系统物质要素来看，由会计人员、计算机硬件、计算机软件(包括系统软件、会计软件)、会计制度规范等要素组成。

会计信息系统的基本功能可归纳为会计数据的采集、存储、加工、传输、输出。随着计算机信息技术(数据库、网络、通信、人工智能、多媒体、感测和识别、光电子技术等)的进步，电算化会计信息系统不断发生整合变革，以满足不断增长的会计信息需求，具体表现为在会计部门内部，实现了财务会计核算方法、管理会计方法以及财务管理数据处理方法的有机集成；在企业内部，会计信息系统和业务系统紧密结合，实现财务与业务一体化；在企业外部，会计信息系统通过互联网与供应商、银行、客户等外部实体连接，实现企业整个价值链的会计核算与管理的信息化作业。

2）会计软件的发展

会计软件是计算机会计信息系统的核心部分，是一种运用于实际会计工作的计算机应用软件，它以计算机作为手段，通过对人工输入的记账凭证或原始凭证进行加工处理，自动生成会计账簿、会计报表以及其他相关的会计信息资料，从而完成会计核算和管理工作。

从会计软件功能的发展来看，我国会计软件的发展经历了起步、发展、提高和腾飞四个阶段。

起步阶段(1977—1988 年)。我国会计软件是从 1977 年开始研究和开发工作的，在 1988 年以前基本上为非商品化会计软件，具体表现为企业自行开发和应用会计软件或委托其他单位进行定点开发。

发展阶段(1988—1993 年)。从 1988 年开始，我国会计软件进入了商品化阶段。最早是单项型会计软件，只是对会计的个别环节或工作进行处理。

提高阶段(1993—1998 年)。从 1993 年开始，我国的会计软件进入核算型阶段，能全面核算企业的业务活动，全面反映各项财务状况；从 1996 年开始，我国的会计软件发展到管理型阶段，在核算的基础上为企业管理，尤其是为财务管理提供了工具和方法。

腾飞阶段(1998 年以后)。进入 1998 年，我国的会计软件进入 ERP 阶段，会计软件从管理型发展到战略型，它不仅是为财务管理，而是为企业整体战略服务。

2. 企业资源计划系统与 ERP 软件

1）企业资源计划系统

企业资源计划(enterprise resource planning，ERP)，是指建立在信息技术基础上，以系统化的管理思想为企业决策层及员工提供决策运行手段的管理平台，它是将企业管理理念、业务流程、基础数据、人力物力、计算机软硬件整合于一体的企业管理信息系统。

ERP 的主要宗旨是对企业所拥有的人、财、物、信息、时间和空间等资源进行综合平衡和优化管理，协调企业各管理部门，围绕市场导向开展业务活动，提高企业的核心竞争力，从而取得最好的经济效益。所以，ERP首先是一个软件，同时是一个管理工具，是IT技术与管理思想的融合体。

ERP系统是一个以计划为主导的信息系统，其计划和控制功能是伴随着企业的生产经营活动而展开的，这是一个循环往复的过程。ERP系统的计划执行过程伴随着企业的物流和资金流过程。ERP系统的计划与控制就是通过对信息流的控制实现对物流和资金流的控制。

企业实施ERP，通过完善流程、制度、规范、标准，确保企业的TQC(交期、质量、成本)的控制与保证能力，从而提高企业管理水平、提升企业竞争力、提升企业经济效益，实现企业利润最大化。

2) ERP软件的发展

ERP软件是在20世纪60年代的MRP和20世纪80年代的MRPⅡ的基础上发展起来的。

MRP(material require planning)是物料需求计划，它能根据有关数据计算出相关物料需求的准确时间与数量，还可以考虑到企业现有的生产能力和采购的相关条件约束，将生产能力需求计划、车间作业计划和采购作业计划全部纳入其中。MRP主要包括以下功能模块：客户订单处理、主生产计划、物料需求计划和能力需求计划。

MRPⅡ(manufacture resource planning)称为制造资源计划，它是把企业作为一个有机整体，从整体最优的角度出发，通过运用科学方法对企业各种制造资源和产、供、销、财各个环节进行有效地计划、组织和控制，使其得以协调发展，并充分发挥其作用。MRPⅡ主要包括以下功能模块：企业经营计划、生产规划、主生产计划、能力需求计划、物料需求计划和财务管理。

进入20世纪90年代，随着市场竞争的进一步加剧，企业竞争的范围和空间进一步扩大，主要面向企业内部资源计划管理的MRPⅡ管理思想逐步被20世纪90年代的怎样利用和管理企业整体资源的管理思想所代替，于是ERP就顺应时代需求而产生了。在ERP阶段，以计算机为核心的企业管理系统更为成熟，系统增加了财务预测、生产能力调整、资源调度等功能，配合企业实现JIT管理、全面质量管理和生产资源调度管理等，成为企业进行生产管理及决策的平台工具。ERP除了上述MRP、MRPⅡ的功能外，还包括以下内容：先进的排程计划系统、制造执行系统、配销/运筹管理、整合的财务功能、供应链管理、与客户端的信息整合、与供货商的信息整合等。

ERP软件的基础是会计核算，核心是对企业的物流、资金流和信息流进行全面一体化的管理。

3. 会计软件子系统及主要功能

一个完整的会计软件由多个既相对独立又互相联系的子系统组成。不同发展阶段的会计软件包含的子系统差异较大。同一发展阶段，不同企业的会计软件包含的内容、子系统的划分也不尽相同。一般而言，管理型会计软件由财务系统、购销存系统、管理分析系统组成。其中，财务系统主要包括总账、工资管理、固定资产管理、应收款管理、应付款管理、成本管理、报表管理等子系统。会计软件的总体结构如图8.1所示。

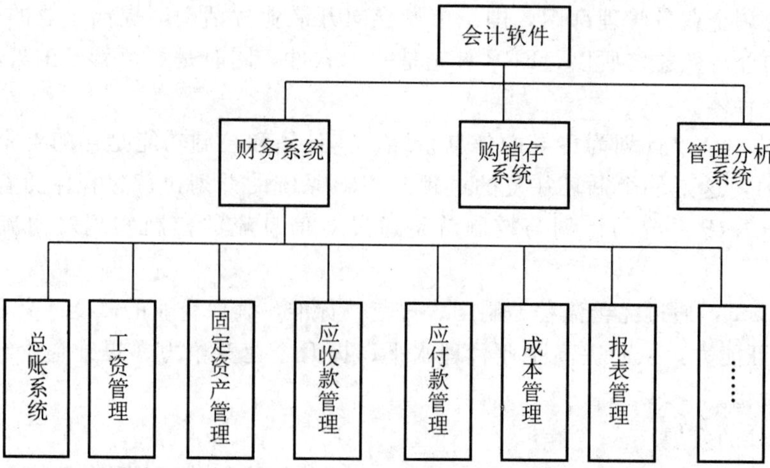

图 8.1 会计软件总体结构

1）总账系统

总账系统以凭证为对象，通过凭证输入和处理，完成记账、对账和结账、账簿查询及打印输出等。

总账系统的主要功能有初始设置，包括凭证类型及格式设置、会计科目设置、科目期初余额录入等；凭证处理，包括凭证输入、修改、审核、查询、打印及汇总；账簿输出，包括日记账、总账、明细账的输出；期末对账、结账等功能。总账系统功能模块如图 8.2 所示。

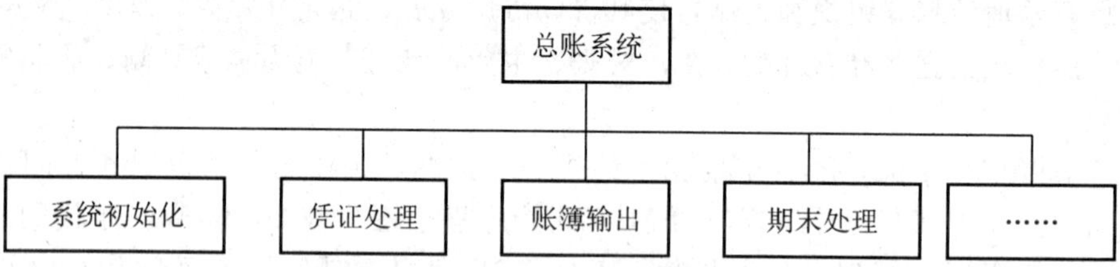

图 8.2 总账系统功能模块图

2）工资管理系统

工资管理系统完成工资的计算、工资费用的汇总和分配等工作，生成工资结算单、工资条、工资结算汇总表、工资费用分配汇总表、职工福利费计提分配表等，并自动编制工资转账凭证传递给总账系统。

工资管理系统的主要功能有工资初始设置，包括工资类型设置、定义工资项目、定义工资项目计算公式、定义工资费用分配凭证、定义工资表打印格式等；职工工资基础资料编辑；工资增减变动及工资数据编辑；生成工资转账凭证；各种工资单、工资汇总表的查询打印等功能。

3）固定资产管理系统

固定资产管理系统实现固定资产卡片管理、固定资产增减变动核算、折旧的计提与分配等工作，生成固定资产卡片、固定资产统计信息表、固定资产登记簿、固定资产增减变动表、固定资产折旧计提表，并自动编制机制转账凭证传递给总账系统。

固定资产管理系统的主要功能有固定资产卡片结构和分类编码设置、固定资产折旧方法定义、固定资产凭证定义、固定资产变动资料输入和修改、固定资产折旧的计算和固定资产相关信息的查询等。

4）应收、应付款管理系统

应收款管理系统完成各应收账款的登记、冲销工作，动态反映各客户信息及应收账款信息，可进行账龄分析和坏账估计，生成应收账款明细账、账龄分析表及其他各种汇总表和分析表。

应付款管理系统完成各应付账款的登记、冲销及应付账款的分析预测工作，及时反映各流动负债的数额，以及偿还流动负债所需的资金，并生成应付账款明细账、账龄分析表以及其他各种汇总表和分析表。

5）成本管理系统

成本管理系统实现各种费用要素的归集和分配，及时准确地计算出产成品的总成本和单位成本，自动编制机制转账凭证传递给总账系统，并将产品成本信息传递给存货管理系统。

6）报表管理系统

报表管理系统主要实现各种会计报表登记、定义(如格式定义、取数公式定义)，完成报表的自动编制，并可进行报表查询、打印输出等。报表管理系统生成的会计报表包括对外报送的资产负债表、利润表、现金流量表和对内管理所需的各种内部报表。报表管理系统功能模块如图 8.3 所示。

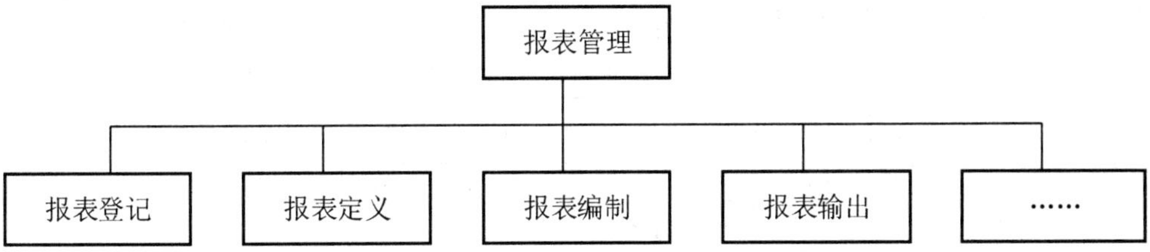

图 8.3 报表管理系统功能模块图

4. ERP软件子系统及主要功能

ERP 软件能将企业所有的资源进行整合集成管理，即将企业的物流、资金流和信息流进行一体化的管理。ERP 软件既可用于生产企业，也可用于非生产性的企业。用于生产企业的 ERP 软件包括财务管理、供应链管理、生产制造管理等系统，总体结构如图 8.4 所示。

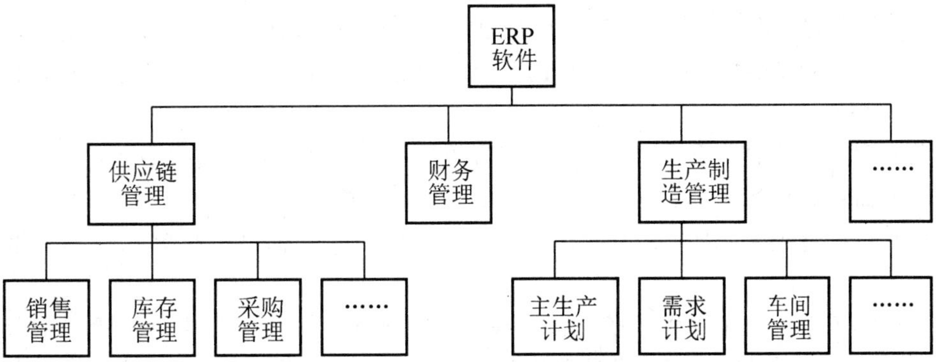

图 8.4 ERP 软件总体结构

1）财务管理系统

ERP 软件的财务管理系统与其他系统有相应的接口，采购、生产以及销售等活动输入的信息能自动记入财务管理系统，生成总账、报表，从而省去了输入凭证的烦琐过程。ERP 软件的财务管理系统由总账管理、应收管理、应付管理、固定资产管理、报表管理等子系统构成。

ERP 软件财务管理系统数据流，如图 8.5 所示。总账管理是财务管理系统的核心，企业所有的核算最终在总账中体现。在应收管理、应付管理、工资管理、固定资产管理、成本管理等子系统中生成的记账凭证，都必须传递给总账管理子系统，在总账管理中审核记账后反映到财务报表中。

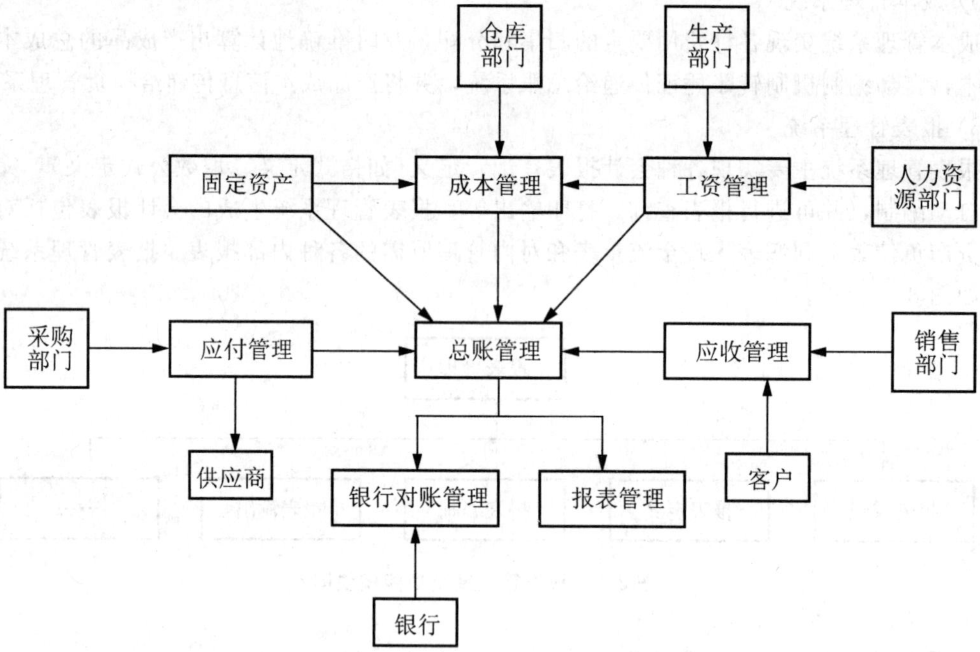

图 8.5　财务管理系统数据流图

2）供应链管理系统

供应链管理系统主要是对购、销、存进行管理，主要包括销售管理、库存管理和采购管理等子系统。

(1) 销售管理子系统。销售管理工作是市场营销战略计划中的一个组成部分，其目的是执行企业的市场营销战略计划，其工作的重点是制定和执行企业的销售策略，对销售活动进行管理。

销售管理从产品的销售计划开始，对销售的产品、销售地区、销售的客户等各种信息进行管理，从而对销售数量、金额、利润等作出全面的分析。

销售订单的管理是 ERP 的入口，企业所有的生产计划都是根据客户订单来下达和安排的。

销售管理子系统向库存管理子系统传递销售出库单，变更库存管理子系统的货物现存量，同时库存管理子系统为销售管理子系统提供可供销售存货的现存量；向应收账款管理子系统传递销售发票，形成企业的应收账款；应收账款管理子系统为销售管理子系统提供销售发票的核销明细，并生成销售凭证传入总账子系统。

(2) 库存管理子系统。库存管理又称库存控制，是对制造业或服务业生产、经营全过程的各种物品、产成品以及其他资源进行管理和控制，使其储备保持在经济合理的水平上。使用户随时掌握库存量动态，适时、适量提出订货，避免超储或缺货；减少库存空间占用，降低库存总费用；控制库存资金占用，加速资金周转。根据供应和需求规律确定生产和流通过程中经济合理的物资存储量的管理工作。库存管理应起缓冲作用，使物流均衡通畅，既保证正常生产和供应，又能合理压缩库存资金，以得到较好的经济效果。

库存管理子系统接收在采购和销售管理子系统中填制的采购订单和销售订单，生成出入库单；向存货核算子系统传递经审核后的出入库单和盘点数据；接收存货核算子系统传递过来的出入库存货的成本。从组织功能的角度讲，实物库存控制主要是仓储管理部门的责任，而广义的库存控制应该是整个需求与供应链管理部门，乃至整个公司的责任。

(3) 采购管理子系统。采购管理的主要目的是确定合理的订货量、优秀的供应商以及保持各类物料的安全储备，通过建立供应商的档案，用最新的成本信息来调整库存成本。

采购管理子系统也向其他功能子系统输送数据。例如，向库存管理子系统传递采购入库单，记录存货的入库情况，多角度的查询物品的请购、订购及收货入库的明细及汇总情况，避免盲目采购，造成库存积压；向应付账款管理子系统传递采购发票，生成应付账款。采购管理子系统能从交货期、价格、质量等多种角度对供应商进行评估，还可扩展到与新型的客户关系管理(Customer Relationship Management，CRM)进行有效的数据传递。

3) 生产制造管理系统

生产制造管理系统是ERP软件的核心所在，它是一个以计划为导向的先进生产管理方法。该系统将整个企业的生产过程有机地结合在一起，先确定一个主生产计划，再经过系统层层分解后下达到各部门去执行，而后，生产部门以此来组织生产，采购部门以此来组织采购。

(1) 主生产计划。主生产计划是根据实际订单的输入和对历史销售分析来安排未来各生产周期提供的产品数量和种类，它是平衡了物料和能力的需求后，精确到时间、数量的一个详细生产进度计划，是企业在一段时间内的总活动的安排。

(2) 物料需求计划。在主生产计划确定了最终生产多少产品后，根据产品生产物料清单，把整个企业要生产的产品数量转化为所需生产的零部件的数量，对照库存现有量来确定还需要采购、加工的最终数量。

(3) 能力需求计划。在得出了初步的物料需求计划后，将所有生产部门的总工作负荷与主生产车间的能力平衡后产生一个新的工作计划，它可以用来确定生成的物料需求计划是否是企业生产能力上可行的需求计划。

(4) 车间管理。将动态作业计划按照不同的时间段分配到各个生产车间，对各车间进行作业排序、作业管理和作业监控。

8.1.3　实践活动

(1) 访问用友公司、金蝶公司网站，了解各款ERP软件及其适用的行业、主要模块等；了解成功的案例。

(2) 收集国内外知名ERP软件开发商，会集其产品信息，并对比分析产品特点。

(3) 查找一两个ERP软件使用较成功的企业信息，了解其对该企业生产经营管理的贡献。

8.1.4 任务自测

1. 判断题

(1) ERP软件只可用于生产性企业，不可用于非生产性企业。 ( )

(2) 固定资产核算子系统能自动生成转账凭证传递到总账子系统。 ( )

(3) ERP既是一个软件，又是一个管理工具，是IT技术与管理思想的融合体。 ( )

2. 单项选择题

(1) ERP软件物流管理模块不包括( )子系统。

A. 采购管理　B. 销售管理　C. 库存管理　D. 车间控制管理

(2) 会计软件不包括( )子系统。

A. 工资核算　B. 存货核算　C. 主生产计划　D. 应付款核算

(3) ERP集成了企业物流、( )、信息流三大资源。

A. 数据流　B. 程序流　C. 商流　D. 资金流

3. 多项选择题

(1) ERP软件是在( )的基础上发展起来的。

A. 物料需求计划　B. 会计信息系统　C. 制造资源计划　D. 客户管理系统

(2) 会计信息系统的基本功能可归纳为对会计数据的( )。

A. 采集　B. 存储加工　C. 传输　D. 输出

(3) 总账子系统的主要功能有( )。

A. 凭证处理　B. 账簿输出　C. 系统初始化　D. 期末处理

4. 问答题

(1) 我国的会计软件经历了哪几个发展阶段?

(2) 电算化会计信息系统由哪些要素组成?

任务2　ERP软件财务管理系统简介

8.2.1 任务导入

杭州市万维科技股份有限公司是一家以网络硬件设备、工业主板以及安全网络芯片等产品的制造、加工为主营业务的高科技制造企业。由于相关领域的产品需求不断扩大，公司业务增长速度年均保持在30%，公司原有的会计软件越来越满足不了公司管理的需要。经过反复调查论证，公司决定实施ERP系统。公司首先派财务部人员参加了ERP软件财务管理系统的培训，第一天的培训重点学习了以下内容：

(1) ERP软件财务管理系统操作流程。

(2) ERP软件财务管理系统主要功能使用。

8.2.2 知识要点

1. ERP软件财务管理系统操作流程

不同企业的ERP软件，财务管理模块不尽相同，操作使用也有差异，但一般要经过如图8.6所示的几个步骤。

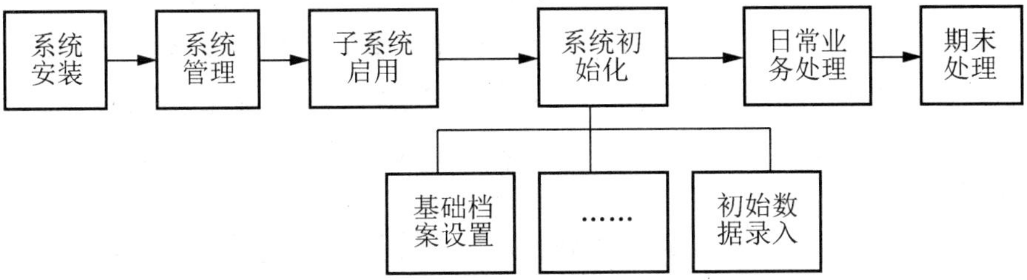

图8.6 ERP软件财务管理系统操作流程

1) 系统安装

计算机的软硬件及网络环境直接影响到ERP软件的运行效率与稳定性，因此，必须为ERP软件配置适宜的运行环境，包括硬件配置(如内存、CPU性能、磁盘空间等)和软件配置(如操作系统、数据库、网络协议等)。

在安装ERP软件之前，应先安装数据库。安装过程中或安装结束后要进行系统环境设置，主要包括数据备份方式、网络用户及数据库用户设置等。

2) 系统管理

如上所述，ERP软件的财务管理系统是由多个既相对独立又互相联系的子系统组成。各子系统都是为同一个主体的不同方面服务，它们协同运作，共同完成一体化的会计核算与管理工作。为了实现一体化管理应用模式，要求各子系统具备公用的基础信息，拥有相同的账套和年度账，操作员和操作权限集中管理，所有数据共用一个数据库。因此，ERP软件一般提供了对各子系统统一的操作管理和数据维护方面的功能，如账套设置、操作员及其权限管理、账套输出(即会计数据备份)等。

(1) 操作员及权限设置。配备与单位会计工作相适应的会计人员是完成会计工作的先决条件。同时，根据内部牵制制度的规定，还需要对会计人员进行合理的分工和职责权限划分。在会计电算化下，为了保证会计数据的安全与保密，软件系统提供了操作员设置及操作员权限设置功能，以便进行操作分工及权限控制。

ERP软件的操作员及权限设置，主要包括设置操作员和操作权限，以及不同操作员进入系统的密码，从而使整个会计电算化工作由不同的操作员在相互制约的基础上共同完成。

(2) 账套设置。在会计电算化下，会计主体的界限划分主要是通过账套设置来进行的。一个独立核算的单位具有一套独立的账簿体系，称为一个账套。各企业的 ERP 软件均能同时设置上百个账套，使一套软件可同时为多个单位或部门共享，同时还能实现各个账套之间的数据传输和共享。单位在首次使用 ERP 软件时，应为本会计主体设置相应的账套。

账套设置的主要目的是为本单位设置会计电算化核算的相关规定，包括设置账套信息(如账套号、账套名称、账套启用时间等)、输入单位信息(如单位名称、单位地址等)、确定核算类型、确定编码方案(如会计科目级次及位数)、指定账套主管等。

3) 系统启用

ERP 软件财务管理模块中的各个子系统只有启用后才能登录。所谓系统启用是指各个子系统开始使用的日期。系统启用可以在建立账套时和账套建立后进行。

4) 系统初始化

系统初始化是指将通用软件转成专用软件、将手工会计业务数据移植到计算机中等一系列准备工作，这是使用 ERP 软件的基础。因此，初次进入各子系统，应完成各项初始化工作，如总账子系统初始化主要包括设置基础档案、设置会计科目、录入期初余额等。

5) 日常业务处理

当子系统的初始设置完成后，就可以开始进行日常业务的处理，如总账子系统的日常业务处理的任务主要包括填制凭证，审核凭证，记账，查询和打印各种凭证、总账和明细账等。

6) 期末业务处理

当子系统本月发生的日常业务全部处理登记后，在每个会计期末都需完成一些特定的会计工作，如总账子系统期末业务处理主要包括期末转账、试算平衡、对账、结账等，其中最重要的是期末结账。通过结账，将本期有关会计账户的发生额和余额计算出来，从而根据结账后的金额把握企业的财务及经营状况。

2. 典型 ERP 软件的系统管理介绍

本书以用友 ERP－U8 为例。用友 ERP－U8 的“系统管理”能对整个系统的公共任务进行统一管理，各子系统的独立运行都必须以此为基础。“系统管理”的功能主要包括账套管理、年度账管理、操作员及其权限管理。

1) 启动并注册“系统管理”

安装好用友 ERP－U8 软件后，启用该软件中的“系统管理”模块，就能建立单位的核算账套。

练一练

以系统管理员 admin 的身份启动“系统管理”。

步骤 1：打开“系统管理”窗口，如图 8.7 所示。执行“程序—用友 ERP－U8—系统服务—系统管理”命令。

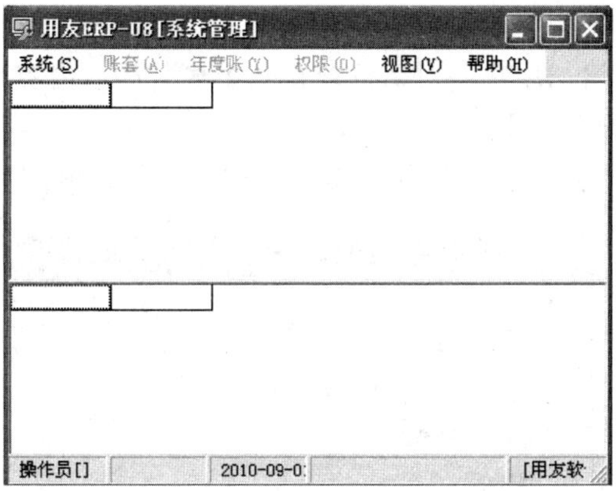

图 8.7　ERP－U8“系统管理”窗口

步骤 2：打开系统注册登录界面，如图 8.8 所示。在“系统管理”窗口执行：“系统—注册”。

步骤 3：在“系统管理”注册。在图 8.8 各文本框中输入相应内容，单击【确定】按钮。

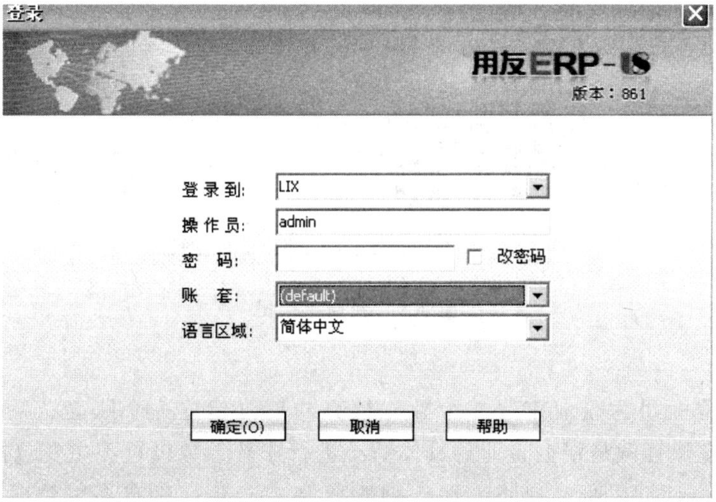

图 8.8　系统注册登录界面

2）操作员管理

操作员管理包括增加操作员、修改操作员和删除操作员。只有系统管理员才有权利设置操作员。系统管理员有权设置和修改操作员的密码。

练一练

增加操作员，资料如下：

编号—01，姓名—张贯清，密码—8888，所属部门—财务部；

编号—02，姓名—钱　多，密码—6666，所属部门—财务部；

编号—03，姓名—张　三，密码—4444，所属部门—财务部；

编号—04，姓名—李　立，密码—2222，所属部门—财务部。

步骤 1：打开“用户管理”窗口。在“系统管理”窗口执行“权限—用户—用户管理”命令。

步骤 2：打开“增加用户”的对话框，如图 8.9 所示。在“用户管理”窗口，单击工具栏【增加】按钮，进入“增加用户”对话框，在其中输入相应内容后，单击【增加】按钮。

步骤 3：继续增加其他操作员。

步骤 4：退出“用户管理”窗口。在“用户管理”窗口，单击工具栏【退出】按钮。

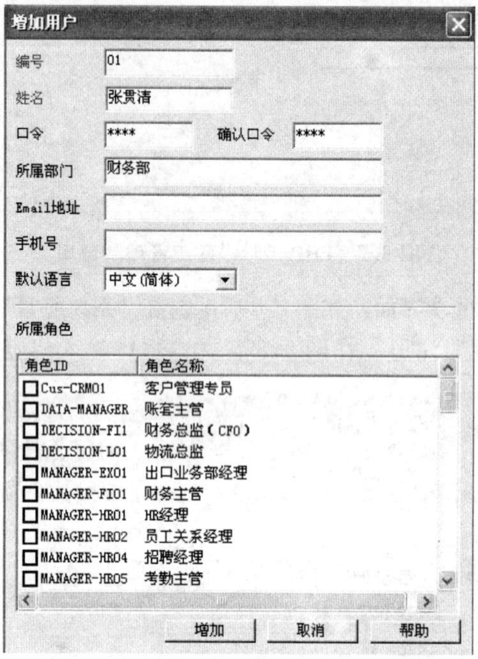

图 8.9　新增操作员

3）建立账套

一般而言，系统可为企业中每一个独立核算的单位建立一个账套，系统最多可以建立 999 个套账。建立账套就是根据企业的具体情况进行账套参数设置，主要包括核算单位名称、所属行业、启用会计期、分类信息、编码规则等基础参数。只有系统管理员才有权利建立账套。

练一练

创建编号为 666 的账套，单位名称“农华机械股份有限公司”，启用会计期“2010 年 9 月”；单位地址“杭江市江滨路 168 号”，法人代表“路广平”；记账本币“人民币(RMB)”，企业类型“工业”，行业性质“2007 年新会计制度科目”，账套主管“张贯清”；对供应商进行分类核算。科目编码方案、部门编码方案、结算方式编码方案、数据精度均为默认。

步骤 1：打开“创建账套”的对话框，如图 8.10 所示。在“系统管理”窗口执行“账套一建立”命令。

步骤 2：在“创建账套一账套信息”对话框中，输入相应内容后．单击【下一步】按钮。

步骤 3：在“创建账套一单位信息”对话框中，输入相应内容后，单击【下一步】按钮。

步骤 4：在“创建账套一核算类型”对话框中，输入相应内容后，单击【下一步】按钮。

步骤 5：在“创建账套一基础信息”对话框中，选中“供应商是否分类”复选框，单击

【完成】按钮，系统弹出“创建账套”提示对话框，单击【是】按钮，便可以创建账套。

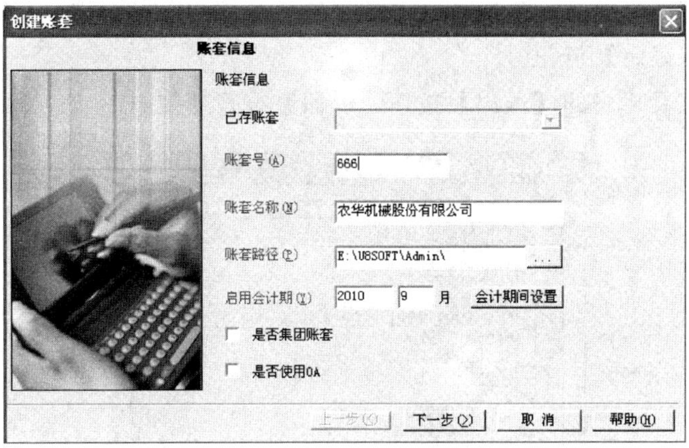

图 8.10　“创建账套－账套信息”对话框

4）设置操作员权限

操作员权限设置功能用于对已设置的操作员进行权限设置。系统管理员有权对已设置的操作员进行权限设置，包括指定某账套的账套主管。账套主管自动拥有账套的全部权限。账套主管只可以对其管辖账套的操作员进行权限指定，请参考其他相关教材。

练一练

操作员“03 张三”拥有 666 账套“总账”操作权限。

步骤 1：打开“操作员权限”对话框。在“系统管理”窗口执行“权限—操作员权限”命令。

步骤 2：如图 8.11 所示，单击选中该对话框左侧列表中的“03 张三”所在行，在对话框右上方的下拉列表中选择“666 农华机械股份有限公司”和“2010”选项。如需对操作员设定为账套主管权限，还要在正上方账套主管处打钩。

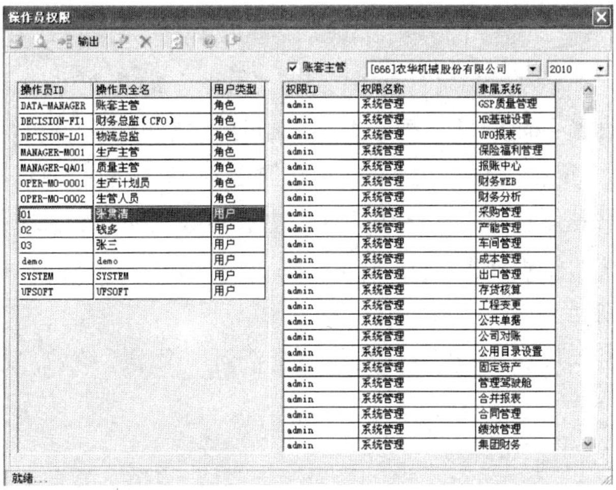

图 8.11　“操作员权限”对话框

步骤3：单击工具栏中的【修改】按钮，打开“增加和调整权限”对话框。

步骤4：双击“产品分类－权限选择”列表框中的“总账”选项，如图8.12所示。

步骤5：单击【确定】按钮。

步骤6：单击工具栏中的【退出】按钮，返回系统管理窗口。

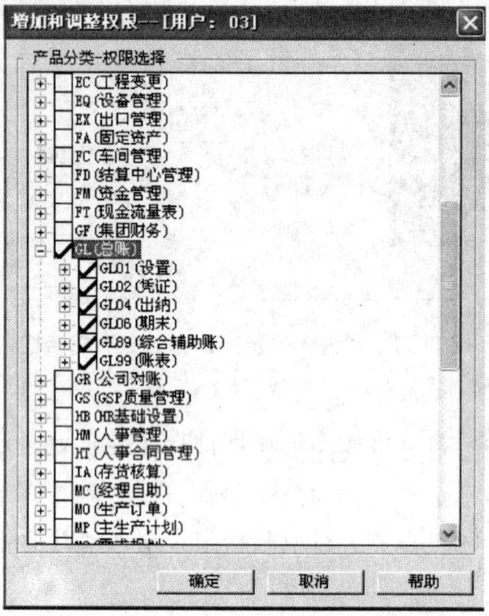

图8.12 “增加和调整权限”对话框

5）退出“系统管理”

在“系统管理”窗口执行“系统—退出”命令。

练一练

系统管理员“admin”退出“系统管理”。

3. 典型ERP软件的总账子系统介绍

本书以用友ERP－U8为例。用友ERP－U8“总账”的功能主要包括系统初始化(具体包括设置基础档案、设置会计科目、凭证类别、结算方式和录入期初余额等)；日常业务处理(具体包括填制凭证、审核凭证、记账等)；账簿管理(具体包括总账、明细账、余额表等的查询)以及期末处理(具体包括定义转账凭证、生成转账凭证月、月末结账等)。

初次使用总账系统的流程如图8.13所示。

1）启动企业应用平台

企业应用平台是进入用友ERP－U8应用系统任何一个子系统的“通行证”。因此，应首先启动企业应用平台。

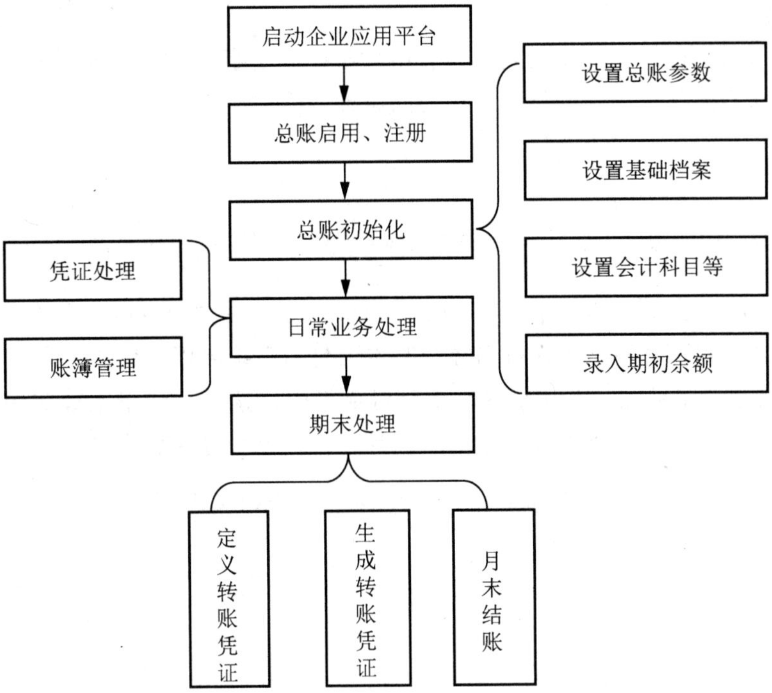

图 8.13 “总账”系统使用流程

练一练

以 666 账套主管“张贯清”或 01(密码为 8888)的身份启用“企业应用平台”，会计年度 2010 年；日期 2010 年 9 月 1 日。

步骤 1：打开系统“登录”界面。执行路径“程序—用友 ERP－U8—企业应用平台”命令。

步骤 2：打开“企业应用平台”窗口，如图 8.14 所示。在系统“登录”界面输入有关内容进行注册后，单击【确定】按钮。

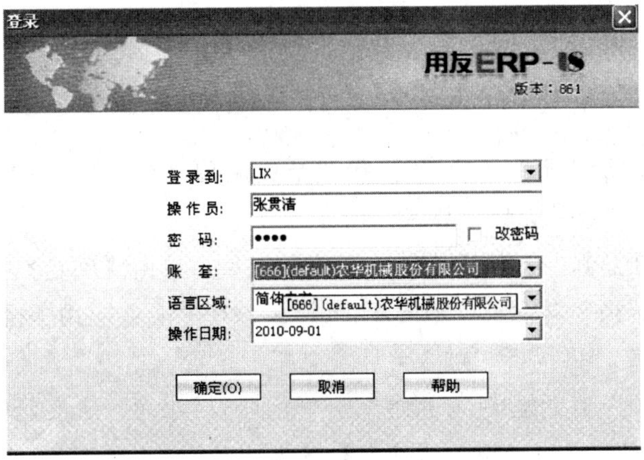

图 8.14 “企业应用平台”窗口

“企业应用平台”窗口，工作列表有“设置”、“业务”、“工具”三个页签。

2）系统启用

在进行总账系统初始化之前，应首先启用总账。建立账套时由系统管理员进行系统启用设置，账套建立后由账套主管进行系统启用的设置。

练一练

由账套主管张贯清启用“总账”系统。该系统启用日期 2010 年 9 月 1 日。

步骤 1：打开“系统启用”对话框，如图 8.15 所示。在“企业应用平台”窗口中，选择工作列表中的“设置”页签，再执行路径“基本信息—系统启用”命令。

步骤 2：启用总账系统。在“系统启用”对话框中，选择总账子系统前的复选框，在弹出的“日历”对话框中，选择系统启用的年、月、日，单击【是】按钮。

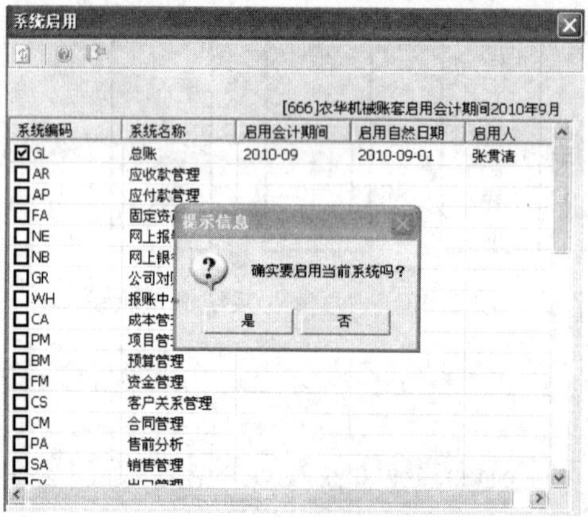

图 8.15 “系统启用”对话框

3）设置总账参数

初次进入总账系统时，应对总账系统进行参数设置，以便在今后的日常业务处理过程中按预先设置的总账系统参数进行核算和管理。

练一练

首次启用 666 账套的总账系统，设置总账系统的参数为默认选项。

步骤 1：打开“注册总账”对话框。在“企业应用平台”窗口中，选择工作列表中的“业务”页签，再执行“财务会计—总账”命令。

步骤 2：在“注册总账”对话框中输入相应信息后，单击【确定】按钮。

步骤 3：打开“选项”对话框，如图 8.16 所示。在“企业应用平台”窗口中，选择工作列表中的“业务”页签，再执行“财务会计—总账—设置—选项”命令。

步骤 4：在“选项”对话框中，分别单击“凭证”、“账簿”、“会计日历”、“其他”选项，按要求进行设置。设置完成后，单击【确定】按钮。

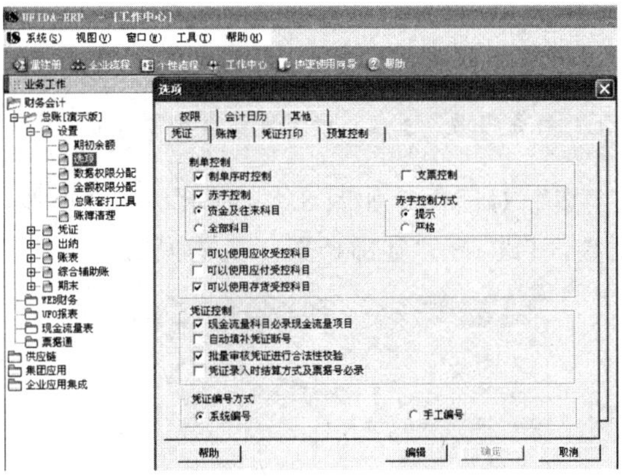

图 8.16 “选项”对话框

4）设置基础档案

基础信息是系统运行的基石，系统共享公用基础信息，其中最主要的是基础档案信息。基础档案设置的内容主要包括机构人员（如部门档案、人员档案等）、客商信息（如供应商档案、客户档案等）、存货（如存货分类等）、财务（如会计科目、凭证类别、外币设置等）与收付结算（如结算方式等）。

(1) 设置部门档案和人员档案。设置部门档案是设置会计科目中要进行部门核算的部门名称，以及要进行个人核算的往来个人所属的部门。

练一练

设置部门档案，资料如下：部门编码 1，采购部；部门编码 2，销售部；部门编码 3，财务部。

步骤 1：打开“部门档案”对话框，如图 8.17 所示。在“企业应用平台”窗口中，选择工作列表中的“设置”页签，再执行“基础档案—机构人员—部门档案”命令。

步骤 2：单击【增加】按钮，输入“1”、“采购部”后，单击【保存】按钮保存输入的内容。

步骤 3：重复步骤 2 的操作，继续输入其他部门。全部输入完成后，单击【退出】按钮关闭对话框。

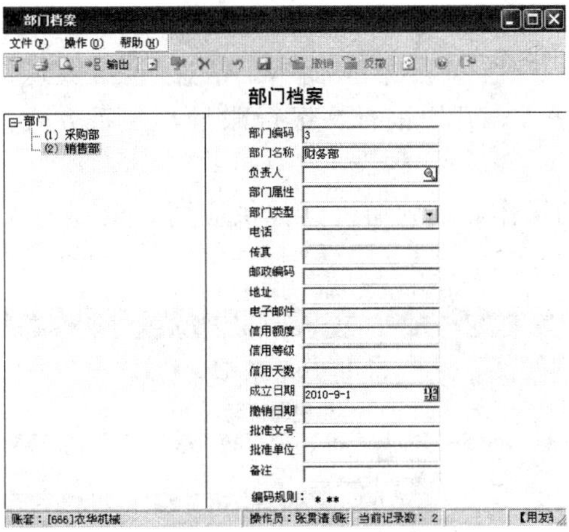

图 8.17 “部门档案”对话框

练一练

设置人员档案，资料如下：财务部财务主管：张贯清，财务部出纳：钱多，财务部会计：张三。

步骤 1：打开“人员档案”对话框，如图 8.18 所示。在“企业应用平台”窗口中，选择工作列表中的“设置”页签，再执行“基础档案—机构人员—人员档案”命令。

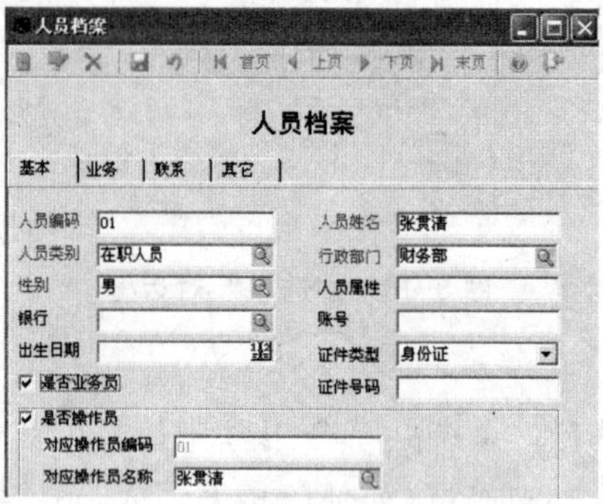

图 8.18　“新增人员”对话框

步骤 2：单击【增加】按钮，输入部门人员基础信息(包括人员编码、姓名、类别、部门、性别、是否业务员、是否操作员等)后，单击【保存】按钮保存输入的内容。

步骤 3：重复步骤 2 的操作，继续输入其他人员。全部输入完成后，单击【退出】按钮关闭对话框。

(2) 设置供应商档案和客户档案。建立供应商档案直接关系到对供应商数据的统计、汇总和查询等分类处理。对于在采购管理等业务中需要处理的供应商的档案资料，应首先在本功能中设定。

练一练

设置供应商档案，资料如下：农华公司的供应商主要有杭江钢铁公司、杭江塑材包装公司和之江金属公司。

步骤 1：打开“供应商档案”对话框，如图 8.19 所示。在“企业应用平台”窗口中，选择工作列表中的“设置”页签，再执行“基础档案—客商信息—供应商档案”命令。

步骤 2：单击【增加】按钮，输入供应商基础信息(包括供应商编码，供应商简称，所属分类，所属地区，税号，法人，开户银行，银行账号，联系方式等)后，单击【保存】按钮保存输入的内容。

步骤 3：重复步骤 2 的操作，继续输入其他供应商。全部输入完成后，单击【退出】按钮关闭对话框。

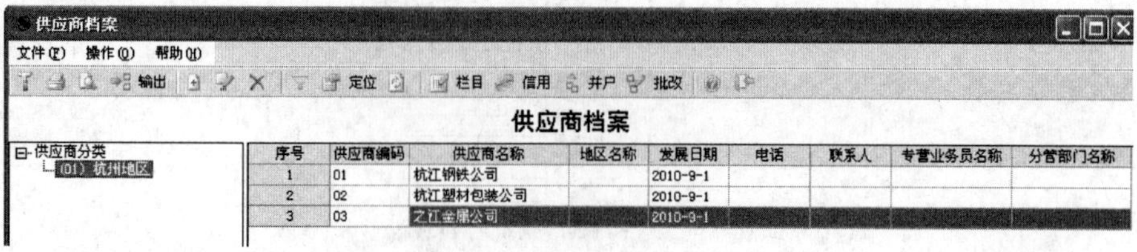

图 8.19　“供应商档案”对话框

建立客户档案直接关系到对客户数据的统计、汇总和查询等分类处理。对于在销售管理等业务中需要处理的客户的档案资料，应首先在本功能中设定。

练一练

设置客户档案，资料如下：农华公司的客户主要有宁绍农机公司、闽田农机公司、钱封农机公司和新安农机公司。

步骤 1：打开“客户档案”对话框，如图 8.20 所示。在“企业应用平台”窗口中，选择工作列表中的“设置”页签，再执行“基础档案—客商信息—客户档案”命令。

步骤 2：单击【增加】按钮，输入供应商基础信息(包括客户编码、客户简称、所属分类、税号、法人、信用、联系方式等)后，单击【保存】按钮保存输入的内容。

步骤 3：重复步骤 2 的操作，继续输入其他客户档案。全部输入完成后，单击【退出】按钮关闭对话框。

图 8.20　“客户档案”对话框

(3) 设置会计科目及凭证类别。一级会计科目必须符合国家会计制度的规定，一般可以预置在系统中。对于明细会计科目，各使用单位可根据实际情况自行设定。

练一练

增加明细会计科目，资料如下：损益类管理费用中新增明细科目“差旅费”，科目编码 550201。注：由于系统更新问题，以下使用《企业会计制度》中设置的会计科目名称及编码。

步骤 1：打开“新增会计科目”对话框，如图 8.21 所示。在“企业应用平台”窗口中，选择工作列表中的“设置”页签，再执行“基础档案—财务—会计科目”命令。

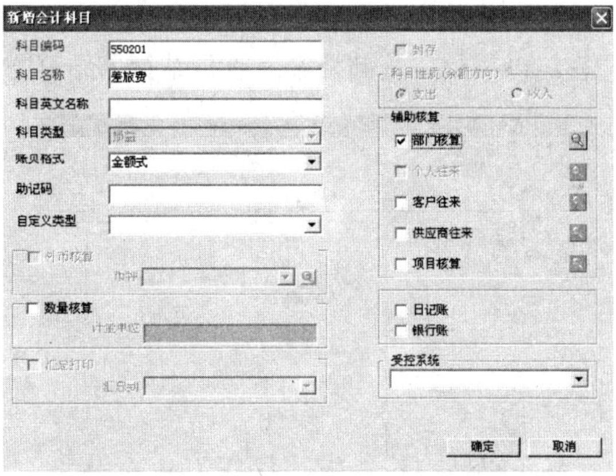

图 8.21　“新增会计科目”对话框

步骤 2：单击【增加】按钮，输入会计科目信息(包括科目编码、科目名称、核算方式等)后，单击【保存】按钮保存输入的内容。

在输入凭证之前，应根据企业管理和核算的要求在系统中设置凭证类别，以便将凭证按类别分别编制、管理、记账和汇总。

练一练

设置凭证类别，资料如下：记账凭证。

步骤 1：打开“新增会计科目”对话框。在“企业应用平台”窗口中，选择工作列表中的“设置”页签，再执行“基础档案—财务—凭证类别”命令。

步骤 2：双击凭证类别，弹出“凭证类别预置”对话框，如图 8.22 所示，选择“记账凭证”选项后，单击【确定】按钮。

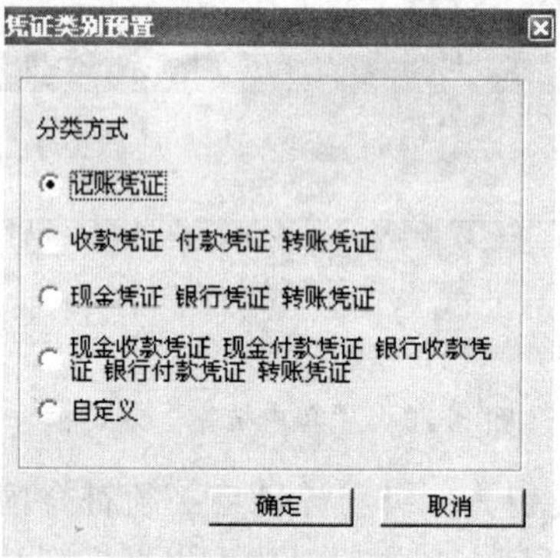

图 8.22 “凭证类别预置”对话框

(4) 设置结算方式。该功能用来建立和管理在经营活动中说涉及的货币结算方式。

练一练

设置结算方式，资料如下：设置“现金结算”、“支票结算”、“电汇”三种结算方式。指定科目“现金总账科目 1001”，银行总账科目“1002”。

步骤 1：打开“结算方式”对话框，如图 8.23 所示。在“企业应用平台”窗口中，选择工作列表中的“设置”页签，再执行“基础档案—收付结算—结算方式”命令。

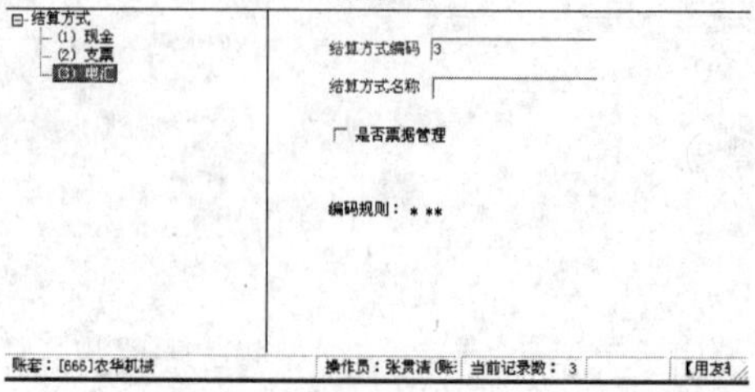

图 8.23 “结算方式”对话框

步骤 2：单击【增加】按钮，输入结算方式类别信息(包括结算方式编码、结算方式名称、是否票据管理)后，单击【保存】按钮保存输入的内容。

步骤 3：重复步骤 2 的操作，继续输入其他结算方式。全部输入完成后，单击【退出】按钮关闭对话框。

5）录入期初余额

为了保证会计数据连续完整，并与手工账簿数据衔接，系统第一次使用时，须将各明细科目的期初余额及系统启用前各月的发生额录入系统。如果是数量金额类科目，还应输入相应的数量和单价，如果是外币核算科目，应输入相应的外币金额。

练一练

录入科目期初余额①(单位：元)，资料如下：

账　　户	借方金额	账　　户	贷方金额
库存现金	12 151.70	短期借款	2 894 675.32
银行存款	587 163.88	应付账款	1 984 652.38
应收票据	154 231.55	应付职工薪酬	216 743.56
应收账款	2 405 679.34	应交税费	97 865.48
其他应收款	601 234.21	应付股利	0.00
原材料	576 489.67	其他应付款	74 389.67
库存商品	426 872.18	实收资本	5 000 000.00
生产成本	879 847.36	盈余公积	184 321.66
固定资产	6 805 792.34	本年利润	1 260 566.87
		累计折旧	736 247.29

步骤 1：打开"期初余额录入"对话框，如图 8.24 所示。在"企业应用平台"窗口中，选择工作列表中的"业务"页签，再执行"业务—总账—设置—期初余额"命令。

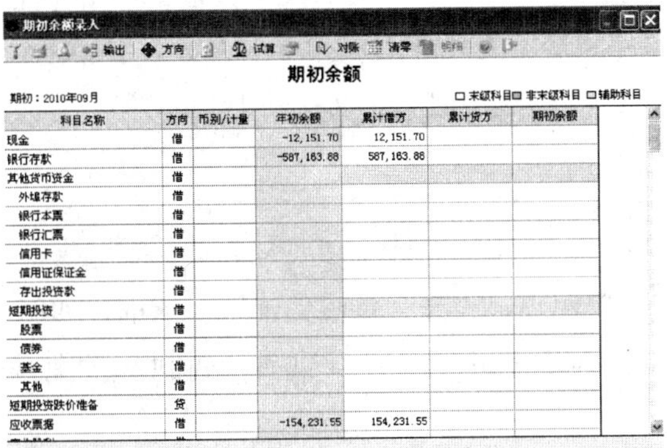

图 8.24　"期初余额录入"对话框

① 为了简单起见，以本月期初余额替代年初余额，省去系统启用前各月发生额。

步骤 2：双击现金科目“累计借方”，输入库存现金，然后回车。

步骤 3：重复步骤 2 的操作，继续输入其他科目期初余额。全部输入完成后“试算平衡”。

6）凭证处理

记账凭证是登记账簿的依据，是总账系统的唯一数据源。凭证处理主要包括填制凭证、审核凭证、记账等。

（1）填制凭证。填制凭证是最基础和最频繁的工作。

练一练

增加凭证，资料如下：24 日，收取闽田农机公司押金 1 200.00 元。

步骤 1：以会计“张三”用户，打开“填制凭证”对话框，如图 8.25 所示。在“企业应用平台”窗口中，选择工作列表中的“业务”页签，再执行“业务—总账—凭证—填制凭证”命令。

步骤 2：单击【增加】按钮，输入凭证信息(包括摘要、科目名称、借贷金额)后，单击【保存】按钮保存输入的内容。

步骤 3：重复步骤 2 的操作，继续输入其他凭证。全部输入完成后，单击【退出】按钮关闭对话框。

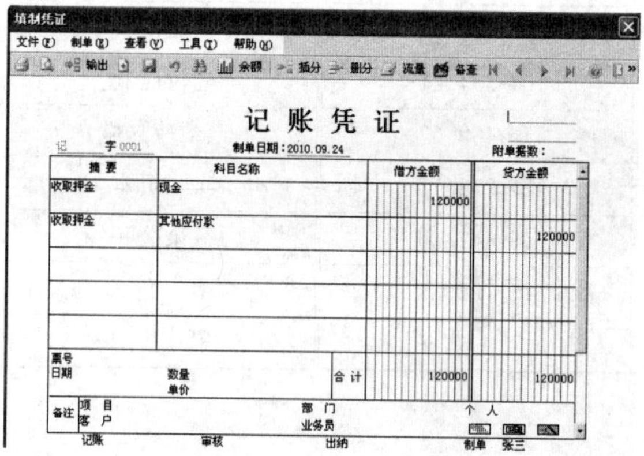

图 8.25 “填制凭证”窗口

（2）审核凭证。审核凭证由具有审核权限的操作员根据原始凭证，对记账凭证进行审核，对正确的记账凭证发出签字指令，在凭证上填入审核人员名字。

练一练

审核凭证，资料如下：会计李立审核所有凭证。

步骤 1：以会计“李立”用户，打开“审核凭证”对话框，如图 8.26 所示。在“企业应用平台”窗口中，选择工作列表中的“业务”页签，再执行“业务—总账—凭证—审核凭证”命令。

步骤 2：过滤选择出需要审核的凭证，然后双击进入审核凭证界面，点击审核凭证。

步骤 3：选择下一张凭证，重复步骤 2，完成所有凭证的审核工作。

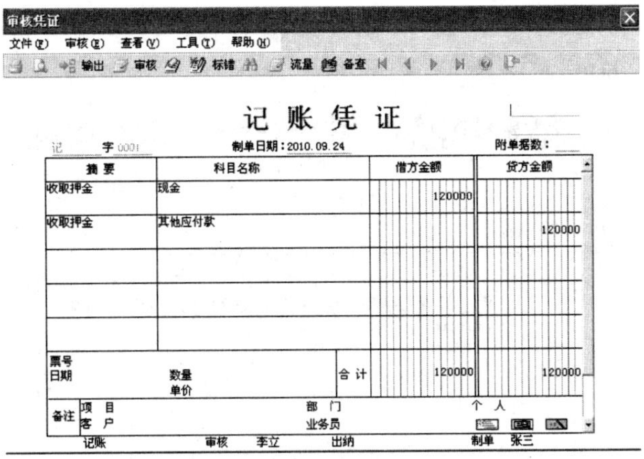

图 8.26　“凭证审核”对话框

(3) 记账。记账是由具有记账权限的操作员发出记账指令，计算机按照预先设计的记账程序制单进行合法性检查、科目汇总并登记账簿等。

练一练

凭证记账，将 2010 年 9 月份已审核过的记账凭证记账。

步骤 1：以会计“李立”用户进行“记账”，如图 8.27 所示。在“企业应用平台”窗口中，选择工作列表中的“业务”页签，再执行“业务—总账—凭证—记账”命令。

步骤 2：过滤选择出 9 月份需要记账的凭证，然后下一步进入记账报告界面，单击【记账】按钮，9 月份记账完毕。

7) 账簿管理

系统提供了强大的查询功能，包括总账、明细账和日记账的查询和输出。

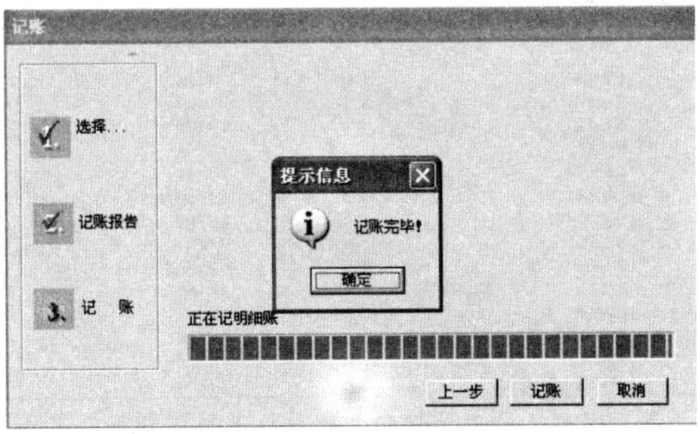

图 8.27　“记账”对话框

练一练

由 666 账套主管“张贯清”(密码为 8888)，查询 2010 年 9 月份中的“库存现金”会计科目的总账余额。

步骤 1：以账套主管“张贯清”用户登录系统，打开“总账查询”对话框，如图 8.28 所示。在“企业应用平台”窗口中，选择工作列表中的“业务”页签，再执行“业务—总账—账表—科目账—总账”命令。

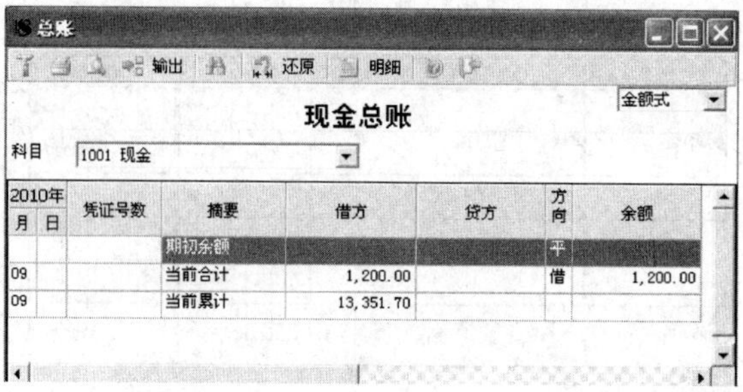

图 8.28 “总账查询条件”对话框

步骤 2：过滤选择 9 月份中科目为“库存现金”，单击【确定】按钮。

8）期末处理

期末会计业务会主要包括期末转账业务、试算平衡、对账、结账等。

（1）期间损益设置。在一个会计期间结束时，将损益类账户的余额结转到本年利润账户中，及时反映企业利润的盈亏。

练一练

定义结转期间损益的转账凭证，将损益类科目转入本年利润。

步骤 1：以账套主管“张贯清”用户登录系统，打开“期间损益结转设置”对话框，如图 8.29 所示。在“企业应用平台”窗口中，选择工作列表中的“业务”页签，再执行“业务—总账—期末—转账定义—期间损益”命令。

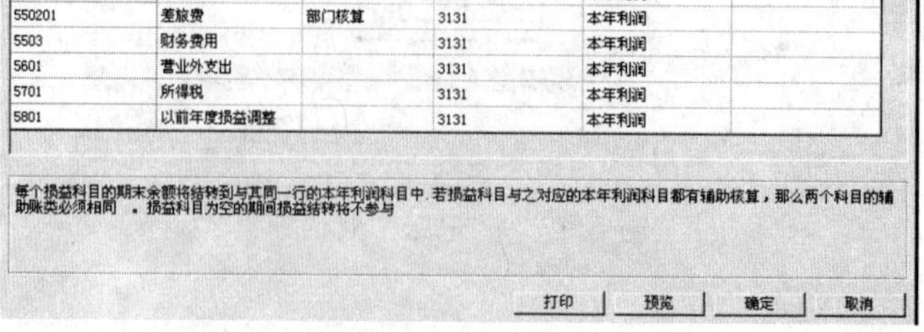

图 8.29 “期间损益结转设置”对话框

步骤 2：选择本年利润科目，单击【确定】按钮。

（2）生成转账凭证。定义完成转账凭证后，每月月末只需执行“转账生成”即可快速生成转账凭证。月末转账之前，必须将所有未记账凭证记账。

练一练

结转 1 月份期间损益的转账凭证。

步骤 1：以账套主管“张贯清”用户登录系统，打开“转账生成”对话框，如图 8.30 所示。在“企业应用平台”窗口中，选择工作列表中的“业务”页签，再执行“业务—总账—期末—转账生成”命令。

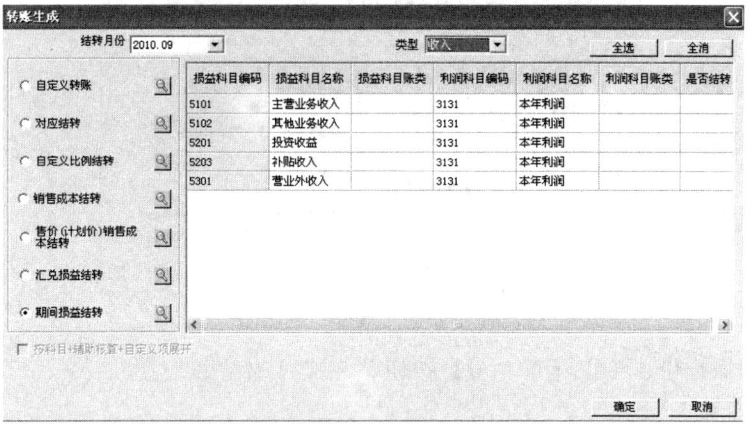

图 8.30　“转账生成”对话框

步骤 2：选择期间损益结转，选择类型为收入或支出，单击【确定】按钮，生成期间损益结转凭证。

（3）对账。

练一练

对 2010 年 9 月份的业务进行对账。

步骤 1：以账套主管“张贯清”用户登录系统，打开“对账”对话框，如图 8.31 所示。在“企业应用平台”窗口中，选择工作列表中的“业务”页签，再执行“业务—总账—期末—对账”命令。

图 8.31　“对账”对话框

步骤 2：选择月份，单击【对账】按钮，完成对账。

（4）结账。结账只能每月进行一次。已结账月份不能再填制凭证。

练一练

对 2010 年 9 月份的经济业务进行结账处理。

步骤 1：以账套主管“张贯清”用户登录系统，打开“结账”对话框，如图 8.32 所示。在“企业应用平台”窗口中，选择工作列表中的“业务”页签，再执行“业务—总账—期末—结账”命令。

图 8.32 “结账”对话框

步骤 2：选择月份，单击【下一步】按钮，完成月末结账。

9）退出“总账”

在“业务工作”窗口单击“总账”左侧展开按钮收起树形目录。

4. 典型 ERP 软件的报表子系统介绍

本书以用友 ERP－U8 为例。用友 ERP－U8 的“UFO 报表”功能主要包括提供各行业报表模板及自定义报表模板、文件管理功能、格式管理功能、数据处理功能、图表功能等。

使用 UFO 报表系统处理报表的流程，如图 8.33 所示。

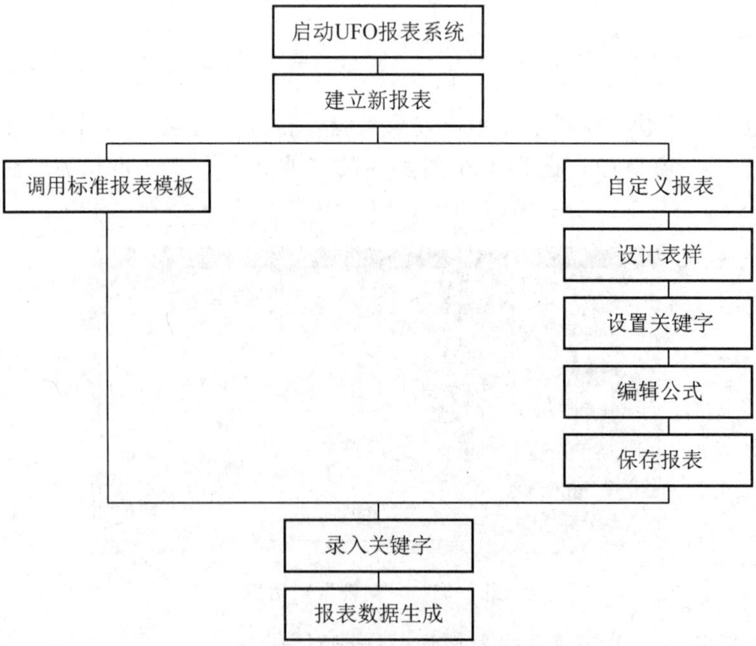

图 8.33 UFO 报表系统处理报表的流程

1）启动“UFO 报表”系统

在使用 UFO 报表系统处理报表之前，应该首先启动 UFO 报表系统。

练一练

2010 年 9 月 30 日，01 张贯清登录注册 666 账套的 UFO 报表系统。

步骤 1：打开“注册”对话框。在企业应用平台窗口中，单击【重注册】按钮，输入相关信息后，单击【确定】按钮。

步骤 2：打开 UFO 报表窗口，如图 8.34 所示。在企业应用平台窗口中，选择工作列表中的“业务”页签，再执行“财务会计—UFO 报表”命令。

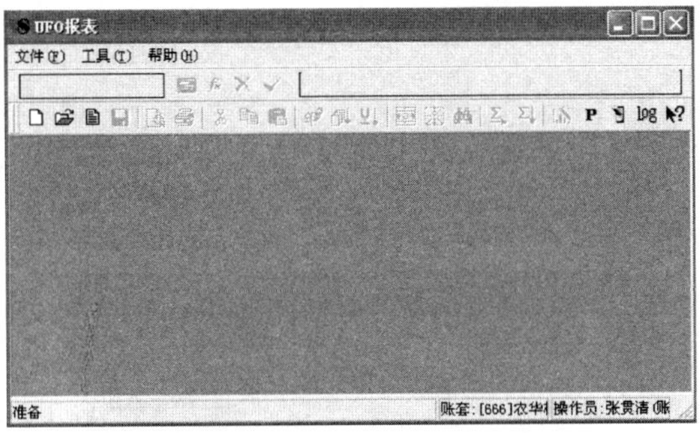

图 8.34　ERP－U8 UFO 报表窗口

2）建立新报表

不论是调用标准报表模板还是自定义报表，都是在建立新报表的基础上进行。新报表名默认为 Report. rep。

练一练

建立一张新报表。

在 UFO 报表窗口点击“文件”下拉菜单中的“新建”。

在新报表窗口，报表左下角有【数据/格式】切换按钮，可使报表进入数据状态或格式状态。新报表建立后，默认状态为格式状态，如图 8.35 所示。

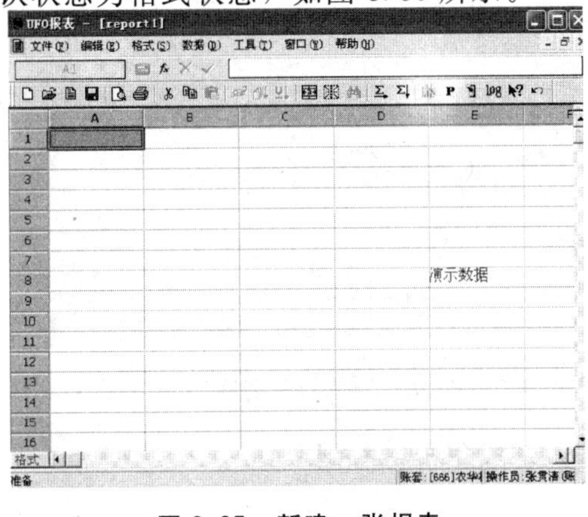

图 8.35　新建一张报表

3）调用报表模板

利用报表模板可以迅速建立一张符合需要的报表。

练一练

调用执行“小企业”会计制度的“资产负债表”。

步骤 1：打开“报表模板”对话框。在新报表窗口，格式状态下点击“格式”下拉菜单中的“报表模板”。

步骤 2：在两个下拉列表中，分别选择“小企业会计制度”、“资产负债表”选项，单击【确定】按钮，如图 8.36 所示。

步骤 3：打开调用的资产负债表模板。在系统弹出的提示对话框中，单击【确定】按钮。

4）录入关键字

关键字是表页定位的特定标志。关键字主要有 6 种，即单位名称、单位编号、年、季、月、日。

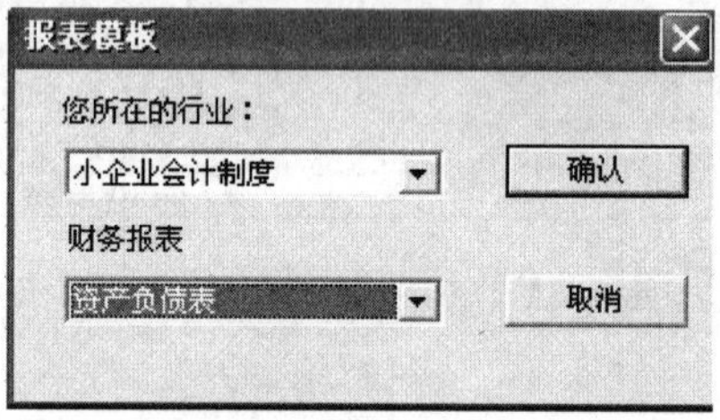

图 8.36　“报表模板”对话框

练一练

为上述调用的资产负债表录入关键字：农华机械有限公司，2010 年 9 月 30 日。

步骤 1：在资产负债表模板下，单击报表左下角【数据/格式】切换按钮，使资产负债表进入数据状态。

步骤 2：打开“录入关键字”对话框，如图 8.37 所示。在资产负债表数据状态下执行“数据—关键字—录入”命令。

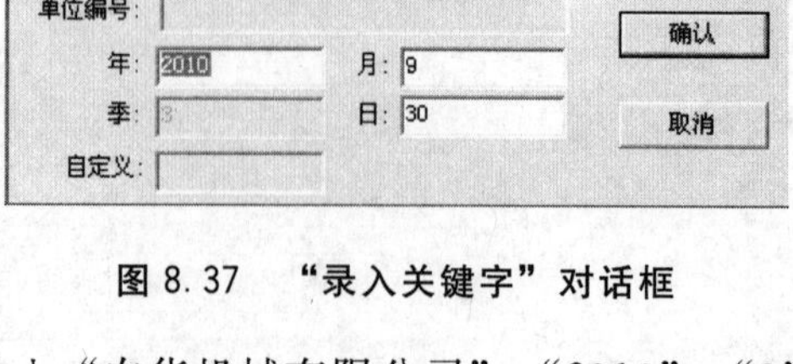

图 8.37　“录入关键字”对话框

步骤 3：在相应位置输入“农华机械有限公司”、“2010”、“9”、“30”后，单击【确认】按钮。

5）生成报表数据

计算报表数据是在数据处理状态下进行的，既可以在录入完成报表的关键字后直接计算（关键字录入后，系统会提示是否重算表页，单击【是】按钮，即根据关键字设定取数计算报表），也可以使用菜单功能计算。

练一练

计算农华机械有限公司2010年9月30日的资产负债表数据。

步骤1：在资产负债表数据状态下执行“数据－表页重算”命令，系统弹出提示对话框。

步骤2：单击【是】按钮，系统自动计算生成报表。

6）退出“UFO报表”

在“UFO报表”窗口单击“文件”下拉菜单中的【退出】按钮。

8.2.3 实践活动

1. 查询资料

通过查询图书馆文献资料或百度搜索，解决用友ERP－U8在使用中遇到的实际问题。

2. 讨论学习

将操作中遇到的疑问和困难记录下来，与小组其他成员讨论解决方法并进行总结。

8.2.4 任务自测

1. 单项选择题

(1) 会计科目代码结构为4－2－2－2时，(　　)会计科目代码是错误的。

A. 1001库存现金　　B. 100101库存现金－美元

C. 100102库存现金－港币　　D. 10011库存现金－英镑

(2) 下列凭证修改操作正确的是(　　)。

A. 甲操作员可以修改乙操作员填制的凭证

B. 账套主管可以修改其他人填制的凭证

C. 谁制单谁修改

D. 是否具有修改其他人制单权限由用户权限确定

(3) 新增用户成功后，在开始使用账套前，必须进行(　　)步骤。

A. 设置用户密码　　B. 设置登录密码

C. 进行授权　　D. 必须设置成账套主管角色

(4) 凭证处理过程中下列叙述错误的是(　　)。

A. 凭证处理时不能对会计科目进行新增或修改

B. 分录录入错误时需删除当前分录重新录入

C. 凭证处理时会计科目必须是最明细级科目

D. 借贷双方金额平衡后才能保存

2. 多项选择题

(1) 已输入期初余额并制单的现金和银行总账科目，不能直接删除，若要删除，必须先执行(　　)操作。

A. 删除使用该科目的凭证　　B. 将该科目及其下级科目余额清零

C. 取消现金银行科目指定　　D. 删除其下级科目

(2) 在总账系统账表功能中查阅部门总账时，系统提供的查询方式有(　　)。

A. 按科目和部门查询　　B. 按部门查询

C. 按发生额查询　　D. 按科目查询

(3) 在总账系统中，只有经过审核的记账凭证才能作为正式凭证进行记账处理，在这里，审核凭证包括(　　)等几个方面的工作。

A. 审核员审核凭证　　B. 主管签字

C. 出纳签字　　D. 修改标错凭证

(4) 总账系统是财务管理系统的的核心系统，它可以接收(　　)系统生成的凭证。

A. 财务分析系统　　B. 固定资产

C. 工资管理　　D. 应收应付

3. 问答题

(1) 什么是指定科目？

(2) 哪些情况下凭证禁止被修改？

(3) 审核人和制单人能是同一人吗？

(4) 为什么在出纳签字时，查询不出符合条件的凭证？

(5) UFO 报表的格式状态和数据状态有什么区别？

(6) UFO 报表中除了系统提供的关键字，关键字还可以自定义，为什么？

(7) 如何修改已经审核、已经记账的凭证？

拓展学习

1. ERP发展趋势——eERP

eERP(extended ERP)是一个扩展的、支持电子商务的 ERP 系统，是在 ERP 基础之上发展起来的新一代企业信息化系统，是构建全程电子商务最核心和最基础的组成部分。它不仅继承了传统 ERP 的所有功能和特点，帮助用户实现企业内部业务的管理信息化，并以全球化供应链网络的视角，将管理范围延伸到上游供应商、下游客户(分销商)，实现全程的供应链管理。同时，将企业内部信息化与电子商务有机的融合，两者相辅相成，帮助企业真正实现商务活动的全程电子化管理；eERP 的交付模式与 ERP 相比有很大变化，ERP 主要以许可模式交付，eERP 在此基础上，还支持软件服务化模式(Software as a service，Saas)。

ERP 是伴随着供应链管理的概念提出的。企业的资源贯穿于企业的供应链和价值链中，它包括企业的人、财、物及供应链中各环节的资源。从现代供应链管理的思想来看，和企业相关的供应商及客户也是 ERP 的成分。传统的 ERP 系统，侧重于整合企业内部的资源，将各业务环节贯穿起来，实现内部效率的最大化。例如，以往财务和销售部门间通过手工单据传递业务信息，到月底，财务再将单据录入系统进行结账。而使用了 ERP 系统，所有信息实时地在业务部门间传递，保证了企业在任何时间点都是一个整合的实体在运作，对于采购、库存、生产、成本及变异的监控提供了坚实高效的基础。

现代的 ERP 系统，又可理解为扩展 ERP 系统，该系统在强调提高企业内部效率的同时，也注重对企业外部资源，如供应商、客户和营运商的协调管理。该系统更加符合现代供应链管理的理念，即强调合作和提高渠道效率。传统的 ERP 系统主要包含财务及成本管理、人事管理、采购库存管理、生产计划及管理、销售分销管理、服务管理等。而 eE-RP 系统在此基础上扩展了客户关系管理、营销管理、跨企业物流网络管理、产品生命周期管理等。

当今世界已进入互联网时代，在这样环境下的企业供应链与工业化时代相比发生了很大的变化。互联网为全球企业供应链提高运作效率、扩大商业机会和加强企业间协作提供了更加强大的手段——电子商务平台。但是，以速度和准确性为前提的电子商务对企业提出了两个很重要的要求，即企业对市场反应的速度及企业与外部资源的协作能力。企业如果缺乏高效率的内部资源整合将无法快速对市场做出反应。而如果企业能在很好规划运作内部资源的同时，整合其所具有的外部资源，如供应商、代理、承运商等，将提高其生产、采购以及交货计划的准确性，从而在快速应对市场的同时，提高对客户销售及服务承诺的准确性，将使企业在强大的竞争环境中，由于高客户满意度而保证市场优势。

eERP 是全城电子商务的核心，它继承了传统 ERP 对企业内部的完善管理，开源与节流并进，促进企业电子商务门户不断扩大，将企业资源信息化与电子商务结合，从而发挥更好的作用。

2. 国内外 ERP 软件简介

1）用友 NC、U8、用友通系列

用友软件已形成用友 ERP－NC、用友 ERP－u8、用友通三条产品和业务线，分别面向大、中、小型企业提供软件和服务，用友软件的产品已全面覆盖企业从创业、成长到成熟的完整生命周期，能够为各类企业提供适用的信息化解决方案，满足不同规模企业在不同发展阶段的管理需求，并且可以实现平滑升级。用友拥有丰富的企业应用软件产品线，覆盖了企业 ERP(企业资源计划)、SCM(供应链管理)、CRM(客户关系管理)、HR(人力资源管理)、EAM(企业资产管理)、OA(办公自动化)等业务领域，可以为客户提供完整的企业应用软件产品和解决方案。

2）金蝶软件

金蝶国际软件集团有限公司是中国第一个 Windows 版财务软件、小企业管理软件——金蝶 KIS、第一个纯 JAVA 中间件软件——金蝶 Apusic 和金蝶 BOS、第一个基于互联网平台的三层结构的 ERP 系统——金蝶 K/3 的缔造者，其中金蝶 KIS 和 K/3 是中国中小型企业市场中占有率最高的企业管理软件。2003 年 3 月，金蝶正式对外发布了第三代产品——金蝶 EAS(KINGDEE ENTERPRISE APPLICATION SUITE)。金蝶 EAS 构建于金蝶自主研发的商业操作系统——金蝶 BOS 之上，面向中大型企业，采用最新的 ERPⅡ管理思想和一体化设计，由超过 50 个应用模块高度集成，涵盖企业内部资源管理、供应链管理、客户关系管理、知识管理、商业智能等，并能实现企业间的商务协作和电子商务的应用集成。

3）SAP—R/3

SAP 公司是 ERP 思想的倡导者，成立于 1972 年，总部设在德国南部的沃尔道夫市。SAP 的产品 R/3 是用于分布式客户机/服务器环境的标准 ERP 软件，主要功能模块包括销售和分销、物料管理、生产计划、质量管理、工厂维修、人力资源、工业方案、办公室和通信、项目系统、资产管理、控制、财务会计。R/3 适用的服务器平台是 Novell、Netware、NT Server、OS400、Unix，适用的数据库平台是 IBM DB2、Informix、MS SQL Server、Oracle，其用户主要分布在航空航天、汽车、化工、消费品、电器设备、电子、食品饮料等行业。R/3 的功能涵盖了企业管理业务的各个方面，如财务会计模块包括总账、应收账、应付账、财务控制、金融投资、报表合并、基金管理等子模块。SAP 所提供的是一个有效的标准而又全面的 ERP 软件。目前，排名世界 500 强的企业，有一半以上使用的是 SAP 的软件产品。因 R/3 的功能比较丰富，各模块之间的关联性非常强，所以不仅价格偏高，而且实施难度也高于其他同类软件。企业选择 R/3 时，要充分考虑软件适用性和价格因素。

4）Oracle—Applications R11i

Oracle 公司是全球最大的应用软件供应商，成立于 1977 年，总部设在美国加州。Oracle 主打管理软件产品 Oracle Applications R11i 是目前全面集成的电子商务套件之一，能够使企业经营的各个方面全面自动化。Oracle 企业管理软件的主要功能模块包括销售订单管理系统、工程数据管理、物料清单管理、主生产计划、物料需求计划、能力需求管理、车间生产管理、库存管理、采购管理、成本管理、财务管理、人力资源管理、预警系统。Oracle 适用的服务器平台是 DEC Open VMS、NT、Unix、Windows 95/98，数据库平台是 Oracle，支持的生产经营类型是按订单生产、批量生产、流程式生产、合同生产、离散型制造、复杂设计生产、混合型生产、按定单设计、按库存生产。Oracle 凭借“世界领先的数据库供应商”这一优势地位，建立起构架在自身数据之上的企业管理软件，其核心优势就在于其集成性和完整性。

5）JDE—EnterpriseOne

J. D. Edwards 公司于 1977 年在美国科罗拉多州丹佛市创立，JDE 系统是其提供的一套用于企业商务解决方案的软件产品。JDE 系统的模块包含制造业、分销业、财务、人力资源管理，其中制造业部分由产品数据管理、厂房设备维修、车间控制、主生产计划、物料需求计划、能力需求计划等模块所组成；分销业部分由预测、需求计划、库存管理、销售订单处理、销售分析、采购订单处理、分销资源计划、仓库管理、电子数据交换(EDI)模块所组成；财务部分由总分类账和基础财务、财务模式、预算和分配、应收账、应付账、现金账、多国通货账、固定资产等模块组成。JDE 适用的服务器平台有 NT、OS/400、Unix、Digital VMS，适用的数据库平台是 IBM DB2、MS SQL Server、Oracle，支持的生产经营类型是按订单装配、批量生产、按订单设计、合同生产、离散型、按定单制造、按库存生产、混合型生产、连续型、大批量生产。用户主要分布在汽车、化工、消费品、电器设备、电子、食品饮料、工业品、金属加工、制药业等行业。JDE 在系统稳定性和运行速度上有优异表现，特别适用于大量生产型的工业企业，而且实施总成本不高。

知识归纳

(1) 会计信息系统是指为经济组织的利益相关者提供经济决策所需会计信息的信息系统。按数据处理手段的不同，分为手工会计信息系统和计算机会计信息系统。

(2) 会计软件是计算机会计信息系统的核心部分。一个完整的会计软件由多个既相对独立又互相联系的子系统组成。

(3) 企业资源计划(ERP)是建立在信息技术基础上，以系统化的管理思想为企业决策层及员工提供决策运行手段的管理平台，它是将企业管理理念、业务流程、基础数据、人力物力、计算机软硬件整合于一体的企业管理信息系统。

(4) 用于生产企业的 ERP 软件主要包括生产管理、物流管理和财务管理三个方面的管理内容。

(5) ERP 软件“系统管理”能对整个系统的公共任务进行统一管理，各子系统的独立运行都必须以此为基础。其功能主要包括账套管理、年度账管理、操作员及其权限管理。

(6) ERP 软件“总账”的功能主要包括系统初始化、日常业务处理、账簿管理以及期末处理。

技能训练

1. 目的

通过综合的、全面的会计信息系统操作的训练，全面了解和熟悉会计信息系统软件的工作原理和会计数据处理流程，提高会计信息系统软件的运用技能，将现代管理思想体现在实践运用中。

2. 资料

1) 企业背景

柯蓝科技发展有限公司是专业开发、生产、销售数控设备的高科技企业。目前独立开发研制的“CNC 旋风系列数控钻铣机”具有速度快、精度高、稳定性强的特点，主要指标已达到世界先进水平，是印刷线路板行业具有高性价比的专业设备。

2) 基本资料

(1) 建账资料：启用会计期：2010 年 6 月；记账本位币：人民币；企业类型：工业；行业性质：新会计制度科目；预置科目语言：中文；存货供应商不分类，客户分类，有外币核算；科目编码方案：4—2—2—2；部门编码方案：2—2；结算方式编码方案：1—1；客户编码方案：1—1—2；数据精度默认 2 位。

(2) 操作员及权限见表 8-1。

表 8-1 用户及权限

编号	姓名	所属部门	角色	权限
01	张颖	财务部	总账主管	账套主管
02	阜新	财务部	财务会计	公用目录设置，企业门户中所有权限，总账(除审核，恢复记账前状态外)所有权限
03	黄路	财务部	出纳	公用目录设置，总账(除审核，记账，恢复记账前状态，期末外)所有权限

(3) 启用总账系统，启用日期：2010-06-01。

(4) 初始化资料：部门人员见表 8-2，客户档案见表 8-3。

表 8-2 部门人员

部门		人员		性别	业务员	操作员	负责业务说明
01	销售部	0101	张三	男	是	否	销售管理
		0102	李四	男	是	否	销售管理
02	采购部	0201	王五	男	是	否	采购管理
		0202	梅林	女	是	否	采购管理
03	仓储部	0301	海峰	男	是	否	库存存货管理
04	质检部	0401	周立	男	是	否	质量管理
05	财务部	0501	李明	女	是	否	应收应付管理，成本会计管理，账套主管
		0502	肖允	男	是	否	成本会计管理

设置“现金结算”、“支票结算”、“电汇”三种结算方式，支票结算又分为现金支票和转账支票。指定科目“现金总账科目 1001”，银行总账科目“1002”。

表 8-3 客商信息

分类编码	分类名称	客户编码	客户简称	税　　号	信用额度	信用期限	开户银行	账号
01	大客户	1001	强华公司	210002345	10 000 000	60	深圳招商银行	5678452312
		1002	蜀星光公司	210108965	10 000 000	60	中国银行深圳分行	3456891202

会计科目期初余额，见表 8-4。

表 8-4 期初余额表

会计科目	借　　方	贷　　方	辅助账类型
1001 现金	667 772.31		
1002 银行存款	1 626 033.85		
10020003 银行存款→深圳发展银行	1 068 172.24		
10020007 银行存款→深圳招商银行	557 861.61		
1111 应收票据	1 502 114.32		
1131 应收账款	29 979 300.31		
1133 其他应收款	124 281.32		
1151 预付账款		693.99	
1211 原材料	4 049 048.48		
1243 库存商品	1 000 000.00		
1301 贴现资产	12 662.30		
1501 固定资产	1 005 431.77		
15010031 固定资产→机器设备	326 911.65		

续表

会计科目	借方	贷方	辅助账类型
15010032 固定资产→运输设备	429 014.14		
15010033 固定资产→办公设备	249 505.98		
1502 持有至到期投资减值准备		513 440.55	
2202 应付账款		5 815 796.93	
2211 应付职工薪酬		172 463.00	
2221 应交税费		288 227.21	
2181 其他应付款		1 172 092.80	
3101 实收资本		5 000 000.00	
3131 本年利润		9 638 872.64	
3141 利润分配		19 247 090.78	
4101 生产成本	1 882 033.24		
41010001 生产成本→基本生产成本	1 728 547.52		
41010001002 生产成本→基本生产成本→未出机领料	1 728 547.52		
41010003 生产成本→返修成本	153 485.72		
0502 管理费用			
0502 管理费用→办公费			部门核算
050201 管理费用→差旅费			个人往来
050202 管理费用→招待费			部门核算
050203 管理费用→邮电费			个人往来
050204 管理费用→折旧费			部门核算
合计	41 848 677.90	41 848 677.90	

3）6月发生的经济业务资料

业务1：6月2日，以现金支付购买原材料1 805元。

借：材料采购　　1 805

　　贷：库存现金　　1 805

业务2：6月4日，销售部张强报销出差费用3 480元。差旅费是个人往来费用。

借：管理费用—差旅费/销售部　　3 480

　　贷：库存现金　　3 480

业务3：6月5日，报销业务招待费：销售部2 500元、财务部700元、人事部500元。

借：管理费用—业务招待费/销售部　　2 500

　　管理费用—业务招待费/财务部　　700

　　管理费用—业务招待费/人事部　　500

　　贷：库存现金　　3 700

业务 4：6 月 10 日，出售设备，取得收入 100 000 元。

借：银行存款—招商银行　　100 000

　　贷：主营业务收入　　100 000

3. 要求

（1）建立柯蓝公司账套，建账日期为 2010 年 6 月。

（2）根据 6 月份发生业务填制、审核凭证，并记账。

（3）查询现金日记账和科目明细账。

（4）期末业务完成汇兑损益和期间损益的结转。

（5）UFO 报表生成资产负债表和利润表。

附录1 资产负债表项目含义

(一)流动资产项目	期末余额含义
货币资金	指企业库存现金、银行存款、其他货币资金的期末合计数
交易性金融资产	反映企业近期内出售、以赚取差价为目的而持有的金融资产，包括从二级市场购入的股票、债券和基金等。交易性金融资产按编表日的公允价值计价
应收票据	反映企业持有的还没有到期、尚未兑现的票据(包括“银行承兑汇票”和“商业承兑汇票”)余额，减去已计提的坏账准备后的净额
应收账款	反映企业因销售商品、提供劳务等而应向购买单位收取的各种款项，减去已计提的坏账准备后的净额
预付款项	反映企业因购货和接受劳务，按照合同规定预付给供应单位的款项，减去已计提的坏账准备后的净额
应收利息	反映企业因持有交易性金融资产、持有至到期投资和可供出售金融资产等应收取的利息
应收股利	反映企业因股权投资应收取的现金股利以及应收其他单位的利润，但不包括应收的股票股利
其他应收款	反映企业对其他单位和个人的应收和暂付的款项，减去已计提的坏账准备后的净额
存货	反映企业期末在库、在途和在加工中的各项存货的可变现净值，包括各种原材料、商品、在产品、半成品、发出商品、包装物、低值易耗品和委托代销商品等
一年内到期的非流动资产	反映企业非流动资产项目中在1年内到期的金额，包括1年内到期的持有至到期投资、长期待摊费用和一年内可收回的长期应收款
其他流动资产	反映企业除以上流动资产项目外的其他流动资产
(二)非流动资产项目	期末余额含义
可供出售金融资产	反映企业持有的可供出售金融资产(股票、债券和基金等)的公允价值
持有至到期投资	反映企业持有至到期投资的摊余价值
长期应收款	反映企业长期应收款净额
长期股权投资	反映企业不准备在1年内(含1年)变现的各种股权性质投资的账面余额，减去减值准备后的净额
固定资产	反映企业固定资产的净额
在建工程	反映企业尚未达到预定可使用状态的在建工程价值
工程物资	反映企业为在建工程准备的各种物资的价值

续表

固定资产清理	反映企业因出售、毁损、报废等原因转入清理但尚未清理完毕的固定资产的账面价值，以及固定资产清理过程中所发生的清理费用和变价收入等各项金额的差额
无形资产	反映企业持有的各项无形资产的净额
开发支出	反映企业开发无形资产过程中发生的、尚未形成无形资产成本的支出
商誉	反映企业商誉的价值
长期待摊费用	反映企业尚未摊销的摊销期限在1年以上(不含1年)的各项费用
递延所得税资产	反映企业应可抵扣暂时性差异形成的递延所得税资产
其他非流动资产	反映企业除以上资产以外的其他长期资产
(三)流动负债项目	期末余额含义
短期借款	反映企业借入尚未归还的1年期以下(含1年)的借款
交易性金融负债	反映企业发行短期债券等所形成的交易性金融负债公允价值
应付票据	反映企业为了抵付货款等而开出并承兑的、尚未到期付款的银行承兑汇票和商业承兑汇票金额
应付账款	反映企业购买原材料、商品和接受劳务供应等而应付给供应单位的款项
预收款项	反映企业按合同规定预收的款项
应付职工薪酬	反映企业应付给职工的工资、社会保险费、住房公积金、工会经费、职工教育经费等各种薪酬
应交税费	反映企业期末未交、多交或未抵扣的各种税费，包括所得税、增值税、营业税、消费税、城市建设维护税、车船税、资源税、房产税、土地使用税、教育费附加等
应付利息	反映企业应付未付的各种利息
应付股利	反映企业尚未支付给股东的现金股利或利润
其他应付款	反映企业所有应付和暂收其他单位和个人的款项，如向购货方收取的包装物押金，应付的租金等
一年内到期的非流动负债	反映企业各种非流动负债在1年内到期的金额，包括1年内到期的长期借款、长期应付款和应付债券
其他流动负债	反映企业除以上流动负债以外的其他流动负债
(四)非流动负债项目	期末余额含义
长期借款	反映企业借入尚未归还的1年期以上(不含1年)的各期借款
应付债券	反映企业尚未偿还的长期债券摊余价值
长期应付款	反映企业除长期借款、应付债券以外的各种长期应付款
预计负债	反映企业计提的各种预计负债。预计负债是企业根据或有事项等有关会计准则确认的各项负债，包括债务担保、未决诉讼、产品质量保证等产生的预计负债

续表

递延所得税负债	反映企业根据应纳税暂时性差异确认的递延所得税负债。递延所得税负债是因所得税法与会计准则在确认和计量资产、负债方面的差异而产生的将来要支付的所得税
其他非流动负债	反映企业除以上长期负债项目以外的其他长期负债
(五)所有者权益项目	期末余额含义
实收资本(或股本)	反映企业各投资者实际投入的资本总额
资本公积	反映企业资本公积的期末余额
盈余公积	反映企业盈余公积的期末余额
未分配利润	反映企业尚未分配的利润

附录2 利润表项目含义

(一)收入项目	本期金额含义
营业收入	反映企业本期经营主要业务和其他业务所确认的收入总额
(二)费用项目	本期金额含义
营业成本	反映企业本期经营主要业务和其他业务所发生的成本总额
营业税金及附加	反映企业本期经营业务应负担的消费税、营业税、城市建设维护税、资源税、土地增值税和教育费附加等
销售费用	反映企业本期在销售商品过程中发生的包装费、广告费等费用和为销售本企业商品而专设的销售机构的职工薪酬、业务费等经营费用
管理费用	反映企业本期为组织和管理生产经营发生的管理费用，如公司经费(包括行政管理部门职工工资及福利费、办公费和差旅费等)、工会经费、咨询费、业务招待费、排污费等
财务费用	反映企业本期筹集生产经营所需资金等而发生的筹资费用
所得税费用	反映企业应从当期利润总额中扣除的所得税费用
(三)其他增加或减少利润的项目	本期金额含义
资产减值损失	反映企业本期各项资产发生的减值损失
加：公允价值变动收益(损失以“－”号填列)	反映企业本期应当计入当期损益的资产或负债公允价值变动收益
投资收益(损失以“－”号填列)	反映企业本期以各种方式对外投资所取得的收益
营业外收入	反映企业发生的与经营业务无直接关系的各项收入，如非流动资产处置利得、债务重组利得、政府补助、捐赠利得等
营业外支出	反映企业发生的与经营业务无直接关系的各项支出，如非流动资产处置损失、债务重组损失、非常损失、公益性捐赠支出等
(四)利润项目	本期金额含义
营业利润(如为亏损，以“－”号填列)	反映企业实现的营业利润
利润总额(亏损总额以“－”号填列)	反映企业实现的利润
净利润(净亏损以“－”号填列)	反映企业实现的净利润

附录3　现金流量表项目含义

(一)经营活动产生的现金流量项目	本期金额含义
销售商品、提供劳务收到的现金	反映企业销售商品或提供劳务在本期收到的全部现金，包括本期销货的现金收入、本期的预收款、本期收回前期销货的应收款或票据款、本期销货退回支付现金或收回前期核销的坏账损失
收到的税费返还	反映企业在本期收到的增值税、消费税、营业税、所得税、关税和教育费附加的返还等
收到其他与经营活动有关的现金	反映企业除上述主要项目以外在本期收到的其他与经营活动有关的现金流入，如由个人赔偿的现金收入等，可在本项目中反映
购买商品、接受劳务支付的现金	反映企业购买商品、接受劳务在本期支付的全部现金，包括本期购货的现金支付、本期的预付款、本期支付前期的购货应付款或票据款、本期购货退回收到的现金
支付给职工以及为职工支付的现金	反映企业在本期以现金方式支付给职工的工资和为职工支付的其他现金。支付给职工的工资包括工资、奖金、各种津贴和补贴等；为职工支付的其他现金，如企业为职工交纳的养老、失业等社会保险基金，企业为职工交纳的住房公积金等
支付的各项税费	反映企业在本期按规定支付的各项税费，包括本期发生并支付的税费、本期支付以前各期发生的税费、本期预交的税金等
支付其他与经营活动有关的现金	反映企业除上述主要项目以外在本期支付的其他与经营活动有关的现金流出，如管理费用等现金支出，可在本项目中反映
(二)投资活动产生的现金流量项目	本期金额含义
收回投资收到的现金	反映企业在本期转让股权投资、收回短期债权投资而收到的现金，以及收回长期债权投资本金而收到的现金
取得投资收益收到的现金	反映企业在本期因股权投资和债权投资而取得的现金股利、利息，以及从子公司、联营企业或合营企业分回利润而收到的现金
处置固定资产、无形资产和其他长期资产收回的现金净额	反映企业在本期处置这些资产所取得的现金，扣除为处置这些资产而支付的有关费用后的净额

续表

处置子公司及其他营业单位收到的现金净额	反映企业在本期处置子公司及其他营业单位所取得的现金，扣除为处置子公司及其他营业单位而支付的有关费用后的净额
收到其他与投资活动有关的现金	反映企业除上述主要项目以外在本期收到的其他与投资活动有关的现金流入
购建固定资产、无形资产和其他长期资产支付的现金	反映企业在本期购买、建造固定资产，取得无形资产和其他长期资产所支付的现金，不包括固定资产借款利息资本化部分以及融资租赁租入固定资产所支付的租金和利息
投资支付的现金	反映企业在本期进行股权投资和债权投资所支付的现金
取得子公司及其他营业单位支付的现金净额	反映企业在本期为取得子公司及其他营业单位所支付的现金净额
支付其他与投资活动有关的现金	反映企业除上述主要项目以外在本期支付的其他与投资活动有关的现金流出
（三）筹资活动产生的现金流量项目	本期金额含义
吸收投资收到的现金	反映企业在本期发行股票、债券所实际收到的款项净额
取得借款收到的现金	反映企业在本期所借各种短期、长期借款所收到的现金
收到其他与筹资活动有关的现金	反映企业除上述主要项目以外在本期收到的其他与筹资活动有关的现金流入，如接受现金捐赠等
偿还债务支付的现金	反映企业在本期偿还债务所支付的现金，包括归还金融企业借款、偿付企业到期的债券等
分配股利、利润或偿付利息支付的现金	反映企业在本期实际支付的现金股利和付给其他投资单位的利润以及支付的债券利息、借款利息等
支付其他与筹资活动有关的现金	反映企业除上述主要项目以外在本期支付的其他与筹资活动有关的现金流出，如捐赠现金支出等
（四）汇率变动对现金及现金等价物的影响	企业在编制现金流量表时，应将企业外币现金流量以及境外子公司的现金流量折算成记账本位币。本项目反映企业外币现金流量及境外子公司的现金流量折算成记账本位币时，所采用的现金流量发生日的汇率或平均汇率折算的人民币金额，与“现金及现金等价物净增加额”中外币现金净增加额按期末汇率折算的人民币金额之间的差额
（五）现金及现金等价物净增加额	本项目反映企业在本期经营活动产生的现金流量净额、投资活动产生的现金流量净额、筹资活动产生的现金流量净额三项之和

参考文献

[1] 李海波．新编会计学原理——基础会计．14 版．上海：立信会计出版社，2008.

[2] 陈信元．会计学．2 版．上海：上海财经大学出版社，2005.

[3] 刘燕．会计法．北京：北京大学出版社，2001.

[4] 于长春．新旧会计准则差异实务导读．北京：中国财政经济出版社，2007.

[5] 夏冬林．会计学．2 版．北京：清华大学出版社，2006.

[6] 郭素娟，桑丽霞．会计从业基础．北京：机械工业出版社，2009.

[7] 张文贤，孙琳．内部控制会计制度设计——理论·实务·案例．上海：立信会计出版社，2004.

[8] 袁建国．财务管理．2 版．大连：东北财经大学出版社，2009.

[9] 本指南导读组．企业会计准则——应用指南(2006). 北京：中国经济出版社，2006.

[10] 董力为，等．企业会计准则解析与应用(2006). 北京：企业管理出版社，2007.

[11] 李占国．基础会计．北京：高等教育出版社，2007.

[12] 唐丽华．财务会计．上海：上海财经大学出版社，2007.

[13] 企业会计准则编审委员会．企业会计准则案例讲解．上海：立信会计出版社，2010.

[14] 财政部会计司编写组．企业会计准则讲解．北京：人民出版社，2008.

[15] 杨琦，房桃峻．会计信息系统原理与应用．厦门：厦门大学出版社，2006.

[16] 孙莲香．会计信息化应用教程．南京：南京大学出版社，2006.

[17] 王新玲，等．用友 ERP 财务管理系统实验教程．北京：清华大学出版社，2009.

[18] 张凯等．信息资源管理．北京：清华大学出版社，2007.

[19] 陈福军，等．会计信息系统实践教程．北京：清华大学出版社，2009.

[20] 陈福军，等．会计信息系统实务教程．北京：清华大学出版社，2006.

[21] 朱岩等．企业资源规划教程．北京：清华大学出版社，2008.

北京大学出版社高职高专经管类规划教材书目

序号	书名	主编	定价	出版时间
1	统计学基础	阮红伟	30	2009
2	统计学原理	廖江平 等	25	2009
3	统计学原理与实务	姜长文 等	26	2009
4	经济法原理与实务	孙晓平 等	38	2009
5	经济法实用教程	胡卫东 等	39	2009
6	财经法规	李萍 等	35	2009
7	会计基本技能	高东升 等	26	2010
8	基础会计	常美	28	2010
9	基础会计教程	侯颖	30	2009
10	基础会计教程与实训	李洁 等	28	2009
11	基础会计教程与实训（第2版）	李洁 等	30	2011
12	基础会计实训教程	王桂梅	20	2009
13	基础会计原理与实务	侯旭华 等	28	2009
14	财务管理教程与实训	张红 等	37	2008
15	财务会计	张双兰 等	40	2011
16	财务会计（第2版）	李哲 等	32	2010
17	财务会计实用教程	丁增稳 等	36	2008
18	财务活动管理	石兰东	26	2011
19	财务管理	翟其红	29	2011
20	财务管理	林琳 等	35	2011
21	Excel财务管理应用	陈立稳	33	2011
22	成本会计	李桂梅	28	2009
23	成本会计	陈东领 等	25	2010
24	成本会计	徐亚明 等	24	2011
25	成本费用核算	王磊	27	2011
26	成本会计实训教程	贺英莲	23	2008
27	成本会计实务	王书果 等	36	2011
28	审计学原理与实务	马西牛 等	32	2007
29	审计业务操作	涂申清	30	2011
30	审计业务操作全程实训教程	涂申清	26	2011
31	税务会计实用教程	李克桥 等	37	2008
32	涉税业务核算	周常青	29	2011
33	企业纳税实务	司宇佳	25	2011
34	会计电算化实用教程	张耀武	28	2008
35	会计电算化实用教程（第2版）	刘东辉	20	2008
36	会计英语	杨洪	28	2009
37	行业特殊业务核算	余浩	20	2011
38	财经英语阅读	朱琳	29	2010
39	资产评估	董亚红	40	2009
40	国际结算	徐新伟	32	2009
41	国际结算	黎国英	25	2009
42	货币银行学	曹艺 等	28	2009
43	国际金融基础与实务	冷丽莲 等	33	2008
44	国际贸易概论	黎国英 等	28	2009
45	外贸单证	程文吉 等	28	2011
46	国际贸易理论与实务	程敏然 等	40	2008
47	国际贸易实务	李湘滇 等	34	2011
48	国际贸易实务操作	王言炉 等	37	2011
49	国际商务谈判	卞桂英 等	33	2008
50	国际商务谈判（第2版）	刘金波 等	35	2011
51	国际商法实用教程	聂红梅 等	35	2010
52	进出口贸易实务	周学明 等	30	2008
53	商务英语学习情境教程	孙晓娟	27	2011
54	金融英语	刘娣	24	2009
55	财政基础与实务	才凤玲 等	34	2007
56	财政与金融	谢利人 等	37	2008
57	市场营销学	李世宗 等	28	2008
58	市场营销	钟立群	33	2010
59	管理学原理	季辉 等	26	2008
60	管理学基础	李蔚田	34	2010
61	管理学原理与应用	秦虹	27	2010
62	企业管理	张亚 等	34	2008
63	通用管理实务	叶萍	39	2009
64	现代公共关系原理与实务	张美清	25	2007
65	现代企业管理	于翠华 等	38	2009
66	现代企业管理	刘磊	32	2011
67	商务礼仪	李巍	33	2009
68	商务礼仪	金丽娟	29	2011
69	现代商务礼仪	覃常员 等	24	2009
70	商务沟通实务	郑兰先	31	2011
71	人力资源管理	李蔚田	40	2008
72	人力资源管理实务	赵国忻 等	30	2011
73	电子商务实务	胡华江	27	2009
74	电子商务实用教程	卢忠敏 等	33	2011
75	电子商务英语	陈晓鸣 等	22	2010
76	网络营销理论与实务	范军环 等	32	2010
77	商务谈判	范银萍 等	32	2009
78	市场调研案例教程	周宏敏	25	2008
79	市场调查与预测	徐林 等	27	2011
80	市场营销理论与实训	路娟	27	2011
81	市场调查与预测	熊衍红	31	2011
82	管理信息系统	刘宇	30	2009
83	商品学概论	方凤玲 等	20	2008
84	广告原理与实务	郑小兰 等	32	2007
85	零售学	陈文汉	33	2009
86	消费心理学	臧良运	31	2009
87	营销策划技术	方志坚	26	2008
88	中小企业管理	吕宏程	35	2008
89	连锁经营与管理	宋之苓	37	2010
90	秘书理论与实务	赵志强	26	2008
91	现代物流管理	沈默 等	37	2007
92	消费心理与行为分析	王水清	30	2011
93	会计基础实训	刘春才	29	2011
94	现代推销技术	尤凤翔 等	32	2012
95	中小企业财务管理教程	周兵	28	2012
96	公共关系实务	李东 等	32	2012
97	企业纳税与筹划实务	郭武燕	38	2012
98	实用统计基础与案例	黄彬红	35	2012
99	企业会计基础	徐炳炎	33	2012
100	国际贸易实务	刘慧 等	25	2012